国家级职业教育规划教材
全国中等职业技术学校商贸类专业通用教材

经济法基础

李玉玲　主编
人力资源和社会保障部教材办公室　组织编写

中国劳动社会保障出版社

简介

本教材为国家级职业教育规划教材。

本教材讲授经济法的基础知识和基本法律关系，主要包括企业法、公司法、合同法、市场管理法、工业产权法、会计法、金融法律、税收法律以及经济仲裁与诉讼等内容。

本教材由李玉玲主编，宋红军、孙璇副主编，李彦辉、马新芝、田慧琴、张建红、张朝东参与编写。马生辉主审。

图书在版编目（CIP）数据

经济法基础/李玉玲主编. —北京：中国劳动社会保障出版社，2015
全国中等职业技术学校商贸类专业通用教材
ISBN 978-7-5167-2058-5

Ⅰ.①经… Ⅱ.①李… Ⅲ.①经济法-中国-中等专业学校-教材 Ⅳ.①D922.29

中国版本图书馆 CIP 数据核字(2016)第 004270 号

中国劳动社会保障出版社出版发行
（北京市惠新东街 1 号 邮政编码：100029）
*
三河市华骏印务包装有限公司印刷装订 新华书店经销
787 毫米×1092 毫米 16 开本 14 印张 283 千字
2016 年 1 月第 1 版 2022 年 6 月第 8 次印刷
定价：26.00 元

读者服务部电话：（010）64929211/84209101/64921644
营销中心电话：（010）64962347
出版社网址：http: // www.class.com.cn
http: // jg.class.com.cn

出版说明

全国中等职业技术学校商贸类专业通用教材共 10 种，分别为《会计基础》《统计基础》《经济法基础》《企业管理基础》《电子商务基础》《市场营销》《商务沟通》《商务礼仪》《公关关系实务》和《财经应用文写作》。

商贸类专业主要包括市场营销、会计、电子商务、物流管理等，这些专业虽然在专业内涵和外延上各有侧重，但在诸如经济、法律、管理、营销、礼仪等方面对学生基础知识和基本能力的要求具有一定的共通性，因而学校在专业基础课程上可以对学生进行通识教育。本套教材的开发就是基于这一目的，为这些专业构建一个通用平台，供教师根据教学实际选用。

教材编审人员由教学经验丰富的一线骨干教师及企业专家组成，他们根据中职商贸类专业教学要求及学生的认知规律，在教材编写过程中，精心设计教材结构，合理选择教学内容，始终注重表现形式，使教材具有结构清晰、内容丰富、表述简洁、易教易学的特点。

为了便于教师开展教学工作，本套教材配套开发了习题册和电子课件。习题册答案及电子课件可登录 www.class.com.cn，搜索相应的书目，在相关资源中下载。

目　录

第一章 经济法概述

学习目标

- 了解经济法产生的背景
- 了解经济法的调整对象
- 掌握经济法律关系三要素、法律事实及其种类

第一节 经济法及其调整对象

一、经济法的产生和发展

1. 经济法的产生及其时代背景

19 世纪前期，欧美资本主义国家实行自由竞争的市场机制，推动了社会生产力和科学技术的不断发展，生产的社会化程度得到极大提高。到 19 世纪后期，引起生产和资本的不断集中，最终导致垄断。垄断的出现既是市场经济自由竞争的结果，又是阻碍市场经济自由竞争、不断发展的巨大障碍。

同时，随着资本主义经济迅速发展，资本主义社会生产资料私有制与生产的高度社会化之间的矛盾日益加剧，工人罢工、企业倒闭，经济危机频频爆发，加上 20 世纪的两次世界大战，导致一些国家经济崩溃。在这样的情况下，完全依靠自由竞争的市场机制来推动经济发展、医治战争创伤是难以实现的。这就需要国家行政权力对经济活动强有力的干预。正是在这样的历史背景下，经济法应运而生。

2. 经济法在我国产生的社会背景

从新中国成立到改革开放前的 30 年当中，我国实行计划经济体制，各种资源的配置、社会物质产品的分配均由政府统一计划来完成。各种经济关系的协调主要依靠政策，表现形式就是党和各级政府的文件、各个专业部门制定的条例办法。

随着改革开放的逐步推进，党和国家提出要把我们工作的重点转移到经济建设上

来，要实行经济体制改革和对外开放政策，要逐步建立具有中国特色的社会主义市场经济体制。

党和政府对经济活动的直接支配逐渐减少，市场上各种经济关系的协调，对宏观经济的调控以及对微观经济的组织和引导，只有通过立法、执法来实现，也必须通过立法、执法、依法治理才能实现。

改革开放几十年来，我们国家的经济从一开始的农村联产承包、对国有企业放权改制，到人力资源市场、金融市场的建立；从单一的计划经济体制，到现在逐步完善的社会主义市场经济体制的建立；从较为封闭的国内市场，到加入世界贸易组织。经过一系列的改革，国民经济持续快速发展，商品生产与交换空前活跃，市场空前繁荣，极大地改善和丰富了人民的生活，20 世纪 90 年代以后，计划经济时期所用到的各种票证也随着商品的丰富、市场的繁荣而悄然退出流通领域。

在经济快速发展的同时，各种利益关系对市场秩序的冲击也随之而来。为建立一个良好的社会主义市场经济秩序，保障我国改革开放的不断深入，经济立法从无到有、从少到多，三十多年来经过不断的实践、总结、补充、完善，已经形成一个比较完整的体系框架。同时，新的立法和对现有法规的补充修改还会继续，以满足我国经济和社会深入改革的需要。

二、经济法的定义和特征

1. 经济法的定义

经济法是调整国家在管理和协调国民经济运行过程中发生的经济关系的法律规范的总称。

2. 经济法的特征

经济法既有其他法律所具有的国家意志性、强制性特征，但与民法、行政法相比，又具有其自身的特殊性。

经济法的特征主要表现在以下几个方面：

第一，经济性。这是经济法的本质特征。经济性一方面是指经济法往往把经济制度、经济活动的内容和要求直接规定为法律条文；另一方面，经济法反映了经济生活的基本规律，受一定经济基础的决定和制约，并服务于一定的经济基础。因此，我国应制定颁布哪些经济法律，不是专家学者们凭空想象出来的，而是根据客观经济状况的需要而制定的。再者，经济法调整的手段主要是具有经济内容的奖励和惩罚。

第二，指导性。经济法的指导性表现在国家通过经济立法明确规范对市场主体的经济活动限制什么、禁止什么、鼓励和促进什么，并辅之以奖励和惩处两种手段，以此来引导各种经济活动沿着有序、良性轨道健康发展；而并非通过直接的行政干预。

第三，综合性。经济法的综合性主要表现在：从法律规范看，既有法律法令，又有许多条例、细则；既有实体法，又有程序法；既有强制性规范，又有指导性规范。从调整范围看，既包括宏观经济的管理和调控关系，又包括微观经济的管理和协作关系。

三、经济法体系与调整对象

在我国，经济法调整的对象非常广泛。要讨论这个问题首先应了解我国经济法体系的形式和内容，即调整经济法律关系所适用的法律规范是由哪些部门制定的，以及这些规范之间有什么样的相互关系。

1. 我国经济法体系

（1）经济法按外在表现形式有如下体系类型，见表1—1。

表1—1　　我国经济法体系一览表

形式	制定修改部门	地位和效力	举　例
宪法	全国人民代表大会	是国家根本大法，具有最高法律效力。是经济法的渊源，各种经济法律法令不得与之相违背	我国现有的经济制度的基础是生产资料社会主义公有制，国家实行社会主义市场经济体制等均由宪法明文规定
法律	全国人民代表大会及其常委会	仅次于宪法；以法律形式表现的经济法构成其主体和核心部分	《中华人民共和国公司法》《中华人民共和国民事诉讼法》等
行政法规	国务院	仅次于宪法和法律；大量经济法以该种形式存在	《中华人民共和国公司登记管理条例》等
司法解释	最高人民法院	低于宪法、法律法规，并不得与之相抵触；高于地方性法规和行政规章	《关于审理不正当竞争民事案件应用法律若干问题的解释》等
部门规章	国务院各部委	低于前面几种形式	中国人民银行颁发的《人民币银行结算账户管理办法》等
地方性法规	地方各级人民代表大会及其常委会	低于宪法、法律法规，并不得与之相抵触；只在本辖区内有效	河南省实施的《河南省邮政条例》、洛阳市实施的《洛阳市城市规划条例》等
国际条约或协定	中国与外国或地区双边或多边	具有法律效力	《保护工业产权巴黎公约》《商标国际注册马德里协定》等

（2）经济法按照其所调整的经济关系的不同，可以分为以下三部分：

1）经济组织法。主要是与参与市场活动主体的组建、组织、资格认证、体制改革等方面有关的法律规定。例如：公有制企业法、公司法、合伙企业法、独资企业法、涉外企业法等。

2）经济管理法。是指国家在组织管理和协调经济活动中形成的法律制度。例如：财税和预算、会计与审计、产品质量等方面的法律。

3）经济活动法。是指经济主体参与市场活动应遵守的法律法规。例如：合同法、反不正当竞争法、产品质量法、消费者权益保护法等。

2. 我国经济法的调整对象

经济法的调整对象是指在具体的执法司法活动中所调整的具体的经济关系，这是经济法区别于其他法律部门的关键所在。主要包括以下三个方面：

(1) 国家对国民经济进行指导、管理、监督过程中发生的经济关系，包括：①宏观管理与调控，例如财政金融、水土资源等；②微观管理与监督协调，例如税收征管、企业登记、企业质量认证等。

(2) 国家对市场竞争和交易监管协调过程中形成的经济关系，例如：反不正当竞争、经济合同、产品质量、消费者权益保护等。

(3) 国家为规范经济组织而发生的经济管理关系，例如：财务会计、劳动用工、工资制度等。

四、经济法的作用

1. 经济法对社会发展的作用

从国外经济法产生的历史背景，尤其是从我国经济法产生的时代背景和不断丰富完善的过程来看，经济法既是市场经济的必然产物，又是创建维护良好的市场经济秩序不可缺少的。不仅如此，经济法对于全面深化经济体制改革，进一步完善社会主义市场机制，促进我国国民经济稳步健康可持续发展，起着重大的不可缺少的作用。

知识链接　　市场新定位对经济法的需求

1992 年 10 月，党的十四大报告提出，我们要建立的社会主义市场经济体制，就是要使市场在社会主义国家宏观调控下对资源配置起基础性作用，使经济活动遵循价值规律的要求，适应供求关系的变化。2013 年 11 月，中国共产党十八届三中全会在《中共中央关于全面深化改革若干重大问题的决定》中提出，使市场在资源配置中起决定性作用，深化经济体制改革。

市场对资源配置由基础性作用转变为决定性作用，这一新的定位必将对经济立法、执法有更加科学、更加严格、更加完善的需求。

2. 经济法对个人生活的作用

有人把市场经济说成是法制经济，不仅从理论上分析有道理，即便是从人们的实际生活中来看也确实是这样。例如：人们都希望日常生活中所用的商品质优价廉，没有假冒伪劣，这就需要国家有关职能部门依法监管各种商品的生产过程；人们希望在购买商品或消费时，有一个公平交易、优质服务、秩序良好的环境，这就需要国家有关职能部门依法去创建、维护我们所希望的市场秩序；人们希望在就业、工资、劳保、疾病医治等方面得到国家及时的帮扶，这同样需要通过国家经济立法和执法来实现。同时，也需要人们从法律的角度去思考和处理各种问题，而不是凭自己的感情和愿望，只有这样，才能创建一个良好的市场经济环境。

案例分析 1—1　　依法进行宏观调控

中国人民银行从 2007 年 3 月 17 日到 2007 年 12 月 21 日的 10 个月内连续 6 次上调

金融机构人民币存贷款基准利率。以一年期存贷款利率为例，2007 年 6 次增加存贷款利率的情况是：

时间	3 月 17 日	3 月 18 日	5 月 19 日	7 月 21 日	8 月 22 日	9 月 15 日	12 月 21 日
存款年利率（%）	2.52	2.79	3.06	3.33	3.60	3.87	4.14
贷款年利率（%）	6.30	6.57	6.75	7.02	7.20	7.47	7.56

而从 2008 年 9 月到 2008 年 12 月的 4 个月里又多次下调存贷款基准利率，降低存贷款利率的情况是：

时间	9 月 16 日	10 月 9 日	10 月 30 日	11 月 27 日	12 月 23 日
存款年利率（%）	4.14	3.87	3.60	2.52	2.25
贷款年利率（%）	7.29	7.02	6.75	5.67	5.40

资料来源：中国人民银行网 2012 年 7 月 6 日数据。

问题：央行为什么要在短短的 10 个月内 6 次加息，而在 4 个月内又多次降息？加息、降息对社会和我们的家庭生活有哪些影响？

分析：2007 年短短 10 个月内央行 6 次加息，主要是因为我国居民消费品市场价格持续上涨。国家统计局发布的 2007 年各月与上年同期相比居民消费价格指数（简称 CPI）的具体数据更加清晰地表明了这种状况。

2007 年	1 月	2 月	3 月	4 月	5 月	6 月	7 月	8 月	9 月	10 月	11 月	12 月
CPI 同比增长（%）	2.2	2.7	3.3	3.0	3.4	4.4	5.6	6.5	6.2	6.5	6.9	6.5

资料来源：中华人民共和国国家统计局网站 2007 年各月发布数据。

从表中数据可以看出，在这一时期中国经济的热度基本上是直线上升，货币流动性过剩问题明显。为了加强货币信贷调控，引导投资合理增长，稳定通货膨胀预期，中国人民银行依法上调存贷款利息。

2007 年连续不断地 6 次上调存贷款利率，对国家经济、对我们每个家庭的生活都会产生一定的影响。对于投资商来讲，会增加其投资成本，促使其更加理性、有效地投资，以减少投资的盲目性；对于我们每个家庭而言，增加存款利息可减少一些由于同期居民消费价格上涨给我们带来的生活成本的增加。比如 2007 年 3 月 18 日以前，在银行每存 100 元人民币定期一年，获利 2.52 元。12 月 21 日及以后可获得 4.14 元。比 3 月 18 日以前多获得 1.62 元；另外，贷款利率的提高还会影响到购买住房还贷的数额，对于建房、购房均有一定抑制作用。

2008 年的多次降息是为了应对国际金融危机对我国经济的影响。2008 年美国发生了严重的金融危机并且波及全球，9 月份以后对我国经济冲击明显加大。为了应对国际金融危机对我国经济产生的负面影响，保持国民经济的持续平稳较快发展，2008 年 10—12 月，中国人民银行连续 4 次降低存款利率，一年定期存款从 10 月 8 日及其以前的4.14%降至12月23日的2.25%。9—12月5次降低贷款利率，1—3年定期贷款从2008年9月16日的7.29%降至2008年12月23日的5.40%。存贷款利率下调，有利于刺激消费、扩大内需，有利于中小企业贷款经营，促进就业和经济发展。

第二节　经济法律关系

人们在共同活动的过程中彼此间会形成各种各样的社会关系。在这些社会关系中，受法律规范和调整的关系称为法律关系。在法律关系中，受民法所规范和调整的平等主体之间的财产关系和人身关系称为民事法律关系。受行政法规调整的国家机关在行政管理过程中形成的非财产关系称为行政法律关系。受刑法规范和调整的称为刑事法律关系。受经济法规范和调整的称为经济法律关系。

案例分析1—2　社会关系、法律关系、经济法律关系之逻辑联系

小王、小丁在其成长过程中形成的部分社会关系如下：

1. 小王和小丁同在某高中三年级二班读书。
2. 青年女工小王和青年男工小丁谈恋爱。
3. 小王和小丁到民政局登记结婚。
4. 小王和小丁到商场购买家具和家用电器。
5. 小王和小丁到银行贷款开办餐饮店。
6. 小王和小丁到小王姐姐处借钱开办餐饮店。
7. 某区工商局对小王、小丁的餐饮店登记核发营业执照。
8. 小王、小丁的餐饮店遭投诉，被工商局处以停业10天、罚款200元的处罚。
9. 小王、小丁成立快餐连锁集团。

以上社会关系之间的逻辑联系如图1—1所示：

社会关系1～9
- 法律关系3～9
  - 民事法律关系3、6
  - 行政法律关系7、8
  - 经济法律关系4、5、9
- 非法律关系1、2

图1—1　社会关系分类

一、经济法律关系及其特征

从图1—1可见，经济法律关系是法律关系中的一种。

1. 经济法律关系的概念

经济法律关系是指由经济法规范和调整的国家在管理和协调国民经济运行过程中发生的经济权利和经济义务关系。

案例分析 1—3　　法律关系不符起诉被驳回

2009 年 8 月 19 日凌晨 2 时许，被告黄某、莫某、毛某、何某、何某五人一起窜到某通信器材店撬门入室盗窃手机、电脑主机、液晶显示屏等价值达 10 931 元的物品。案件被公安机关破获后查明，五人作案后将盗窃所得的赃物收藏在被告黄某家的三楼，2009 年 8 月 23 日晚运走销赃。销赃所得钱财除少部分分给莫某、毛某、何某、何某四人作零用钱外，大部分被黄某挥霍。黄某于 2009 年 9 月 10 日被公安机关抓获。

店铺业主蒋某因店铺被盗造成财产损失而向法院提起民事诉讼，请求人民法院依法判令五个被告共同赔偿其经济损失。

法院经审理后认为，《中华人民共和国刑法》第 64 条规定："犯罪分子违法所得的一切财物，应当予以追缴或者责令退赔；对被害人的合法财产，应当及时返还……"被告在盗窃中所造成的原告财产损失是司法机关追缴或责令犯罪分子退赔的问题，属于刑事法律的调整范畴，不属于平等主体之间民事法律的调整范围；由于被盗物品已经被被告销赃变卖，销赃所得也已被被告挥霍殆尽，致使公安机关无法追赃返还给原告，人民法院依法裁定驳回原告的起诉。

2. 经济法律关系的特征

(1) 经济法律关系体现国家和当事人的意志。经济法律关系既要体现国家意志，又要体现当事人的意志。但是，当事人的意志不能和国家的意志相违背。

(2) 经济法律关系是经济管理关系和经济协作关系相统一的法律关系。

(3) 经济法律关系是以经济权利和经济义务为内容并且具有国家强制性。这种经济权利和经济义务直接反映当事人之间的经济利益，体现了经济性。国家以强制力保护当事人的经济权利和经济义务。

二、经济法律关系的构成要素

任何一种法律关系均由主体、客体和内容三要素构成，缺一不可。经济法律关系也同样如此。

案例分析 1—4　　经济法律关系的主体、客体和内容

如前面案例分析 1—2 中，小王和小丁到银行借款开办餐饮店，必须依据金融法律法规、合同法以及其他相关的法律规定去办。小王、小丁和银行即为这一具体法律关系的主体，小王、小丁需要的贷款为客体，双方当事人在借款、用款、还款过程中各自享有的权利和义务是这一法律关系的内容。这其中的主体、客体和内容均受经济法律的规范、约束。三要素结合形成的经济法律关系受相关的法律规范协调。

1. 经济法律关系的主体

(1) 主体的概念

经济法律关系的主体也称经济法主体，是指在经济管理和经济协调过程中，依法独立享有经济权利和承担经济义务的当事人。享有权利的一方称为权利主体，承担义务的一方称为义务主体。一般情况下，任何一方当事人在享有权利的同时也承担相应的义务，因此，经济法律关系中的每一方当事人既是权利主体又是义务主体。

（2）经济法律关系主体的资格

经济法主体必须要有主体资格。主体资格是指当事人参与经济法律关系，享有一定权利和承担一定义务的能力。只有具备了主体资格才能够参与到经济法律关系中，所享有的各项经济权利才能得到国家法律的认可和强制性保护。一般而言，经济法主体必须能够以自己的名义独立参与经济法律关系，独立享有经济权利并承担经济义务，独立承担经济法律责任。

主体资格的认定是由国家有关部门依照法律规定的条件和程序予以确认的。不符合法定条件，或者虽然符合条件但是未经法定程序确认，不能成为经济法主体参加经济法律关系；依法取得主体资格的当事人也只能在法律规定或认可的范围内从事经济活动，超越范围的活动不受法律的保护。

案例分析 1—5　　　　　　心存侥幸遭遇假货

刘水和陈光两人合伙开办一家家用电器修理店，经工商及相关部门核准注册登记，持有家用电器维修的营业执照。前几年，生意好收入颇丰，去年，他们门店所在区域拆迁改造，生意减少、收入下降。两人合计，买些光盘、香烟、小食品在店里销售以维持生计。有一天，工商部门接到举报来店里查看，发现光盘和香烟是假冒商品，随即当场没收，并处以罚款。两人称并不知道这是假货。

随后，刘水、陈光到法院告供货商，请求法院判决供货商赔偿其损失。

请问：1. 刘水、陈光能不能销售光盘、香烟？

2. 他们被供货商欺骗了，法院会支持他们的诉求吗？为什么？

（3）经济法律关系主体的范围（见表 1—2）

表 1—2　　　　　　经济法主体一览表

<table>
<tr><th colspan="2">类别</th><th>概念</th><th>具体部门或个人</th></tr>
<tr><td colspan="2">一、经济管理主体</td><td>指依法承担组织、管理和协调经济职能的组织和机构</td><td>国务院各部委、局和地方政府及其相应的机构。例如：财政部、财政局等</td></tr>
<tr><td rowspan="4">二、经济活动主体</td><td colspan="3">指依法设立从事经济活动的组织和个人，归纳为以下几类</td></tr>
<tr><td>各类企业</td><td>拥有独立财产、独立组织机构，依法成立，以营利为目的，从事生产、流通或服务的经济实体</td><td>包括各种国有独资公司、有限责任公司、股份有限公司等法人企业，合伙企业、个人独资经济实体等非法人企业等</td></tr>
<tr><td>事业单位</td><td>依法设立的由国家财政或其他单位拨款，不以营利为目的的文化、卫生、教育等组织</td><td>学校、医院、科研所等</td></tr>
<tr><td>社会团体</td><td>由人民群众或组织自愿组建的进行社会活动的社会组织</td><td>消费者协会、行业商会、业主委员会、工会等</td></tr>
</table>

续表

类别		概念	具体部门或个人
二、经济活动主体	农村承包户；个体经营户	在法律允许的范围内，按照承包合同的规定，从事商品经营的农村集体经济组织成员为农村承包户；依法经核准登记从事工商经营的为个体经营户	山林滩涂承包户、土地种植承包户；城乡从事各种经营的商户
	自然人个人	自然人个人承包或租赁企业，参与税收、工商管理、市场竞争等法律关系时，也成为经济法主体	参与申报纳税、登记审批营业执照、购买商品或服务、劳动就业等活动的自然人
	特殊情形	组织内部机构与经济组织签订承包合同、纳税等；国家机关和国家对外签订政府贷款和担保合同、对外对内发行政府债券、出让土地使用权等情形	下属的处室、分公司、分厂、车间、班组等内部机构；财政部、国土资源部等部门

从表1—2可见，在我国，能依法取得经济法主体资格，参与经济法律关系的主体的范围是十分广泛的。

在表1—2中，除公民个人、农村承包户、个体经营户、合伙企业、个人独资企业以外的其他主体又被称作法人。在我国，法人主要有企业法人、事业法人、机关社团法人。

法人资格的取得需要同时具备法律所规定的条件：①依法成立；②有独立的必要的财产或经费；③有独立的名称、组织机构和活动场所；④能独立承担民事、刑事、行政等法律责任。

案例分析1—6　　法人和法定代表人混淆起诉被驳回

章某与洪某是亲戚，洪某系某礼仪文化传媒有限公司的法定代表人。2011年10月21日，洪某以做生意需要资金周转为由向章某借款10万元，借条上加盖该公司的印章，洪某在借条上签名并注明借款于一个月内归还。此后洪某未及时还款，章某念及是亲戚关系未催要，但后来洪某外出导致章某索款无着，章某遂诉至法院，要求洪某还款。

法院审理后认为，洪某向章某借款时在借条上加盖了其所经营的某礼仪文化传媒有限公司的印章，故该笔借款的实际借款人为某礼仪文化传媒有限公司，而非公司法定代表人洪某个人，故原告章某起诉要求被告洪某个人归还所欠借款，系被告主体错误，人民法院依法裁定驳回原告章某的起诉。

2. 经济法律关系的客体

(1) 经济法律关系客体的概念

经济法律关系的客体，是指经济法主体享有的权利和应承担的义务所共同指向的对象。在具体的经济法律关系中，主体双方或多方所享有的权利和承担的义务，都是围绕着客体来确定和行使的。没有客体，当事人各方的权利义务就失去了目标，主体的活动就失去了意义。因此，客体是经济法律关系中不可缺少的要素之一。

(2) 经济法律关系客体的种类

经济法律关系的客体可归纳为下面几类，见表1—3。

表1—3 经济法客体一览表

类别	定义	举例
物	可以为人所控制和支配、有使用价值和交换价值的物质实体	作为商品的房产、衣物、食物、天然气、油、水、氧气等
货币、有价证券	央行发行的标明面额的人民币；设定并证明财产权利的凭证	各种面额的人民币、股票、债券、票据等
行为	指主体为达到一定经济目的所进行的活动，包括：①经济管理行为；②完成一定工作的行为；③提供一定劳务的行为	经济决策、命令、审查批准、监督检查等行为；来料加工、承包建设项目、勘察设计图纸等行为；客运货运、旅游服务、仓储保管等行为
智力成果	指人们创造的能够带来经济价值的脑力劳动成果	专利权、商标权、著作权等

课堂讨论

根据经济法客体的分类标准，分析讨论下列经济法律关系中的客体分别是什么。

1. 张某到美发店理发后到某洗浴中心洗澡。
2. 王某到国贸城购买计算机。
3. 李某到银行贷款创办快递公司。
4. 某快递公司送包裹给学生尹某。
5. 某燃气公司出售100米^{3}燃气给张某。
6. 赵某身体不适到医院购买一袋氧气。
7. 汤某把自己面额30万元的股权证转让给商某。
8. 商某把自己注册并使用20年的店名、店标转让给尚某。
9. 春节假期常某购买北京至广州的火车票一张。
10. 果农郭某把自己种植收获的苹果送当地一家冷库储存。
11. 某学校到隆庆祥服装厂加工制作200套工装。

3. 经济法律关系的内容

经济法律关系的内容是指经济法主体享有的经济权利和承担的经济义务。这一要素是经济法律关系的核心。

(1) 经济权利

经济权利是指经济法律关系主体依法具有的自己为或不为，要求他人为或不为一定行为的资格。具体分析有以下三层含义：

1) 主体在法定范围内，为实现自己的经济利益，有权依据自己的意志实施一定的行为，包括作为和不作为。

2）主体为实现自己的经济利益，有权要求负有义务的当事人为一定行为或不为一定行为。

3）主体在其合法权利受到侵害或不能实现时，有权依法请求国家有关部门给予强制力保护。

知识链接 **经济权利的类型**

经济权利分为两大部分：一是经济管理权，包括决策权、命令权、禁止权、批准权、审核权、协调权、监督权等；二是财产权，包括所有权、经营权、承包权、债权、知识产权等。

(2) 经济义务

经济义务是指经济法律关系主体为了满足特定权利主体的权利，依法必须为或不为某种行为。它包括以下三方面的含义：

1）义务主体必须为或不为一定的行为，以满足权利主体的需要。

2）义务主体实施的义务行为是在合法范围内进行的。

3）义务主体不依法履行义务就应承担相应的法律责任，受到法律的制裁。

(3) 经济权利和经济义务的关系

经济权利和经济义务互为存在的前提，并且权利和义务是对等的。

只有权利没有义务，或只有义务没有权利的经济法律关系是不存在的。因此，经济权利和经济义务互为存在的前提，有权利一方必有义务一方。作为当事人每一方其享有一定的权利必然承担一定的义务，并且权利和义务是对等的，如果权利和义务不对等就会出现各种矛盾和纠纷，社会生活中许多纠纷其实质是权利和义务不对等而产生的。

三、经济法律关系的产生、变更、终止和法律事实

1. 经济法律关系的产生、变更和终止

经济法律关系的产生，是指依据有关的法律法规，通过一定的客观事实，在当事人之间形成了法定的权利、义务关系。

经济法律关系的变更，是指主体、客体、内容任何一个要素的变更。

经济法律关系的终止，是指主体之间权利、义务关系的消灭。

无论是经济法律关系的产生，还是其变更和终止，均离不开一定的客观事件，这些客观事件被称为法律事实。法律事实是联结三要素的纽带，也是变更和解除三要素的必要根据。

提示：司法部门判案要以法律为准绳，以事实为根据，“事实”指的就是这里讲的法律事实。

2. 法律事实

法律事实是指能够引起法律关系产生、变更、终止的客观情况。依照它们是否与当事人的意志有关，分为行为和事件两大类。

（1）行为

行为指能够引起经济法律关系产生、变更和终止的当事人的意志活动。行为是经济法律关系中最重要、最常见的法律事实。行为可分为合法行为与非法行为。合法行为中又可分为市场经营行为、经济管理行为、经济仲裁和经济司法行为三种。非法行为中又分一般的违法行为和犯罪行为两种。

（2）事件

不依当事人的意志为转移，能够引起经济法律关系产生、变更和终止的客观情况。事件包括自然现象中的自然灾害，如暴雪、洪水、地震等，也包括社会现象中的战争、内乱、国际经济关系的重大变化等。事件不依人的意志为转移，所以称为不可抗力。

案例分析 1—7　　　　案例中的法律事实有哪些

前面案例分析 1—2 中的第 5 种：小王和小丁到银行贷款开办餐饮店。假如小王和小丁以自己房产证作抵押，与某银行签订贷款协议，则法律关系成立；小王和小丁出国发展，遂将其餐饮店的经营和银行的债务通过书面协议转让给姐姐，法律关系当中的主体变更；小王的姐姐按照协议规定如期归还贷款，法律关系终止。这其中，两次签协议、还贷款就是引起这宗经济法律关系产生、变更、终止的法律事实。

逻辑简图

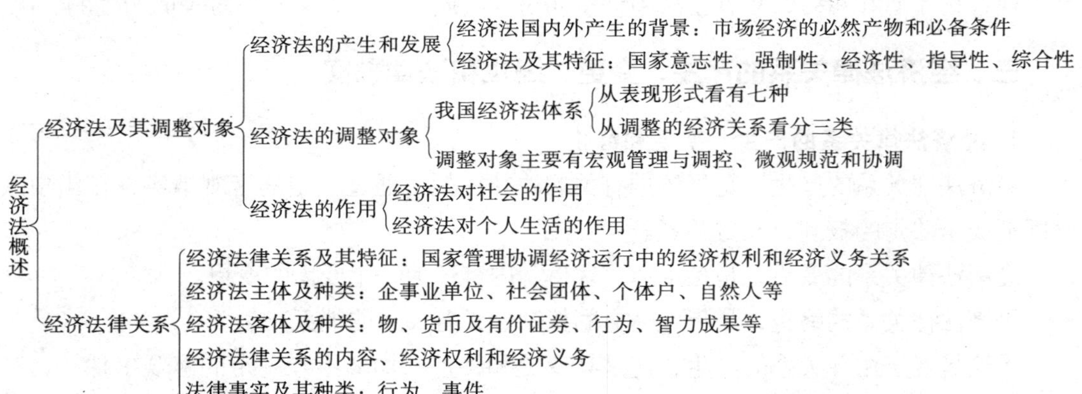

复习思考题

1. 我国经济法产生于什么时间？

2. 我国计划经济时期与市场经济时期消费品供求有什么不同？

3. 我国的经济法律体系有哪些组成？

4. 经济法调整的对象有哪些？

5. 经济法律关系由哪些要素构成？

6. 法律事实有哪些种类及作用？

实训活动方案

一、实训题目

收集身边实际发生的社会纠纷案例。

二、实训目标

通过收集一些社会纠纷的实际案例，丰富和加深学生对社会生活的认识，为师生的教与学做一些思想和资料上的准备。

三、实训前的准备

1. 询问了解学生的基本情况。

2. 按照自愿或方便学生共同活动的原则，组建若干个活动小组，以 2～3 人一组为宜。

四、组织安排学生活动

1. 教师讲明实训目的和任务、评价标准、应注意的安全及其他事项。

2. 选择合适的时间安排布置各个小组到他们的家庭、社区或熟悉的单位通过访问交谈收集案例。

五、评价与小结

1. 安排课余时间，要求各个小组将收集到的案例整理成书面资料。

2. 教师组织各小组对此次活动进行自评→互评→教师综合评价→课代表汇总计分后，给每位学生评定活动总成绩。

3. 学生参与活动情况评价表（供参考）。

活动评价表

项目 / 分值 / 姓名	活动（50分）			收集案例（50分）		合计得分
	未参与（0分）	参与（20～40分）	积极认真（41～50分）	不完整（20～30分）	完整（31～50分）	

第二章 个人独资与合伙企业法律制度

学习目标

- 了解个人独资企业、合伙企业的概念、特征、设立条件以及设立程序
- 掌握个人独资企业、合伙企业的投资人以及事务管理的相关规定
- 掌握普通合伙企业的财产构成、事务执行以及入伙、退伙的相关规定

第一节 企业与企业法

一、企业的概念和特征

1. 企业的概念

企业是指依法设立的以营利为目的的从事生产经营活动的独立核算的经济组织。

2. 企业的特征

（1）企业是社会经济组织。企业作为一种社会组织，有自己的机构及工作程序。企业作为一种社会经济组织，主要从事经济活动，并有相应的财产。

（2）企业是以营利为目的从事生产经营活动的社会经济组织。

（3）企业是实行独立核算的社会经济组织，不实行独立核算的社会经济组织不能称为企业。

（4）企业是依法设立的社会经济组织。企业依法设立，可以取得相应的法律地位，获得合法的身份，得到国家法律的认可和保护。

课堂讨论

我们平时所说的事业单位、行政机关是企业吗？

二、企业的种类

根据不同的分类标准，企业有不同的分类：

按企业的所有制性质的不同，可将企业分为全民所有制企业、集体所有制企业、私营企业、混合所有制企业等。

按企业所属行业的不同，可将企业分为工业企业、商业企业、农业企业等。

按企业资本来源地的不同，可将企业分为内资企业、外商投资企业等。

按企业投资者责任的不同，可将企业分为独资企业、合伙企业、公司制企业等。

按企业的法律地位不同，可将企业分为法人企业和非法人企业等。

三、我国企业法体系

企业法是指调整企业在设立、变更、终止及组织管理活动中所发生的经济关系的法律规范的总称。狭义的企业法仅指国家颁布的专门以企业为调整对象的企业法典，例如《公司法》《个人独资企业法》《合伙企业法》《全民所有制工业企业法》《城镇集体所有制企业条例》《中外合资经营企业法》《企业破产法》等。广义的企业法，除专门的企业法典外，还包括其他散见于各法中的调整企业组织管理关系的法律规范，例如《民法通则》《证券法》《商业银行法》等法律中有关企业的规定。

第二节　个人独资企业法

一、个人独资企业及其特征

1. 个人独资企业的概念

个人独资企业是指在中国境内依法设立的，由一个自然人投资，财产为投资人个人所有，投资人以其个人财产对企业债务承担无限责任的经营实体。

提示：《个人独资企业法》所指的自然人仅指中国公民，因此外商独资企业不适用于《个人独资企业法》。

2. 个人独资企业的特征

（1）投资主体为一个自然人。国家机关、国家授权投资的机构或者国家授权的部门、企事业单位不能作为个人独资企业的投资人。

（2）个人独资企业不具有法人资格。

（3）个人独资企业的企业财产归投资者个人所有。

（4）个人独资企业投资人对企业的债务承担无限责任。当企业的资产不足以清偿到期债务时，投资人应以自己个人的全部财产用于清偿。

提示： 个人独资企业不具有法人资格，无独立承担民事责任的能力，不能像法人企业那样仅以企业的财产对外独立承担民事责任。当个人独资企业的财产不足以对外偿还债务时，其投资者要以出资以外的其他个人财产对企业的债务承担无限责任。

但个人独资企业是独立的民事主体，可以企业的名义从事民事活动，比如对外签订合同、履行合同、买卖货物、提供服务等。

（5）企业内部机构设置简单，经营管理方式灵活。

知识链接

个人独资企业与个体工商户的区别

（1）出资人不同。个人独资企业的出资人只能是一个自然人；个体工商户既可以由一个自然人出资设立，也可以由家庭共同出资设立。

（2）承担责任的财产范围不同。个人独资企业的出资人在一般情况下仅以其个人财产对企业债务承担无限责任，只有在企业设立登记时明确以家庭共有财产作为个人出资的，才依法以家庭共有财产对企业债务承担无限责任；而根据《中华人民共和国民法通则》第29条的规定，个体工商户的债务如果属个人经营的，以个人财产承担，家庭经营的，则以家庭财产承担。

（3）适用的法律不同。个人独资企业依照《中华人民共和国个人独资企业法》设立；个体工商户依照《民法通则》《个体工商户条例》的规定设立。

（4）法律地位不同。个人独资企业是经营实体，是一种企业组织形态；个体工商户则不采用企业形式。

（5）个人独资企业可以设立分支机构，分支机构可以使用该个人独资企业的字号；个体工商户不可以设立分支机构。

（6）个人独资企业每月向税务局报税，不需要缴纳工商管理费；个体工商户每月向税务局缴税，无须向工商局缴纳工商管理费。

3. 个人独资企业法

个人独资企业法是指国家关于个人独资企业的各种法律规范的总称。我国在1999年8月30日第九届全国人民代表大会常务委员会第十一次会议上通过了《中华人民共和国个人独资企业法》（以下简称《个人独资企业法》），自2000年1月1日起施行。

二、个人独资企业的设立和变更

1. 个人独资企业的设立条件

设立个人独资企业必须具备以下条件：

（1）投资人为一个自然人，且只能是中国公民。

（2）有合法的企业名称。

案例分析 2—1　　　　企业名称与企业类型不一致

小王是某中专会展专业的学生，在婚庆策划方面颇有天赋。毕业后，在家人的帮助下筹集了 10 万元钱，准备自己开一家婚庆策划工作室。经过前期准备，小王到登记机关提出设立申请。申请书内容如下：

申请企业（字号）名称：重庆市南岸区渝美人婚庆策划有限公司

备选名称（请用不同字号）：无

经营范围：婚庆、寿庆、商业庆典、奠基仪式、开业庆典、文艺演出、会场装饰、鲜花销售、灯光音响舞台、礼服出租、礼俗用品销售

注册资本（金）或资金数额：10 万元

主体类型：个人独资（微型企业）

一周后，申请书被退回，审核意见为：公司名称与企业类型不一致。

请问：小王的申请书有问题吗？该如何修改申请书？

分析：我国《个人独资企业法》明确规定，企业名称应与其责任形式及从事的业务范围相符合。个人独资企业的名称中不得使用"有限""有限责任"或者"公司"字样，个人独资企业的名称可以叫厂、店、部、中心、工作室等。小王申请书上企业的性质是个人独资企业，而申请的企业名称中却带有"有限公司"字样，不符合法律规定。对于申请书的修改，如果小王想设立个人独资企业，需要修改企业名称，例如使用"重庆市南岸区渝美人婚庆策划工作室"；如果小王想设立公司，需要修改企业性质，如"有限责任公司"，此知识点在公司法的章节中会详细介绍。

（3）有投资人申报的出资。

（4）有固定的生产经营场所和必要的生产经营条件。

（5）有必要的从业人员。

课堂讨论

《个人独资企业法》只规定"有投资人申报的出资"，而没有对最低额做出规定，是否可以用"1 元钱"出资设立个人独资企业？

2. 个人独资企业的设立程序

（1）提出申请

申请设立个人独资企业，应当由投资人或者其委托的代理人向个人独资企业所在地的登记机关提出设立申请。

申请时应向登记机关提交下列文件：①申请书；②投资人身份证明；③企业住所证明和生产经营场所使用证明；④委托代理人申请设立登记时，应当出具投资人的委托书和代理人的合法证明。

（2）工商登记

登记机关应在收到设立申请文件之日起 15 日内，对符合《个人独资企业法》规定

条件的予以登记，发给营业执照，如图 2—1 所示；不符合条件的，不予登记，并应当给予书面答复，说明理由。

个人独资企业的营业执照签发日期，为个人独资企业成立日期。在领取个人独资企业营业执照前，投资人不得以个人独资企业名义从事经营活动。

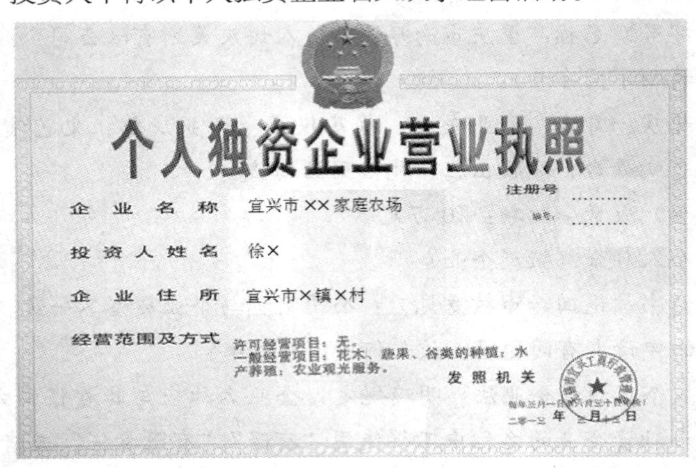

个人独资企业营业执照

注册号

企业名称　宜兴市××家庭农场

投资人姓名　徐×

企业住所　宜兴市×镇×村

经营范围及方式　许可经营项目：无。一般经营项目：花木、蔬果、谷类的种植；水产养殖；农业观光服务。

发照机关

年　月　日

图 2—1　个人独资企业营业执照（样例）

个人独资企业设立分支机构的，应当由投资人或者委托的代理人向分支机构所在地的登记机关申请登记，领取营业执照。分支机构核准登记后，应将登记情况报该分支机构隶属的个人独资企业的登记机关备案。分支机构的民事责任由设立该分支机构的个人独资企业承担。

提示：个人独资企业营业执照分为正本和副本，正本和副本具有同等法律效力。营业执照正本和副本的格式由国家工商行政管理局制定。

3. 个人独资企业的变更

个人独资企业存续期间登记事项发生变更的，应当在做出变更决定之日起的 15 日内依法向原登记机关申请办理变更登记。申请人应向登记机关提交的文件有：投资人签署的个人独资企业变更登记申请书、国家工商行政管理总局规定提交的其他文件。委托代理人申请变更登记的，应当提交投资人的委托书和代理人的身份证明或者资格证明。

登记机关应当在收到按规定提交的全部文件之日起 15 日内，做出核准登记或者不予登记的决定。予以核准的，换发营业执照或者发给变更登记通知书；不予核准的，发给企业登记驳回通知书。

三、个人独资企业的投资人及事务管理

1. 个人独资企业投资人的条件

根据《个人独资企业法》的规定，个人独资企业的投资人为一个具有中国国籍的自

然人。但法律、行政法规禁止从事营利性活动的人，不得作为投资人申请设立个人独资企业。根据我国有关法律、行政法规规定，国家公务员、党政机关领导干部、警官、法官、检察官、商业银行工作人员不得作为投资人申请设立个人独资企业。

2. 个人独资企业的事务管理

(1) 投资人有权自主选择企业事务的管理形式。包括以下三种形式：一是自行管理，即由投资人本人对本企业的经营事务直接管理；二是委托管理，即由投资人委托其他具有民事行为能力的人负责管理；三是聘用管理，即由投资人聘用其他具有民事行为能力的人负责管理。

(2) 委托或聘用管理应签订书面合同。投资人委托或者聘用他人管理个人独资企业事务，应与受托人或者被聘用人签订书面合同。合同应载明委托的具体内容、授予的权利范围、受托人或者被聘用人应履行的义务、报酬和责任等。受托人或者被聘用的人员管理个人独资企业事务时违反双方订立的合同，给投资人造成损害的，应承担民事赔偿责任。

(3) 投资人对受托人或者被聘用人职权的限制不得对抗善意第三人。个人独资企业的投资人与受托人或者被聘用人之间有关权利义务的限制只对受托人或者被聘用人有效，对第三人并无约束力，受托人或者被聘用人超出投资人的限制与善意第三人的有关业务交往应当有效。

知识链接　　**善意第三人**

善意第三人，是指遵循诚实信用原则，与投资人的受托人或者被聘用人员合法进行商业交易的第三方自然人或者组织。

不得对抗善意第三人，是指受托人或者被聘用人员超出投资人的限制与善意第三人的业务往来应当有效。

案例分析 2—2　　内部约定不得对抗善意第三人

投资人甲设立个人独资企业，委托乙管理企业事务。甲要求乙对外签订合同不能超过 3 万元。但是，乙以企业名义与另一企业签订了 10 万元的购销合同，结果给企业造成 5 万元的损失。请分析，该 10 万元合同有效吗?

分析：根据法律规定，投资人对受托人或者被聘用人职权的限制对善意第三人没有约束。只要另一企业是善意第三人，则该购销合同成立；如果乙违反委托合同给甲造成损失，则乙要在企业内部承担责任。

(4) 受托人或者被聘用人应当履行诚信、勤勉义务，按照与投资人签订的合同负责个人独资企业的事务管理，不得有下列行为：

1) 利用职务上的便利，索取或者收受贿赂；

2) 利用职务或者工作上的便利侵占企业财产；

3）挪用企业的资金归个人使用或者借贷给他人；

4）擅自将企业资金以个人名义或者以他人名义开立账户储存；

5）擅自以企业财产提供担保；

6）未经投资人同意，从事与本企业相竞争的业务；

7）未经投资人同意，同本企业订立合同或者进行交易；

8）未经投资人同意，擅自将企业商标或者其他知识产权转让给他人使用；

9）泄露本企业的商业秘密；

10）法律、行政法规禁止的其他行为。

四、个人独资企业的权利和义务

1. 个人独资企业的权利

(1) 依法申请贷款；

(2) 依法取得土地使用权；

(3) 拒绝摊派权；

(4) 法律、行政法规规定的其他权利。

提示：个人独资企业的投资人的有关权利可以依法进行转让或继承。

2. 个人独资企业的义务

(1) 个人独资企业从事生产经营活动必须遵守法律法规，不得损害社会公共利益；

(2) 个人独资企业应当依法设置会计账簿，进行会计核算；

(3) 个人独资企业招用职工的，应当依法与职工签订劳动合同，保障职工的劳动安全，按时、足额发放职工工资；

(4) 个人独资企业应当按照国家规定参加社会保险，为职工缴纳社会保险费。

案例分析 2—3　　“精明”老板的糊涂账

刘某是高校的在职研究生，经济上独立于其家庭。经过筹备，刘某在工商行政管理机关注册成立了一家主营信息咨询的个人独资企业，注册资本为人民币 1 元，企业名称为“远大信息咨询工作室”。

因为市场形势较好，刘某经营过程中先后共聘用 10 名工作人员，收益颇丰。在经营过程中，为了“面子”，刘某一直使用“远大信息咨询有限公司”作为企业名称。

因为刘某还在上学，时间紧张，他就把公司的财务大权交给了他的妈妈黄某。黄某想着，这是儿子的企业，也就是家里的企业，就把企业进出的钱财和家里的钱财放到一起了，也没有设相关的账本。

对于企业聘用的员工，刘某认为自己开办的是私人企业，并不需要为职工办理社会保险，因此没有给职工缴纳社会保险费，也没有与职工签订劳动合同。

后来该独资企业经营不善导致负债 10 万元。刘某决定自行解散企业，但因为企业财产不足清偿而被债权人、企业职工诉诸人民法院。

请问：这位老板糊涂在哪里，有哪些行为违反了“个人独资企业的义务”要求？

分析：因《个人独资企业法》没有对企业最低出资额做出规定，故刘某可以用“1 元钱”注册“远大信息咨询工作室”。

刘某在经营过程中没有遵守法律法规，使用了与企业性质不一致的名称；没有依法设置会计账簿，进行会计核算；没有依法与职工签订劳动合同；没有依法参加社会保险，为职工缴纳社会保险费，确实是一位“糊涂”的老板。

五、个人独资企业的解散和清算

1. 个人独资企业的解散

个人独资企业的解散是指个人独资企业终止活动使其民事主体资格消灭的行为。根据《个人独资企业法》的规定，个人独资企业有下列情形之一时，应当解散：一是投资人决定解散；二是投资人死亡或者被宣告死亡，无继承人或者继承人决定放弃继承；三是被依法吊销营业执照；四是法律、行政法规规定的其他情形。

2. 个人独资企业的清算

个人独资企业解散时，应当进行清算。《个人独资企业法》对个人独资企业清算规定如下：

（1）通知和公告债权人

个人独资企业解散，由投资人自行清算或者由债权人申请人民法院指定清算人清算。投资人自行清算的，应当在清算前 15 日内书面通知债权人；无法通知的，应当予以公告。债权人应当在接到通知之日起 30 日内，未接到通知的应当在公告之日起 60 日内，向投资人申报其债权。

（2）财产清偿顺序

个人独资企业解散的，财产应当按照下列顺序清偿：第一，所欠职工工资和社会保险费用；第二，所欠税款；第三，其他债务。

对于案例分析 2—3“‘精明’老板的糊涂账”中的刘某，法院审理后认为刘某事实上是以家庭财产经营企业，判决责令刘某、黄某补充办理职工的社会保险并缴纳保险费，缴清所欠税款，由刘某及其家庭对该企业的债务承担无限连带责任。

（3）清算期间对投资人的要求

清算期间，个人独资企业不得开展与清算目的无关的经营活动。在按财产清偿顺序清偿债务前，投资人不得转移、隐匿财产。

（4）投资人的持续偿债责任

个人独资企业解散后，原投资人对个人独资企业存续期间的债务仍应承担偿还责任，但债权人在 5 年内未向债务人提出偿债请求的，该责任消灭。

（5）注销登记

个人独资企业清算结束后，投资人或者人民法院指定的清算人应当编制清算报告，并于清算结束之日起15日内向原登记机关申请注销登记。登记机关应当在收到申请及相关文件之日起15日内，做出核准登记或者不予登记的决定。予以核准的，发给核准通知书；不予核准的，发给企业注销登记驳回通知书。经登记机关注销登记，个人独资企业终止。

个人独资企业办理注销登记时，应当交回营业执照。

案例分析2—4　　　　商场沉浮，能否重出江湖？

小李职校毕业后创办了一家理发店，后来由于一些原因企业登记注销了，他想“重出江湖”，再次申请创办一家个人独资的快餐店，法律允许小李再次申请设立个人独资企业吗？

根据前面所讲到的有关法律规定，小李并不是法律法规禁止从事营利性活动的人，所以，小李再次申请创办个人独资企业是可以的。

六、违反个人独资企业法的法律责任

1. 投资人及企业违法行为应承担的法律责任

（1）投资人提交虚假文件或采取其他欺骗手段，取得企业登记的，责令改正，处以5 000元以下的罚款；情节严重的，并处吊销营业执照。

（2）个人独资企业使用的名称与其在登记机关登记的名称不相符合的，责令限期改正，处以2 000元以下的罚款。

案例分析2—3“‘精明’老板的糊涂账”中的刘某注册的企业名称为“远大信息咨询工作室”，经营过程中却使用“远大信息咨询有限公司”，按照个人独资企业法规定，要处以2 000元以下的罚款，相信刘某一定后悔莫及。

（3）涂改、出租、转让营业执照的，责令改正，没收违法所得，处以3 000元以下的罚款；情节严重的，吊销营业执照。伪造营业执照的，责令停业，没收违法所得，处以5 000元以下的罚款。构成犯罪的，依法追究刑事责任。

案例分析2—5　　　　营业执照可以转让吗？

小刘在郑州有一家个人独资企业性质的布艺工作室，因需要去另一城市照顾父母，无法继续打理企业。小刘的一个朋友小李今年大学毕业，很喜欢布艺，但因经济原因，没有能力开办企业。小刘于是打算把自己布艺工作室的营业执照转让给小李。小刘的计划可行吗？

小刘和小李经过咨询得知，个人独资企业营业执照不得转让，但是可以办理工商变更登记转让该企业。经过协商，小刘把企业转让给了小李，两人皆大欢喜。

（4）个人独资企业成立后无正当理由超过6个月未开业的，或者开业后自行停业连续6个月以上的，吊销营业执照。

(5) 未领取营业执照，以个人独资企业名义从事经营活动的，责令停止经营活动，处以 3 000 元以下的罚款。个人独资企业登记事项发生变更时，未按规定办理有关变更登记的，责令限期办理变更登记；逾期不办理的，处以 2 000 元以下的罚款。

提示：个人独资企业与“一人有限责任公司”都是由一个自然人投资设立的，但个人独资企业适用《个人独资企业法》，“一人有限责任公司”适用《公司法》。

(6) 侵犯职工合法权益，未保障职工劳动安全，不缴纳社会保险费用的，按照有关法律、行政法规予以处罚，并追究有关责任人员的责任。

(7) 在清算前或清算期间隐匿或转移财产，逃避债务的，依法追回其财产，并按照有关规定予以处罚，构成犯罪的，依法追究刑事责任。

(8) 个人独资企业或投资人应当承担民事赔偿责任和缴纳罚款、罚金时，其财产不足以支付的，或者被判处没收财产的，应当先承担民事赔偿责任。

假设案例分析 2—3“‘精明’老板的糊涂账”中的刘某财产剩余 4 000 元，同时还有 3 000 元的债务和 1 500 元的行政罚款未付，刘某该如何处理这 4 000 元呢？显然，根据《个人独资企业法》规定，刘某应该先还 3 000 元的债务，剩余的 1 000 元交罚款。

2. 管理人员的违法行为应承担的法律责任

(1) 投资人委托或者聘用的人员管理个人独资企业事务时，违反双方订立的合同，给投资人造成损害的，承担民事赔偿责任。

在案例分析 2—2“内部约定不得对抗善意第三人”中，甲的 5 万元损失，可以向乙行使追偿权。

(2) 投资人委托或者聘用的人员违反个人独资企业法的规定，侵犯个人独资企业财产权益的，责令退还侵占的财产；给企业造成损失的，依法承担赔偿责任；有违法所得的，没收违法所得；构成犯罪的，依法追究刑事责任。

3. 企业登记机关及其上级部门有关人员违法应承担的法律责任

(1) 对不符合《个人独资企业法》规定条件的个人独资企业予以登记，或者对符合该法规定条件的企业不予登记的，对直接责任人员依法给予行政处分；构成犯罪的，依法追究刑事责任。

提示：登记机关对符合法定条件的申请不予登记或者超过法定时限不予答复的，投资申请人可依法申请行政复议或提起行政诉讼。

(2) 登记机关的上级部门的有关主管人员强令登记机关对不符合《个人独资企业法》规定条件的企业予以登记，或者对符合该法规定条件的企业不予登记的，或者对登记机关的违法行为进行包庇的，对直接责任人员依法给予行政处分；构成犯罪的，依法追究刑事责任。

违反法律、行政法规的规定，强制个人独资企业提供财力、物力、人力的，按照有关法律、行政法规予以处罚，并追究有关责任人员的责任。

第三节　合伙企业法

合伙是一种古老的商业组织形态。欧洲中世纪，随着商品经济的发展，合伙经营日益普遍，合伙形式也得到了新的突破，合伙的团体性质得到了增强。到了近现代，虽有公司这一萌生于合伙的营利性法人组织的出现，但合伙并未因此退出历史舞台，作为独立的联合经营形式，它在各大陆法系国家民法典中以合伙契约的形式被确立为一种基本民事制度。

在现代市场经济条件下，合伙因其聚散灵活的经营形式和较强的应变能力普遍受到各国法律的重视，已成为现代联合经营所不可缺少的形式之一。

一、合伙企业与合伙企业法

1. 合伙企业的概念

合伙企业是指自然人、法人和其他组织依法在中国境内设立的普通合伙企业和有限合伙企业。

知识链接　　**有限合伙简史**

一般认为，有限合伙起源于10世纪前后意大利商港的康曼达契约。在中世纪早期，为了规避教会法和减少经营风险，根据双方签订的康曼达契约，一方合伙人将商品、金钱、船舶等转交于另一合伙人经营。作为完成艰难而危险航行的报酬，从事航行的人（经营人）可以获得1/4利润，并对外承担无限责任。提供资金的合伙人（出资人）仅以其出资为限承担风险可分得3/4的利润。这种经营方式好像是不公平的，但在当时，生命是廉价的，资金则非常短缺。

在15世纪之后，意大利出现了以丰富的资本进行投资但不参加经营的康曼达人，而管理者从事经营并以个人财产对经营债务承担无限连带责任。之后，这种形式随同法国探险者和殖民者传入美国，逐渐形成英美法上的有限合伙制度。

有限合伙人类似于消极贷款，受到一些高风险事业的欢迎，如娱乐机构、油井钻探业、商业不动产开发、高科技行业等。

2. 合伙企业的分类

合伙企业分为普通合伙企业和有限合伙企业。

普通合伙企业由普通合伙人组成，合伙人对合伙企业债务承担无限连带责任。有限合伙企业由普通合伙人和有限合伙人组成，普通合伙人对合伙企业债务承担无限连带责任，有限合伙人以其认缴的出资额为限对合伙企业债务承担责任。

3. 合伙企业法

合伙企业法是调整因合伙企业设立、经营、变更、解散等活动形成的合伙关系的法律规范的总称。

《中华人民共和国合伙企业法》（以下简称《合伙企业法》）于1997年2月23日，由第八届全国人民代表大会常务委员会第二十四次会议通过，2006年8月27日第十届全国人民代表大会常务委员会第二十三次会议修订，自2007年6月1日起施行。该法是我国调整合伙企业法律关系的主要法律，其他法律、法规中关于合伙企业的规定也属于合伙企业法的范畴。

二、合伙企业的设立

1. 设立的条件

（1）有两个以上合伙人

合伙人为自然人的，应当具有完全民事行为能力。国有独资企业、国有企业、上市公司以及公益性的事业单位、社会团体不得成为普通合伙人。

（2）有书面合伙协议

合伙协议应当依法由全体合伙人协商一致，以书面形式订立。合伙协议经全体合伙人签名、盖章后生效；修改或者补充合伙协议，应经全体合伙人一致同意，但是合伙协议另有约定的除外；合伙协议未约定或者约定不明确的事项，由合伙人协商解决；协商不成的，依照相关法律、行政法规的规定处理。

合伙协议应当载明下列事项：①合伙企业的名称和主要经营场所的地点；②合伙目的和合伙经营范围；③合伙人的姓名或者住所、名称；④合伙人的出资方式、数额和缴付期限；⑤利润分配、亏损分担方式；⑥合伙事务的执行；⑦入伙与退伙；⑧争议解决办法；⑨合伙企业的解散与清算；⑩违约责任。

（3）由各合伙人认缴或者实际缴付的出资

合伙人可以用货币、实物、知识产权、土地使用权或者其他财产权利出资，也可以用劳务出资。合伙人以实物、知识产权、土地使用权或者其他财产权利出资，需要评估作价的，可以由全体合伙人协商确定，也可以由全体合伙人委托法定评估机构评估。合伙人以劳务出资的，需要经全体合伙人协商一致，其评估办法由全体合伙人协商确定，并在合伙协议中载明。以非货币财产出资的，依照法律、行政法规的规定，需要办理财产权转移手续的，应当依法办理。

根据《合伙企业法》的规定，申请建立合伙企业，由合伙人认缴或者实际缴付的出资及其他必备条件即可，目前法律没有最低注册资金的要求，营业执照上也不显示出资额。

案例分析 2—6　　　　　承担的责任与出资形式无关

甲乙丙三人合伙，甲以资金出资，乙以实物出资，丙以技术性劳务出资。

请问：对于合伙经营的亏损额，丙对外应如何承担责任？

分析：最高人民法院《民法通则意见》第 48 条规定："只提供技术性劳务，不提供资金、实物的合伙人，对于合伙经营的亏损额，对外也应当承担连带责任。"据此，丙对外应承担无限连带责任，与其出资的形式无关。

（4）有合伙企业的名称和生产经营场所

普通合伙企业应当在其名称中标明"普通合伙"字样，其中，特殊的普通合伙企业，应当在其名称中标明"特殊普通合伙"字样。

2. 设立的程序

（1）申请人向企业登记机关提交相关文件

申请设立合伙企业，应当由全体合伙人指定的代表或者共同委托的代理人向企业登记机关提出申请。申请时应提交设立登记申请书、合伙协议、合伙人身份证明、主要经营场所证明、合伙人出资确认书等文件。合伙企业的经营范围中有属于法律、行政法规规定在登记前需要经批准的项目的，该项经营业务应当依法经过批准，并在登记时提交批准文件。

（2）企业登记机关核发营业执照

申请人提交的登记申请材料齐全、符合法定形式，企业登记机关能够当场登记的，应予当场登记，发给营业执照。除此以外，企业登记机关应当自受理申请之日起 20 日内做出是否登记的决定，予以登记的，发给营业执照，如图 2—2 所示；不予登记的，应当给予书面答复，并说明理由。合伙企业营业执照签发日期为合伙企业成立日期。合伙企业领取营业执照前，合伙人不得以合伙企业名义从事合伙业务。

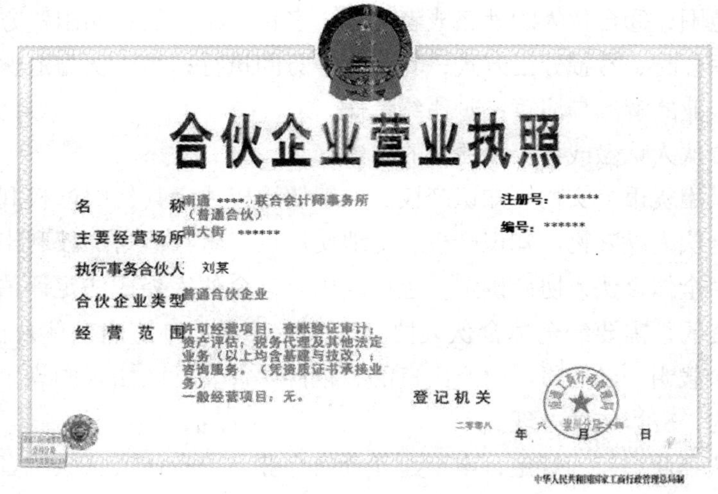

合伙企业营业执照

名　　称　南通 ****联合会计师事务所（普通合伙）　　注册号：******

编号：******

主要经营场所　南大街 ******

执行事务合伙人　刘某

合伙企业类型　普通合伙企业

经营范围　许可经营项目：查账验证审计；资产评估，税务代理及其他法定业务（以上均含基建与技改）；咨询服务。（凭资质证书承接业务）

一般经营项目：无。

登记机关

二零零八　年　六　月　日

中华人民共和国国家工商行政管理总局制

图 2—2　合伙企业营业执照（样例）

三、合伙企业的财产

1. 财产构成

（1）合伙人的出资

合伙人可以用货币、实物、知识产权、土地使用权或者其他财产权利出资，也可以用劳务出资，这些出资形成合伙企业的原始财产。

提示：合伙企业的原始财产是全体合伙人“认缴”的财产，而非各合伙人“实际缴纳”的财产。

所谓“认缴”的财产就是合伙协议中明确的各自自愿出资的金额。“实际缴纳”就是合伙人各自实际缴纳的金额。尚未履行的出资，对其他合伙人构成一种债权，其他合伙人享有出资请求权，故实际上也应视为合伙财产的一部分。

（2）以合伙企业名义取得的收益

以合伙企业名义取得的收益，主要包括合伙企业的公共积累资金、未分配的盈余、合伙企业债权、合伙企业取得的工业产权和非专利技术等财产权利。

（3）依法取得的其他财产

即根据法律、行政法规的规定合法取得的其他财产，例如合法接受赠予的财产等。

2. 合伙企业财产的性质

合伙企业的财产具有独立性和完整性两方面的特征。合伙企业的财产为合伙企业独立享有，由全体合伙人共同管理和使用。在合伙企业存续期间，除非有合伙人退伙等法定事由的出现，否则，合伙人不得要求分割合伙企业的财产。也就是说，合伙企业的财产是全体合伙人共有的财产，对合伙企业的财产占有、使用、收益和处分，均应当依据全体合伙人的共同意志进行。

提示：合伙企业中的合伙人将合伙企业财产份额质押给合伙企业以外的人，必须经其他合伙人一致同意。未经其他合伙人一致同意，其行为无效，由此给善意第三人造成损失的，由行为人依法承担赔偿责任。

3. 合伙人财产份额的转让

由于合伙企业的财产与全体合伙人的切身利益有关，因此，合伙企业法对合伙人转让其在合伙企业中的财产份额做了限制性的规定。

（1）除合伙协议另有约定外，合伙人向合伙人以外的人转让其在合伙企业中的全部或者部分财产份额时，必须经其他合伙人一致同意。

（2）合伙人之间转让在合伙企业中的全部或者部分财产份额时，应当通知其他合伙人。

(3) 合伙人向合伙人以外的人转让其在合伙企业中的财产份额的，在同等条件下，其他合伙人有优先购买权，但是，合伙协议另有约定的除外。

提示：合伙人以外的人依法受让合伙人合伙企业中的财产份额的，经修改合伙协议即成为合伙企业的合伙人，依照合伙企业法和修改后的合伙协议享有权利和承担责任。

四、合伙企业的内部关系

1. 合伙企业事务执行的形式

(1) 全体合伙人共同执行

这是合伙企业事务执行的基本形式，也是合伙企业中经常使用的一种形式，尤其是在合伙人较少的情况下更为适宜。

(2) 委托一个或者数个合伙人执行合伙企业事务

按照合伙协议的约定或者经全体合伙人决定，可以委托一个或者数个合伙人执行合伙事务的，其他合伙人不再执行合伙事务。

2. 合伙人在执行合伙企业事务中的权利和义务

(1) 合伙人的权利

1) 合伙人对执行合伙事务享有同等的权利；

2) 执行合伙企业事务的合伙人对外代表合伙企业；

3) 不执行合伙事务的合伙人有权监督、检查执行事务合伙人执行合伙事务的情况；

4) 合伙人有权查阅合伙企业会计账簿等财务资料；

5) 合伙人有提出异议权和撤销委托执行事务权。

提示：合伙人履行合伙协议发生争议的，合伙人可以通过协商或者调解解决。不愿通过协商、调解解决或协商、调解不成的，可以按照合伙协议约定的仲裁条款或者事后达成的书面仲裁协议，向仲裁机构申请仲裁。合伙协议未订立仲裁条款，事后又没有达成书面仲裁协议的，可以向人民法院起诉。

(2) 合伙人的义务

1) 执行事务的合伙人应当定期向其他合伙人报告事务执行情况、合伙企业的经营和财务状况；

2) 合伙人不得自营或者同他人合作经营与本合伙企业相竞争的业务；

3) 除合伙协议另有约定或者经全体合伙人一致同意外，合伙人不得同本合伙企业进行交易；

4) 合伙人不得从事损害本合伙企业利益的活动。

(3) 合伙企业事务执行的决议方式

合伙人对合伙企业有关事项做出决议，按照合伙协议约定的表决办法办理。合伙协议未约定或者约定不明确的，实行合伙人一人一票并经全体合伙人过半数通过的表决办法。

除合伙协议另有约定外，合伙企业的下列事项应当经全体合伙人一致同意：

1）改变合伙企业的名称；

2）改变合伙企业的经营范围、主要经营场所的地点；

3）处分合伙企业的不动产；

4）转让或者处分合伙企业的知识产权和其他财产权利；

5）以合伙企业名义为他人提供担保；

6）聘任合伙人以外的人担任合伙企业的经营管理人员。

3. 合伙企业的损益分配

合伙企业的利润分配、亏损分担，按照合伙协议的约定办理。合伙协议未约定或者约定不明确的，由合伙人协商决定；协商不成的，由合伙人按照实缴出资比例分配、分担；无法确定出资比例的，由合伙人平均分配、分担。合伙协议不得约定将全部利润分配给部分合伙人或者由部分合伙人承担全部亏损。

案例分析 2—7　　　　合伙企业利润如何分配

甲、乙、丙分别出资 2 万元、3 万元、5 万元组成一合伙企业，合伙协议规定了利润分配和亏损分担办法：甲分配或分担 3/5；乙、丙各自分配或分担 1/5，争议由合伙人通过协商或者调解解决，不允许向仲裁机构申请仲裁解决，也不允许通过诉讼解决。经营一年，企业盈利 15 万元，这 15 万元如何分配?

分析：因合伙协议规定了利润分配办法，故甲应分配 9 万元，乙、丙各分配 3 万元。

五、合伙企业的外部关系

1. 合伙企业与善意第三人的关系

合伙企业对合伙人执行合伙事务以及对外代表合伙企业权利的限制，不得对抗善意第三人。

2. 合伙企业与债务人的关系

合伙企业对其债务，应先以其全部财产进行清偿。合伙企业财产不足清偿到期债务的，合伙人承担无限连带责任。合伙人由于承担无限连带责任，清偿数额超过其亏损分担比例的，有权向其他合伙人追偿。

案例分析 2—8　　合伙企业中的债务适合“夫债妻偿”吗?

赵某的丈夫王某生前与苏某合伙做运输生意，8 月底王某突然不幸病故。不久，张某拿着一张王某书写的借条，称因汽车运输生意借款 5 万元，要赵某还钱，借条上有苏某写的“担保人”及苏某签名。张某说，钱是王某借的，属于其夫妻二人的共同财产，王某不在了就应该赵某偿还。而赵某从来不过问丈夫的生意。

请问：这笔债务该由赵某偿还吗？

分析：王某生前与他人合伙做运输生意借的5万元钱不应属于王某夫妻的共同债务，而是一种合伙债务。《民法通则》第35条规定“合伙人对合伙的债务承担连带责任”。既然不属于夫妻共同债务而是合伙债务，债权人就不应当向赵某讨要，而是依法向王某生前的合伙人苏某求偿。在苏某偿还这笔债务后，如果苏某认为他和王某按照出资比例或者协议的约定不该负担这么多，苏某可以要求在王某的遗产范围内承担应当承担的份额，即可以向包括赵某在内的其他继承人在继承遗产的范围内追偿。因此，债权人张某直接向赵某追偿这笔债务是没有法律依据的。

3. 合伙人个人债务的清偿

合伙人发生与合伙企业无关的个人债务时，相关债权人不得以其债权抵消其对合伙企业的债务，也不得代位行使合伙人在合伙企业中的权利。

合伙人的个人财产不足清偿其个人债务的，该合伙人可以以其从合伙企业中分取的收益用于清偿；债权人也可以依法请求人民法院强制执行该合伙人在合伙企业中的财产份额用于清偿。

人民法院强制执行合伙人的财产份额时，应当通知全体合伙人，其他合伙人有优先购买权，其他合伙人未购买，又不同意将该财产份额转让给他人的，依法为该合伙人办理退伙结算，或者办理削减该合伙人相应财产份额的结算。

六、入伙与退伙

1. 入伙

入伙，是指在合伙企业存续期间，合伙人以外的其他人加入合伙企业，取得合伙人资格的过程。

（1）入伙的条件和程序

新合伙人入伙，除合伙协议另有约定外，应当经全体合伙人一致同意，并依法订立书面入伙协议。订立入伙协议时，原合伙人应当向新合伙人如实告知原合伙企业的经营状况和财务状况。

案例分析2—9　　新人入伙，谁说了算？

张军欲加入他人的合伙企业。但是，原合伙人的态度和表示态度的方式不一样：

1. 李小东对此未置可否；
2. 贾龙出国未归，但是在电话中表示同意；
3. 马名援口头表示同意，但是未签订书面协议；
4. 刘光磊在入伙协议书上签了字；
5. 刘光磊依据王伶从国外发回的委托传真，代为在该协议书上签字。

入伙之事一直不能定下来，张军想找他们再做一下工作。

请问：从法律上看，还要再做谁的工作张军才能成为新合伙人？

分析：刘光磊态度明确，并已经在书面协议上签字。王伶有正式书面委托，刘光磊代为签字。所以，还要再做其他三人的工作。

（2）新合伙人的权利和责任

入伙的新合伙人与原合伙人享有同等权利，承担同等责任。入伙协议另有约定的，从其约定。新合伙人对入伙前合伙企业的债务承担无限连带责任。

2. 退伙

退伙是指合伙人退出合伙企业，从而丧失合伙人的资格。

合伙人退伙，其他合伙人应当与该退伙人按照退伙时的合伙企业财产状况进行结算，退还合伙人的财产份额。退伙人给合伙企业造成的损失负有赔偿责任的，相应扣减其应当赔偿的数额。退伙时有未了结的合伙企业事务的，待该事务了结后进行结算。

（1）自愿退伙

自愿退伙是指合伙人基于自愿的意思表示而退伙。

1）协议退伙。《合伙企业法》规定，合伙协议约定合伙期限的，在合伙企业存续期间，有下列情形之一的，合伙人可以退伙：①合伙协议约定的退伙事由出现；②经全体合伙人一致同意；③发生合伙人难以继续参加合伙的事由；④其他合伙人严重违反合伙协议约定的义务。

2）通知退伙。《合伙企业法》规定，合伙协议未约定合伙期限的，合伙人在不给合伙企业事务执行造成不利影响的情况下，可以退伙，但应当提前30日通知其他合伙人。

（2）法定退伙

法定退伙是指合伙人因出现法律规定的事由而退伙。

1）当然退伙。《合伙企业法》规定，合伙人有下列情形之一的，可当然退伙：①作为合伙人的自然人死亡或者被依法宣告死亡；②个人丧失偿债能力；③作为合伙人的法人或者其他组织依法被吊销营业执照、责令关闭、撤销或者被宣告破产；④法律规定或者合伙协议约定合伙人必须具有相关资格而丧失该资格；⑤合伙人在合伙企业中的全部财产份额被人民法院强制执行。

合伙人被依法认定为无民事行为能力人或者限制民事行为能力人的，经其他合伙人一致同意，可以依法转为有限合伙人，普通合伙企业依法转为有限合伙企业。其他合伙人未能一致同意的，该无民事行为能力或者限制民事行为能力的合伙人退伙。

提示：以退伙事由实际发生之日为退伙生效日。

2）除名退伙。《合伙企业法》规定，合伙人有下列情形之一的，经其他合伙人一致同意，可以决定将其除名：①未履行出资义务；②因故意或者重大过失给合伙企业造成损失；③执行合伙事务时有不正当行为；④发生合伙协议约定的事由。

对合伙人的除名决议应当书面通知被除名人。被除名人接到除名通知之日，除名生效；被除名人对除名决议有异议的，可以在接到除名通知书之日起30日内向人民法院起诉。

提示：退伙人对基于其退伙前的原因发生的合伙企业债务，承担无限连带责任。合伙人退伙时，合伙企业财产少于合伙企业债务的，退伙人应当依法分担亏损。

课堂讨论

王某、张某等五人两年前成立了一家合伙企业，如今张某和其他三位合伙人都想劝王某退伙，可王某不情愿。那么，其他合伙人有没有合适的办法让王某退伙？

案例分析 2—10　“退伙”抗辩无效　原合伙人仍需担责

2013年5月30日，江西省吉安市吉州区人民法院一审宣判一起建设工程分包合同纠纷案，判令被告张三、李四连带支付原告王二工程价款41 945元。

一审法院审理查明，2006年年初，两被告合伙承接了某建设兵团建设工程项目，并将其中的模板安装工程以包工包料的方式发包给原告，约定承包价款按展开面积每平方米20元计算。合同签订后，原告按约组织人员完成了4 302.96米^{2}的模板安装工程，按合同约定计算工程款为86 059.2元。两被告在工程期间向原告支付工程款40 000元，尚欠46 059.2元一直未付。原告自2008年起多次找被告催付工程款，并向劳动部门主张债权均未果，遂诉至本院。诉讼中，被告李四以在工程完工之前已经退伙为由抗辩，要求驳回原告对其的诉讼请求。

一审法院认为，被告张三、李四将其合伙承包的建设工程中的模板安装工程分包给原告，应按约承担连带支付工程价款的责任。被告李四以其退伙为由抗辩不承担工程款支付责任，缺乏法律依据。原告诉请判令两被告支付工程款41 945元，应予支持，遂做出上述判决。

(3) 继承

《合伙企业法》规定：合伙人死亡或者被依法宣告死亡的，对该合伙人在企业中的财产份额享有合法继承权的继承人，按照合伙协议的约定或者经全体合伙人一致同意，从继承开始之日起，取得该合伙企业的合伙人资格。

有下列情形之一的，合伙企业应当向合伙人的继承人退还被继承合伙人的财产份额：①继承人不愿意成为合伙人；②法律规定或者合伙协议约定合伙人必须具有相关资格，而该继承人未取得该资格；③合伙协议约定不能成为合伙人的其他情形。

案例分析 2—11　合伙人资格也可以“世袭”

孙某父亲与张某、李某等人合伙办了一家物流企业，在公司中享有的出资份额为45%。现在孙某父亲突然因车祸去世并且没留下任何遗嘱。

请问：孙某父亲去世后，孙某能替代其父亲成为该企业的合伙人吗？

分析：如果孙某没有协议中约定的不能成为合伙人的情形，孙某就能成为该企业的合伙人。若孙某不愿意成为合伙人，合伙企业退还孙某父亲的财产份额给孙某。

七、特殊的普通合伙企业

特殊的普通合伙企业的特殊性体现在服务内容和责任承担方式上。特殊的普通合伙企业名称中应当标明“特殊普通合伙”字样。

1. 服务内容

《合伙企业法》规定，以专业知识和专门技能为客户提供有偿服务的专业服务机构，可以设立为特殊的普通合伙企业。

课堂讨论

王自立想与另外两名技校同学合办一家计算机维修合伙企业，他们在责、权、利三方面与其他合伙企业有什么不同？

2. 责任承担

在特殊的普通合伙企业中，一个合伙人或者数个合伙人在执业活动中因故意或者重大过失造成合伙企业债务的，应当承担无限责任或者无限连带责任，其他合伙人以其在合伙企业中的财产份额为限承担责任。合伙人在执业活动中非因故意或者重大过失造成的合伙企业债务以及合伙企业的其他债务，由全体合伙人承担无限连带责任。

合伙人执业活动中因故意或者重大过失造成的合伙企业债务，以合伙企业财产对外承担责任后，该合伙人应当按照合伙协议的约定对给合伙企业造成的损失承担赔偿责任。

八、有限合伙企业

1. 有限合伙企业的概念

有限合伙企业，是指由有限合伙人和普通合伙人共同组成，普通合伙人对有限合伙企业债务承担无限连带责任，有限合伙人以其认缴的出资额为限对合伙企业债务承担责任的合伙组织。

案例分析 2—12　　怕担风险，做“有限合伙人”

甲、乙、丙是郑州某中专院校毕业学生，三人都比较看好家庭工艺品制作这一行业，经过商议，准备开办一家工艺品制造厂。而丙自己同时经营一家餐厅，生意不错，怕工艺品制造厂有风险，影响餐厅的经营，于是他决定以有限合伙人的身份参与工艺品制造厂的设立。

2. 有限合伙企业设立的特殊规定

（1）人数

有限合伙企业由 2 个以上 50 个以下合伙人设立，其中至少应当有 1 个普通合伙人。国有独资公司、国有企业、上市公司以及公益性的事业单位、社会团体不得成为有限合伙企业的普通合伙人。

(2) 有限合伙企业名称

有限合伙企业名称中应当标明“有限合伙”字样。

(3) 有限合伙企业协议

有限合伙企业的合伙协议除应载明普通合伙企业合伙协议所应载明的事项外，还应就一些特殊情况进行说明。

根据法律规定，有限合伙企业仅剩普通合伙人的，应转为普通合伙企业；有限合伙企业仅剩有限合伙人的，应当解散。

(4) 有限合伙人出资方式

有限合伙人可以用货币、实物、知识产权、土地使用权或者其他财产权利作价出资，但不得以劳务出资。

3. 有限合伙企业的事务处理

有限合伙企业由普通合伙人执行合伙事务。执行事务合伙人可以要求在合伙协议中确定执行事务的报酬及报酬提取方式。有限合伙人不执行合伙事务，不得对外代表有限合伙企业。有限合伙企业不得将全部利润分配给部分合伙人；但是，合伙协议另有约定的除外。

课堂讨论

为什么不允许有限合伙企业的有限合伙人执行合伙事务？

4. 有限合伙人的特殊权利

(1) 有限合伙人可以同本有限合伙企业进行交易；但是，合伙协议另有约定的除外。

(2) 有限合伙人可以自营或者同他人合作经营与本有限合伙企业相竞争的业务；但是，合伙协议另有约定的除外。

(3) 有限合伙人可以将其在有限合伙企业中的财产份额出质；但是，合伙协议另有约定的除外。

(4) 有限合伙人可以按照合伙协议的约定向合伙人以外的人转让其在有限合伙企业中的财产份额，但应当提前30日通知其他合伙人。

5. 有限合伙人的债务承担

有限合伙人的自有财产不足清偿其与合伙企业无关的债务的，该合伙人可以以其从有限合伙企业中分取的收益用于清偿；债权人也可以依法请求人民法院强制执行该合伙人在有限合伙企业中的财产份额用于清偿。

人民法院强制执行有限合伙人的财产份额时，应当通知全体合伙人。在同等条件下，其他合伙人有优先购买权。

6. 有限合伙人入伙、退伙的特殊规定

(1) 入伙

新入伙的有限合伙人对入伙前有限合伙企业的债务，以其认缴的出资额为限承担责任。

（2）退伙

有限合伙人出现普通合伙人当然退伙的情形的，应当退伙。但作为有限合伙人的自然人在有限合伙企业存续期间丧失民事行为能力的，其他合伙人不得因此要求其退伙。

7. 有限合伙人身份的变更

除合伙协议另有约定外，普通合伙人转变为有限合伙人，或者有限合伙人转变为普通合伙人，应当经全体合伙人一致同意。

案例分析 2—13　　成立有限合伙企业不能“我行我素”

甲、乙、丙、丁共同投资设立一从事物流的有限合伙企业。合伙协议约定了以下事项：①甲以现金 6 万元出资；乙以房屋作价 8 万元出资；丙以劳务作价 3 万元出资，另外以商标权作价 6 万元出资；丁以现金 10 万元出资。②丁为普通合伙人，甲、乙、丙均为有限合伙人。③各合伙人按相同比例分配盈利、分担亏损。④合伙企业的事务由丙和丁执行，甲和乙不执行合伙企业事务，也不对外代表合伙企业。⑤普通合伙人向合伙人以外的人转让财产份额的，不需要经过其他合伙人同意。⑥合伙企业名称为“四方物流合伙企业”。

根据上述内容，请问：

（1）合伙人丙以劳务作价出资的做法是否符合规定？

（2）合伙企业事务执行方式是否符合规定？

（3）关于合伙人转让出资的约定是否符合法律规定？

（4）合伙企业名称是否符合规定？

（5）各合伙人按照相同比例分配盈利、分担亏损的约定是否符合规定？

分析：（1）丙为该合伙企业的有限合伙人，丙以劳务作价出资的做法不符合规定。

（2）由于丙为该合伙企业的有限合伙人，因此其执行合伙企业事务，对外代表合伙企业的做法是不符合规定的。

（3）合伙人转让出资的约定符合法律规定。根据规定，除合伙协议另有约定外，普通合伙人向合伙人以外的人转让其在合伙企业中的全部或者部分财产份额时，必须经其他合伙人一致同意。按照该规定，只要合伙协议中约定了转让的方式，那么就可以按照合伙协议的约定来处理。

（4）该企业名称中并没有标明“有限合伙”，因此是不符合规定的。其名称应该为“四方物流有限合伙企业”。

（5）根据规定，合伙企业的利润分配、亏损分担，按照合伙协议的约定办理。因此，有限合伙企业合伙协议有约定的，可以按照约定来处理。

九、合伙企业的解散和清算

1. 合伙企业解散

合伙企业解散，是指各合伙人解除合伙协议，合伙企业终止活动。合伙企业有下列情形之一的，应当解散：

（1）合伙期限届满，合伙人决定不再经营；

（2）合伙协议约定的解散事由出现；

（3）全体合伙人决定解散；

（4）合伙人已不具备法定人数满 30 天；

（5）合伙协议约定的合伙目的已经实现或者无法实现；

（6）依法被吊销营业执照、责令关闭或者被撤销；

（7）法律、行政法规规定的其他原因。

2. 合伙企业的清算

合伙企业解散，应当进行清算。

提示：除特殊规定外，合伙人在合伙企业清算前，不得请求分割合伙企业财产。

（1）确定清算人

清算人由全体合伙人担任。经全体合伙人过半数同意，可以自合伙企业解散事由出现后 15 日内指定一个或者数个合伙人，或者委托第三人担任清算人。自合伙企业解散事由出现之日起 15 日内未确定清算人的，合伙人或者其他利害关系人可以申请人民法院指定清算人。

（2）通知和公告债权人

清算人自被确定之日起 10 日内将合伙企业解散事项通知债权人，并于 60 日内在报纸上公告。债权人应当自接到通知书之日起 30 日内，未接到通知书的自公告之日起 45 日内，向清算人申报债权。清算期间，合伙企业存续，但不得开展与清算无关的经营活动，由清算人在清算期间依法执行合伙企业相关的事务。

提示：合伙企业注销后，原普通合伙人对合伙企业存续期间的债务仍应承担无限连带责任。

（3）合伙企业财产分配及责任承担

合伙企业财产在支付清算费用和职工工资、社会保险费用、法定补偿金以及缴纳所欠税款、清偿债务后的剩余财产按照合伙协议的约定办理；合伙协议未约定或者约定不明确的，由合伙人协商决定；协商不成的，由合伙人按照实缴出资比例分配；无法确定出资比例的，由合伙人平均分配。

清算结束，清算人应当编制清算报告，经全体合伙人签名、盖章后，在 15 日内向企业登记机关报送清算报告，申请办理合伙企业注销登记。

合伙企业不能清偿到期债务的，债权人可以依法向人民法院提出破产清算申请，也可以要求普通合伙人清偿。合伙企业依法被宣告破产的，普通合伙人对合伙企业债务仍应承担无限连带责任。

案例分析 2—14　　　　合伙企业负债，岂可退伙了之

甲乙丙三人分别出资 10 万元、6 万元、4 万元合伙从事汽车零配件经营，其间因经营管理不善，对丁负债 10 万元，丙遂退出合伙，并拿出 1 万元由甲、乙代为偿还对丁的债务。

请问：丁应如何追还债务？

分析：《民法通则意见》第 53 条规定：合伙经营期间发生亏损，合伙人退出合伙时未按约定分担或者未合理分担合伙债务的，退伙人对原合伙的债务，应当承担清偿责任；退伙人已分担合伙债务的，对其参加合伙期间的全部债务仍负连带责任。

合伙人退出合伙后，责任并不消灭，因此丙仍有责任；根据连带责任的原理，债权人可以对某一个，也可以对某几个或者全体债务人先后或者同时提出履行全部或者一部分债务。据此丁可以分别向甲乙丙三人要求偿还 5 万元、3 万元、2 万元，也可以向甲乙丙三人中任何一人要求偿还 10 万元。

十、违反《合伙企业法》的法律责任

1. 合伙企业的违法行为应承担的法律责任

(1) 提交虚假文件或者采取其他欺骗手段，取得合伙企业登记的，由企业登记机关责令改正，处以 5 000 元以上 5 万元以下的罚款；情节严重的，撤销企业登记，并处以 5 万元以上 20 万元以下的罚款。

(2) 合伙企业未在其名称中标明“普通合伙”“特殊普通合伙”或者“有限合伙”字样的，由企业登记机关责令限期改正，处以 2 000 元以上 1 万元以下的罚款。

(3) 未领取营业执照，而以合伙企业或者合伙企业分支机构名义从事合伙业务的，由企业登记机关责令停止，处以 5 000 元以上 5 万元以下的罚款。

(4) 合伙企业登记事项发生变更时，未依照规定办理变更登记的，由企业登记机关责令限期登记；逾期不登记的，处以 2 000 元以上 2 万元以下的罚款。

(5) 合伙企业登记事项发生变更，执行合伙事务的合伙人未按期申请办理变更登记的，应当赔偿由此给合伙企业、其他合伙人或者善意第三人造成的损失。

2. 合伙人的违法行为应承担的法律责任

(1) 合伙人执行合伙事务，或者合伙企业从业人员利用职务上的便利，将应当归合伙企业的利益据为己有的，或者采取其他手段侵占合伙企业财产的，应当将该利益和财产退还合伙企业；给合伙企业或者其他合伙人造成损失的，依法承担赔偿责任。

(2) 合伙人对依法或者合伙协议约定必须经全体合伙人一致同意才能执行的事务擅自处理，给合伙企业或者其他合伙人造成损失的，依法承担赔偿责任。

(3) 不具有事务执行权的合伙人擅自执行合伙事务，给合伙企业或者其他合伙人造成损失的，依法承担赔偿责任。

(4) 合伙人违反法律规定或者合伙协议的约定，从事与本合伙企业相竞争的业务或者与本合伙企业进行交易的，该收益归合伙企业所有，给合伙企业或者其他合伙人造成损失的，依法承担赔偿责任。

(5) 合伙人违反合伙协议的，应当依法承担违约责任。

课堂讨论

合伙企业与合伙自然人承担的法律责任一样吗？

3. 清算人的违法行为应承担的法律责任

(1) 清算人未依照《合伙企业法》规定向企业登记机关报送清算报告，或者报送清算报告隐瞒重要事实，或者有重大遗漏的，由企业登记机关责令改正。由此产生的费用和损失，由清算人承担和赔偿。

(2) 清算人执行清算事务，牟取非法收入或者侵占合伙企业财产的，应当将该收入和侵占的财产退还合伙企业；给合伙企业或者其他合伙人造成损失的，依法承担赔偿责任。

(3) 隐匿、转移合伙企业财产，对资产负债表或者财产清单进行虚假记载，或者在未清偿债务前分配财产，损害债权人利益的，依法承担赔偿责任。

4. 行政管理机关及其人员的违法行为应承担的法律责任

有关行政管理机关的工作人员违反规定，滥用职权、徇私舞弊、收受贿赂、侵占合伙企业合法权益的，依法给予行政处分。

案例分析 2—15　　个人独资企业投资人必须“名正言顺”

高某一家人正准备利用祖传美容秘方开办一家个人独资的美容院。高某一家人的情况如下：高某，男，户主本人，47 周岁，某县公安局局长；周某，高某之妻，45 周岁，已经取得加拿大国籍，但仍随家人在国内居住；高甲，高某长子，19 周岁，某美容院的合伙人之一；高乙，高某长女，18 周岁，某大学学生，兼职从事网页设计和维护工作，收入颇丰，经济上已独立于其家庭；高丙，高某次子，15 周岁，初中毕业后在某美容培训班学习美容，有较强的管理能力。确定了投资人之后，经过一系列准备，投资人找到在工商局工作的高某之弟，把投资人身份证明、设立申请书、生产经营场所使用证明、有关部门对其经营美容业务的批准文件等交给他，口头委托其代为办理企业登记相关事宜。随后，高某一家人期待着美容院成立之日的到来。

请问：

(1) 高某一家人中谁可以作为投资人？

（2）美容院能否如愿成立？

分析：只有高乙可以作为投资人。

“法律、行政法规禁止从事营利性活动的人，不得作为投资人申请设立个人独资企业。”高某是公务员，不得作为投资人。

《个人独资企业法》规定个人独资企业投资人应为中国公民，所以周某不能作为投资人。

《合伙企业法》第32条规定“合伙人不得自营或同他人合作经营与本合伙企业相竞争的业务”，高甲负有竞业禁止的义务，所以不得作为投资人。

投资人应该是完全民事行为能力人，高丙为限制民事行为能力人，不得作为投资人。

高乙被视为完全民事行为能力人，高乙可以作为投资人。

《个人独资企业法》第9条规定：“申请设立个人独资企业，应当由投资人或者其委托的代理人向个人独资企业所在地的登记机关提交设立申请书、投资人身份证明、生产经营场所使用证明等文件。委托代理人申请设立登记时，应当出具委托人的委托书和代理人的合法证明。个人独资企业不得从事法律、行政法规禁止经营的业务；从事法律、行政法规规定必须报经有关部门审批的业务，应当在申请设立登记时提交有关部门的批准文件。”

本案投资人口头委托高某之弟代为办理登记事宜，没有向其出具书面委托书，所以登记机关不会予以登记，美容院也会因没有取得营业执照而不能成立。

逻辑简图

- 个人独资企业与合伙企业法律制度
  - 企业与企业法
    - 企业的概念和特征
    - 企业的种类
    - 我国企业法体系
  - 个人独资企业法
    - 个人独资企业及其特征
    - 个人独资企业的设立和变更
    - 个人独资企业的投资人及事务管理
    - 个人独资企业的权利和义务
    - 个人独资企业的解散和清算
    - 违反个人独资企业法的法律责任
  - 合伙企业法
    - 合伙企业及其特征
    - 合伙企业的设立
    - 合伙企业的财产
    - 合伙企业的内部关系
    - 合伙企业的外部关系
    - 入伙与退伙
    - 特殊的普通合伙企业
    - 有限合伙企业
    - 合伙企业的解散和清算
    - 违反合伙企业法的法律责任

复习思考题

1. 企业法的适用范围有哪些？

2. 个人独资企业的设立条件及其权利和义务有哪些？

3. 合伙企业的种类及其主要区别有哪些？

4. 合伙企业的设立有哪些条件？

5. 合伙人在合伙企业中有哪些权利和义务？

6. 合伙企业的盈利和亏损如何分配？

实训活动方案

一、实训题目

模拟订立合伙协议

二、实训目标

通过实训加深对合伙企业法律制度的理解；培养学生依法思考问题、解决问题的能力；培养学生的社会责任感。

三、实训前的准备

1. 教师通过座谈或个别交流了解学生对企业的感知状况；了解学生就业、创业的愿望；了解一些合伙企业的实际情况。

2. 根据学生对企业的认知状况，教师可预设2～3个小型合伙企业的经营范围和名称供学生实训中自由选择；同时启发学生根据自己的愿望设定企业经营范围和名称。

3. 合伙企业法律条文及相关的资料。

4. 对订立合伙协议所涉及的重要法律规定，例如合伙协议的必要记载事项、任意记载事项，普通合伙人、普通特殊合伙人、有限合伙人对外、对内应承担的责任以及所享有的权利等内容，应在课堂上、课堂下与学生进行详细讲解和讨论。

5. 实训地点与材料

（1）本班教室或专用实训教室；

（2）书面协议用纸；

（3）学生活动成果展示平台。

四、组织实训活动

1. 教师讲明实训的任务、目标、过程、评价标准。

2. 组织学生依照寻找合伙人→商讨企业名称及经营范围→模拟组建合伙企业→讨论并依法制定合伙协议→完成书面协议等步骤进行活动。

教师可在这一过程中为学生提供帮助或直接参与到学生小组的活动中。

3. 组织学生在班级以“企业”为单位交流所定的协议。

五、评价与小结

1. 根据班级交流的情况，教师组织各合伙“企业”对此次活动进行自评—互评—教师综合评价—课代表汇总计分，给每位学生评定活动总成绩。

2. 教师对此次活动中成功与欠缺的方面做小结，并以此制作本章节的辅导计划并予以实施。

3. 教师指导学生把各个“企业”订立的书面合伙协议，在合适的平台上展示出来，以便互相学习、借鉴和欣赏，通过展示自己的活动成果增强学生的自信心。

4. 学生参与活动情况评价表（供参考）。

活动评价表

项目	参与（30分）			纪律（30分）			协议（40分）		
分值 姓名	未参与（0分）	参与（11～20分）	积极认真（21～30分）	较差（0～10分）	一般（11～20分）	良好（21～30分）	不规范（0～20分）	规范（21～30分）	好（31～40分）

第三章 公司法律制度

学习目标

- 掌握公司的概念、特征和分类
- 了解有限责任公司、股份有限公司的设立、合并、分立、解散和清算
- 掌握公司法及适用范围

第一节　公司法律制度概述

一、公司的概念及特征

1. 公司的概念

公司是指依照公司法设立的，以营利为目的，由股东投资形成的企业法人，它是适应市场经济社会化大生产的需要而形成的一种企业组织形式，是经济活动的重要主体之一。

2. 公司的特征

（1）公司必须依法设立

这是指公司必须依法定条件、法定程序设立，才能取得企业法人资格。

依法设立包含两个方面：一是要求公司的章程、资本、组织机构、活动原则等必须合法；二是要求公司设立要经过法定程序，进行工商登记。

（2）公司具有法人资格

公司是企业法人，要有独立的法人财产和独立承担民事责任；作为独立的民事主体，公司具有自己的名称；公司组建有健全的组织机构，例如股东会、董事会、监事会、经理等，还有各种具体的职能部门；公司有住所，这是公司从事生产经营及活动的地方。

（3）公司以营利为目的

公司以营利为目的，是指股东即出资者设立公司的目的是为了盈利，即从公司经营中取得利润。因此，营利目的不仅要求公司本身为盈利而活动，而且要求公司有盈利时应当分配给股东。某些具有盈利活动的组织，如果其利润不进行分配，而是用于社会公益等其他目的，则不属于以营利为目的的公司性质。

课堂讨论

移动通信公司和学校都是法人，它们有何不同呢？

二、公司的分类

依据不同的标准，可将公司做如下分类，见表3—1。

表3—1　　公司分类一览表

分类依据	名称	详　解
根据股东承担责任形式	有限责任公司	又称有限公司，是指股东以其认缴的出资额为限对公司承担责任，公司以其全部财产对公司的债务承担责任的公司
	无限公司	是指由两个以上的股东组成，全体股东对公司的债务承担无限连带责任的公司
	股份有限公司	又称股份公司，是指将公司全部资本分为等额股份，股东以其认购的股份为限对公司承担责任，公司以其全部财产对公司的债务承担责任的公司
	两合公司	是指由负无限责任的股东和负有限责任的股东组成，无限责任股东对公司债务负无限连带责任，有限责任股东仅就其认缴的出资额为限对公司债务承担责任
根据公司组织关系	母公司和子公司	以公司之间的控制与依附的关系，公司分为母公司和子公司。处于控制地位的是母公司，处于依附地位的是子公司
	总公司和分公司	分公司是公司依法设立的以分公司名义进行经营活动，其法律后果由本公司承受的分支机构。相对分公司而言，公司称为总公司或本公司
根据公司信用基础	人合公司	是指公司的经营活动以股东个人的财力、能力和信誉作为信用基础的公司，其典型的形式为无限公司。人合公司的财产及责任与股东的财产及责任没有完全分离，其不以自身资本多少为信用基础，股东可以用劳务、信用和其他权利出资
	资合公司	是指公司的经营活动以公司的资本规模作为信用基础的公司，其典型的形式为股份有限公司。这类公司仅以资本的实力取信于人，股东个人是否有财产、能力或者信誉与公司无关
	人合兼资合公司	是指同时以股东个人信用和公司资本作为公司信用基础的公司，其典型的形式为两合公司和股份两合公司

三、公司法及其适用范围

1. 公司法的概念

公司法是规定公司法律地位、调整公司在设立、经营、变更与终止过程中的组织行为的法律规范的总称。公司法的概念有广义和狭义之分。狭义的公司法，仅指《中华人民共和国公司法》(以下简称《公司法》)这一形式上的规范性文件;广义的公司法,则是调整公司组织关系、规范公司行为的法律规范的总称,其表现形式不仅包括《公司法》,还包括《公司登记管理条例》等法律法规。

知识链接 **《公司法》的历程**

《中华人民共和国公司法》由第八届全国人大常委会第五次会议于 1993 年 12 月 29 日通过,自 1994 年 7 月 1 日起施行。此后,全国人大常委会于 1999 年、2004 年对《公司法》进行了两次小的修改。2005 年 10 月 27 日,第十届全国人大常委会第十八次会议对《公司法》进行了较大规模的修订后重新颁布,自 2006 年 1 月 1 日起实施。2013 年 12 月 28 日第十二届全国人民代表大会常务委员会第六次会议对《公司法》进行第三次修订,自 2014 年 3 月 1 日起实施。

《公司法》的立法宗旨是规范公司的组织和行为,保护公司、股东和债权人的合法权益,维护社会经济秩序,促进社会主义市场经济的发展。

2. 公司法的适用范围

我国《公司法》适用于依照《公司法》在中国境内设立的有限责任公司和股份有限公司。外商在中国境内设立的公司,适用于我国《公司法》。同时,其他法律另有规定的也适用其规定。

第二节　有限责任公司

一、有限责任公司的概念及特征

1. 有限责任公司的概念

有限责任公司是依照《公司法》设立,股东以其认缴出资额为限对公司承担责任,公司以其全部资产对公司债务承担责任的企业法人。

2. 有限责任公司的特征

(1)股东承担有限责任

有限责任公司是企业法人,公司的股东以其认缴出资额对公司承担责任,股东的个人财产与公司债务无关,公司以其全部资产对公司的债务承担责任。

(2)限制股东人数

有限责任公司的股东人数是有严格限制的。我国《公司法》第 24 条规定,有限责任公司由 50 个以下股东出资设立。

知识链接 **法律允许一人公司**

我国新《公司法》取缔了原先至少两个投资人的限制，承认一人有限公司的合法性。

(3) 设立手续简单

有限责任公司的设立手续相对简单：一般由全体设立人制定公司章程，有符合公司章程规定的全体股东认缴的出资额，即可在登记机关登记设立。

(4) 股东对外转让出资受到严格限制

股东向股东以外的人转让股权，应当经其他股东过半数同意；不同意转让的股东应该购买该股东转让的股权，如不购买，则视同为同意转让；经股东同意转让的股权，在同等条件下，其他股东有优先购买权。

(5) 具有封闭性

有限责任公司在组织与经营上具有封闭性，即设立程序和经营状况不向社会公开。

二、有限责任公司的设立

1. 有限责任公司设立的条件

根据《公司法》规定，设立有限责任公司，应当具备下列条件：

(1) 股东符合法定人数

《公司法》规定，有限责任公司由 50 个以下股东出资设立。《公司法》对有限责任公司股东人数没有规定下限，即有限责任公司股东人数可以为 1 个或 50 个以下股东，既可以是自然人，也可以是法人。

(2) 有符合公司章程规定的全体股东认缴的出资额

1) 注册资本。有限责任公司的注册资本为在公司登记机关登记的全体股东认缴的出资额。法律、行政法规以及国务院决定对有限责任公司注册资本实缴、注册资本最低限额另有规定的，从其规定。

2) 股东出资方式。股东可以用货币出资，也可以用实物、知识产权、土地使用权等可以用货币估价并可以依法转让的非货币财产作价出资；但是，法律、行政法规规定不得作为出资的财产除外。实物出资以房屋、机器设备、工具、原材料、零部件等有形资产的所有权出资。知识产权出资是指以无形资产，包括著作权、专利权、商标权、非专利技术等所有权出资。对作为出资的非货币财产应当评估作价，核实财产，不得高估或者低估作价。

(3) 股东共同制定公司章程

设立有限责任公司，必须依照《公司法》的规定，由全体股东共同依法制定公司章程。公司章程是公司成立和运营的基础，股东应当在公司章程上签名、盖章。

根据《公司法》的规定，有限责任公司章程应当载明下列事项：①公司名称和住所；②公司经营范围；③公司注册资本；④股东的姓名或者名称；⑤股东的出资方式、出资额和出资时间；⑥公司的机构及其产生办法、职权、议事规则；⑦公司法定代表人；⑧股东会会议认为需要规定的其他事项。

公司章程对公司股东、董事、监事、高级管理人员具有约束力。

（4）有公司名称，建立符合有限责任公司要求的组织机构

公司设立自己的名称时，必须注明“有限责任公司”或“有限公司”字样，并经过公司登记管理机关进行预先核准登记。公司应当设立符合有限责任公司要求的组织机构，即股东会、董事会或者执行董事、监事会或者监事等。

（5）有公司住所

设立公司必须有住所。没有住所的公司，不得设立。公司以其主要办事机构所在地为住所。

2. 有限责任公司设立的程序

（1）制定公司章程

股东设立有限责任公司，必须先制定公司章程，将公司的基本情况以及各方面的权利义务加以明确规定。

（2）股东缴纳出资

股东应当按期足额缴纳公司章程中规定的各自所认缴的出资额。以货币出资的，应当将货币存入公司在银行开设的账户；以非货币财产出资的，应当依法办理其财产权的转移手续。这里的手续，是指过户手续，即将原来属于股东所有的财产，转移为属于公司所有的财产。

知识链接 **股东的出资类别**

股东以房产出资的，需要到房管部门办理房屋所有权转移手续，将房屋所有权人由股东改为公司；以知识产权出资的，需要到专利管理机关办理权属变更手续，将专利权人由股东变为公司。

（3）申请设立登记

股东认足公司章程规定的出资后，由全体股东指定的代表或者共同委托的代理人向公司登记机关报送公司登记申请书、公司章程等文件，申请设立登记。公司经核准登记后，领取营业执照，公司企业法人营业执照签发日期为公司成立日期。

三、有限责任公司的组织机构

图3—1为有限责任公司的基本组织机构图。

1. 股东会

股东会是有限责任公司的权力机构，依法行使下列职权：

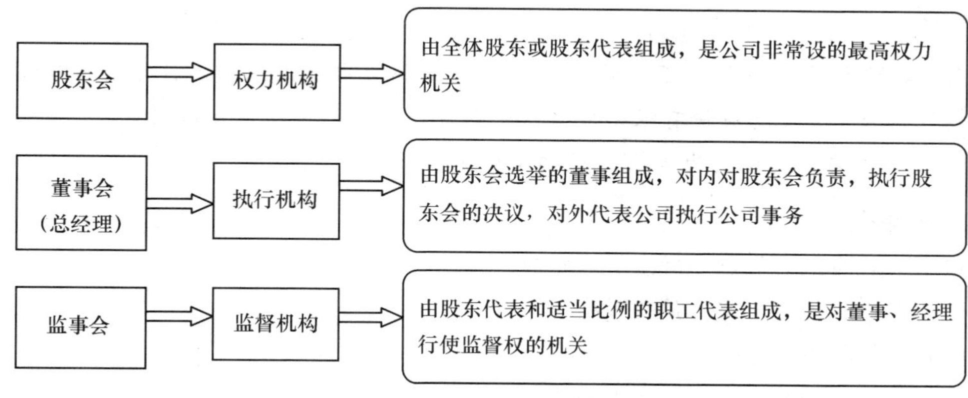

图 3—1 有限责任公司组织机构图

（1）决定公司的经营方针和投资计划；

（2）选举和更换由非职工代表担任的董事、监事，决定有关董事、监事的报酬事项；

（3）审议批准董事会的报告；

（4）审议批准监事会或者监事的报告；

（5）审议批准公司的年度财务预算方案、决算方案；

（6）审议批准公司的利润分配方案和弥补亏损方案；

（7）对公司增加或者减少注册资本做出决议；

（8）对发行公司债券做出决议；

（9）对公司合并、分立、变更公司形式、解散和清算等事项做出决议；

（10）修改公司章程；

（11）公司章程规定的其他职权。

对上述所列事项，股东以书面形式一致表示同意的，可以不召开股东会会议，直接做出决定，并由全体股东在决定文件上签名、盖章。

股东会会议分为定期和临时两种。定期会议应当按照公司章程的规定按时召开。代表 1/10 以上表决权的股东，1/3 以上的董事，监事会或者不设监事会的公司的监事提议召开临时会议的，应当召开临时会议。召开股东会会议，应当于会议召开 15 日前通知全体股东。

知识链接　　有限责任公司的表决权

有限责任公司股东会会议由股东按照出资比例行使表决权；但公司章程另有规定的，从其规定。下列事项必须经代表 2/3 以上表决权的股东通过：①修改公司章程；②公司增加或者减少注册资本；③公司合并、分立、解散或者变更公司形式。

课堂讨论

某有限责任公司由甲、乙、丙、丁四个股东共同出资设立，丙提议召开临时股东会，提议将公司变更为股份有限公司。在表决时，甲、丙两股东表示同意，丙占出资比例为15%、甲占出资比例为45%，此项决议是否有效?

2. 董事会

董事会对股东会负责，行使下列职权：

(1) 召集股东会会议，并向股东会报告工作；

(2) 执行股东会的决议；

(3) 决定公司的经营计划和投资方案；

(4) 制订公司的年度财务预算方案、决算方案；

(5) 制订公司的利润分配方案和弥补亏损方案；

(6) 制订公司增加或者减少注册资本以及发行公司债券的方案；

(7) 制订公司合并、分立、变更公司形式、解散的方案；

(8) 决定公司内部管理机构的设置；

(9) 决定聘任或者解聘公司经理及其报酬事项，并根据经理的提名决定聘任或者解聘公司副经理、财务负责人及其报酬事项；

(10) 制定公司的基本管理制度；

(11) 公司章程规定的其他职权。

有限责任公司董事会的成员为3～13人，设董事长1人，可以设副董事长。董事长和副董事长的产生办法由公司章程决定。董事任期由公司章程决定，但每届任期不得超过3年。任期届满连选可以连任。董事任期届满未及时改选，或者董事在任期内辞职导致董事会成员低于法定人数的，在改选出的董事就任前，原董事仍应当依照法律、行政法规和公司章程的决定，履行董事职务。

董事会应当将所议事项的决定形成会议记录，出席会议的董事应当在会议记录上签名。董事会会议由董事长召集和主持；董事长不能履行职务或者不履行职务的，由副董事长召集和主持；副董事长不能履行职务或者不履行职务的，由半数以上董事共同推举一名董事召集和主持。董事会决议的表决，实行一人一票。

有限责任公司可以设经理，由董事会决定聘任或者解聘。经理列席董事会会议。

董事长为公司法定代表人，负责召开董事会会议。总经理属于公司雇员范畴，由董事长经过董事会进行任命，总经理拥有经营权和部分决策权，负责公司日常管理。总经理可由董事长兼任，也可兼任公司董事。

课堂讨论

在有限责任公司董事会成员中应当有公司职工代表；董事任期由公司章程规定，但每届任期不得超过3年；董事长和副董事长依法由公司董事会选举产生；董事长和副董事长不召集和主持董事会的，必须由全体董事共同推举一名董事召集和主持。以上说法是否正确？

3. 监事会

监事会、不设监事会的公司的监事行使下列职权：

（1）检查公司财务；

（2）对董事、高级管理人员执行公司职务的行为进行监督，对违反法律、行政法规、公司章程或者股东会决议的董事、高级管理人员提出罢免的建议；

（3）当董事、高级管理人员的行为损害公司利益时，要求董事、高级管理人员予以纠正；

（4）提议召开临时股东会会议，在董事会不履行规定的召集和主持股东会会议职责时召集和主持股东会会议；

（5）向股东会会议提出提案；

（6）依照《公司法》的规定，对董事、高级管理人员提起诉讼；

（7）公司章程规定的其他职权。

有限责任公司的监事会成员不得少于 3 人。应当包括股东代表和职工代表，其中公司职工代表不少于 1/3，具体比例由公司章程规定。监事会设主席 1 人，由全体监事过半数选举产生，负责召集和主持监事会会议。规模较小的公司也可以不设监事会，只设 1～2 名监事。监事的任期每届为 3 年，连选可以连任。

监事会每年度至少召开 1 次会议，监事可以提议召开临时监事会会议。

案例分析 3—1　　股东会通过的决议是否有效?

某有限责任公司董事会议拟增加注册资本，公司监事会全部七名成员坚决反对，但董事会坚持决议。于是，监事会中的三名成员联名通知全体股东召开临时股东会议。除两名股东因故未参加股东会以外，其他股东全部参加。与会股东最终以 2/3 人数通过了公司增加注册资本的董事会决议。监事会认为会议的表决未达到法定人数，因而决议无效。董事会认为，监事越权召开股东会，会后又对会议通过的决议横加指责，纯属无理之举。

请问：公司董事会是否有权做出增加注册资本的决议？临时股东大会的召集程序是否合法？临时股东大会通过的决议是否有效？

分析：①该公司董事会无权做出增加注册资本的决议。我国《公司法》规定，对增加注册资本等重大事项的决议应当由股东会做出。②临时股东会的召集程序合法。《公司法》规定，1/3 以上的监事可以提议召开临时股东会，本次临时股东会由三名监事召集，该公司共有监事七人，达到 1/3 以上。③股东会通过增加注册资本的决议无效。公司法规定，股东会通过增加注册资本的决议应当由代表 2/3 以上表决权的股东通过。而此次临时股东会的表决只是参加本次股东会的 2/3 股东通过。

四、一人有限责任公司

1. 一人有限责任公司的概念

一人有限责任公司，是指只有一个自然人股东或者一个法人股东的有限责任公司。一人有限责任公司是独立的企业法人，具有完全的民事权利能力、民事行为能力和民事责任能力，是有限责任公司的特殊类型。

2. 一人有限责任公司的特别规定

《公司法》规定，一人有限责任公司的设立和组织机构适用特别规定，没有特别规定的，适用有限责任公司的相关规定。《公司法》对一人有限责任公司的特别规定具体包括以下几个方面：

（1）一个自然人只能投资设立一个一人有限责任公司，该一人有限责任公司不能投资设立新的一人有限责任公司。

（2）一人有限责任公司应当在公司登记中注明自然人独资或者法人独资，并在公司营业执照中载明。

（3）一人有限责任公司不设股东会。法律规定的股东会职权由股东行使，当股东行使相应职权做出决定时，应当采用书面形式，并由股东签名后置备于公司。

（4）一人有限责任公司应当在每一会计年度终了时编制财务会计报告，并经会计师事务所审计。

（5）一人有限责任公司的股东不能证明公司财产独立于股东自己的财产的，应当对公司债务承担连带责任。

第三节　股份有限公司

一、股份有限公司概念及特征

1. 股份有限公司的概念

股份有限公司简称股份公司，是指其全部资本分为等额股份，股东以其所持股份为限对公司承担责任，公司以其全部资产对公司的债务承担责任的企业法人。

2. 股份有限公司的特征

（1）公司的全部资本分为等额股份。

（2）股东负有限责任。

（3）社会性与开放性。是指：①股份有限公司可以公开向社会发行股票，向社会募集资金；②任何投资者可以通过购买股票成为公司股东，有更广泛的社会性；③法律规定了股份有限公司的信息披露制度，由此也称其为开放性公司。

二、股份有限公司的设立

1. 股份有限公司设立的方式

股份有限公司的设立，可以采取发起设立或者募集设立的方式。发起设立，是指由发起人认购公司应发行的全部股份而设立公司。募集设立，是指由发起人认购公司应发行股份的一部分，其余部分向社会公开募集而设立公司。

2. 股份有限公司设立的条件

《公司法》规定，设立股份有限公司，应当具备下列条件：

（1）发起人符合法定人数。设立股份有限公司，应当有 2 人以上 200 人以下为发起人，其中须有半数以上的发起人在中国境内有住所。发起人既可以是自然人，也可以是法人。发起人既可以是中国公民，也可以是外国公民。

（2）有符合公司章程规定的全体发起人认购的股本总额或者募集的实收股本总额。股份有限公司采取发起设立方式设立的，注册资本为在公司登记机关登记的全体发起人认购的股本总额。在发起人认购的股份缴足前，不得向他人募集股份。股份有限公司采取募集方式设立的，注册资本为在公司登记机关登记的实收股本总额。法律、行政法规以及国务院决定对股份有限公司注册资本实缴、注册资本最低限额另有规定的，从其规定。

发起人可以用货币出资，也可以用实物、知识产权、土地使用权等可以用货币估价并可以依法转让的非货币财产作价出资；但是，法律、行政法规规定不得作为出资的财产除外。对作为出资的非货币财产应当评估作价，核实财产，不得高估或者低估作价。法律、行政法规对评估作价有规定的，从其规定。

（3）股份发行、筹办事项符合法律规定。发起人为设立股份有限公司发行股份，以及在进行其他的筹办事项时，都必须符合法律规定的条件和程序，不得违反。

（4）发起人制定公司章程，采用募集方式设立的公司，公司章程需经创立大会通过。设立股份有限公司必须依法制定章程。对于以发起设立方式设立的股份有限公司，由全体发起人共同制定公司章程；对于以募集设立方式设立的股份有限公司，发起人制定的公司章程，还应当经有其他认股人参加的创立大会，以出席会议的认股人所持表决权的半数以上通过，方为有效。

股份有限公司章程应当载明下列事项：①公司名称和住所；②公司经营范围；③公司设立方式；④公司股份总数、每股金额和注册资本；⑤发起人的姓名或者名称、认购的股份数、出资方式和出资时间；⑥董事会的组成、职权、任期和议事规则；⑦公司法定代表人；⑧监事会的组成、职权、任期和议事规则；⑨公司利润分配办法；⑩公司的解散事由与清算办法；⑪公司的通知和公告办法；⑫股东大会会议认为需要规定的其他事项。

知识链接 **股份有限公司创立大会**

以募集方式设立股份有限公司的，发行股份的股款缴足后，发起人应当在30日内主持召开公司创立大会。创立大会由发起人、认股人组成。创立大会应有代表股份总数过半数的发起人、认股人出席，方可举行。创立大会依《公司法》行使职权，对相关事项做出的决议必须经出席会议的认股人所持表决权的半数以上通过。

（5）有公司名称，建立符合股份有限公司要求的组织机构。

（6）有公司住所。

3. 股份有限公司设立的程序

股份有限公司设立的程序见表3—2。

表3—2　**股份有限公司设立的程序表**

程序	以发起设立方式	以募集设立方式
股份认购	发起人书面认足公司章程规定其认购的股份	发起人认购股份（发起人认购的股份不得少于公司股份总数的35%）
出资和募股	缴纳出资	向社会公开募集股份
建立公司组织机构	选举董事会和监事会	召开创立大会（发起人应当在创立大会召开15日前将会议日期通知各认股人或者予以公告）
设立审批	申请设立登记	申请设立登记

三、股份有限公司的组织机构

股份有限公司的组织机构由股东大会、董事会、监事会等组成。

1. 股东大会

股份有限公司的股东大会由全体股东组成，是公司的权力机构，依法行使职权。股东大会做出的决定，公司的其他机构，如董事会、监事会都必须执行。股份有限公司股东大会的职权与有限责任公司基本相同。

股份有限公司的股东大会分为股东年会和临时股东大会两种。年会是指依照法律和公司章程的规定每年按时召开的股东大会。《公司法》规定，股东大会应当每年召开一次年会。临时股东大会是指股份有限公司在出现召开临时股东大会的法定事由时，应当在法定期限召开的股东大会。《公司法》规定，如出现下列情形，应当在2个月内召开临时股东大会：①董事人数不足《公司法》规定人数或者公司章程所定人数的2/3时；②公司未弥补的亏损达实收股本总额1/3时；③单独或者合计持有公司10%以上股份的股东请求时；④董事会认为必要时；⑤监事会提议召开时；⑥公司章程规定的其他情形。

课堂讨论

召开股东年会和临时股东大会应当什么时候通知股东？

召开股东大会会议，应当将会议召开的时间、地点和审议的事项于会议召开 20 日前通知各股东；临时股东大会应当于会议召开 15 日前通知各股东；发行无记名股票的，应当于会议召开 30 日前公告会议召开的时间、地点和审议事项。单独或者合计持有公司 3%以上股份的股东，可以在股东大会召开 10 日前提出临时提案并书面提交董事会；董事会应当在收到提案后 2 日内通知其他股东，并将该临时提案提交股东大会审议。临时提案的内容应当属于股东大会职权范围，并有明确议题和具体决议事项。股东大会不得对上述通知中未列明的事项做出决议。

股东出席股东大会会议，所持每一股份有一票表决权。但是，公司持有的本公司股份没有表决权。股东大会做出决议，必须经出席会议的股东所持表决权过半数以上通过。但是，股东大会做出修改公司章程、增加或者减少注册资本的决议，以及公司合并、分立、解散或者变更公司形式的决议，必须经出席会议的股东所持表决权的 2/3 以上通过。《公司法》和公司章程规定的公司转让、受让重大资产或者对外提供担保等必须经股东大会做出决议的事项，董事会应当及时召集股东大会，由股东大会就上述事项进行表决。

股东大会选举董事、监事，可以依照公司章程的规定或者股东大会的决议，实行累积投票制。

知识链接　**累积投票制投票**

所谓累积投票制，是指股东大会选举董事或者监事时，每一股份拥有与应选董事或者监事人数相同的表决权，股东拥有的表决权可以集中使用。

股东可以委托代理人出席股东大会会议，代理人应当向公司提交股东授权委托书，并在授权范围内行使表决权。股东大会应当对所议事项的决定进行会议记录，主持人、出席会议的董事应当在会议记录上签名。会议记录应当与出席股东的签名册及代理出席的委托书一并保存。

2. 董事会

股份有限公司董事会的职权与有限责任公司董事会的职权基本相同。

董事会是股份有限公司股东大会的执行机构，对股东大会负责。股份有限公司董事会成员为 5～19 人。董事会成员中可以有公司职工代表。董事会中的职工代表由公司职工通过职工代表大会、职工大会或者其他形式民主选举产生。股份有限公司的董事任期与有限责任公司的规定完全一致。

3. 监事会

股份有限公司设监事会，其成员不得少于 3 人。监事会应当包括股东代表和适当比例的公司职工代表，职工代表是通过职工代表大会、职工大会或者其他形式民主选举产生。监事会设主席 1 人，可以设副主席。监事会主席和副主席由全体监事过半数选举产生。监事会主席召集和主持监事会会议；监事会主席不能履行职务或者不履行职务的，由监事会副主席召集和主持监事会会议；监事会副主席不能履行职务或者不履行职务的，由半数以上监事共同推举1名监事召集和主持监事会会议。

股份有限公司股东大会的职权、董事的任期、董事会的职权、经理的职权、监事的任期等事项与有限责任公司相关的规定相同。

四、股份有限公司发行股票

股份有限公司的基本特征之一，就是注册资本划分为金额相等的股份，公司的股份采取股票的形式，股东以其所持股份为限对公司承担责任。而有限责任公司的股东以其出资额对公司承担责任。

1. 股份与股票

（1）股份和股票的概念

股份是指由股份有限公司发行的股东所持有的，通过股票形式来表现的可以转让的资本的一部分。股份作为代表公司资本的一部分，是公司资本的最小划分单位，不能再分，所有股东持有的股份加起来所代表的资本数额即为公司的资本总额。股份有限公司的股份具有平等性，公司每股金额相等，所表现出的股东权利和义务是相等的，即只要所持有的股份相同，其股东可以享有的权益和应当履行的义务就相同。

知识链接　　股票应当载明的主要事项

股票应当载明的主要事项有：①公司名称；②公司成立日期；③股票种类、票面金额及代表的股份数；④股票的编号。

股票是指公司签发的证明股东所持股份的凭证。股票具有如下特征：

1）股票是有价证券。股票是一种具有财产价值的证券，股票记载着股票种类、票面金额及代表的股份数，反映着股票的持有人对公司的权利。

2）股票是证权证券。股票表现的是股东的权利，任何人只要合法占有股票，其就可以依法向公司行使权利，而且公司股票发生转移时，公司股东的权益也随之转移。

3）股票是要式证券。股票采取纸面形式或者国务院证券监督管理机构规定的其他形式。其记载的内容和事项应当符合法律规定。

4）股票是流通证券。股票可以在证券交易市场依法进行交易。

（2）股票的分类

从理论上分析，股票可以分为下列种类，见表3—3。

除上述分类外，我国的股票还可根据是否记名分为记名股票和无记名股票；按发行对象的不同分为A股、B股、H股等；按股东有无表决权分为表决权股和无表决权股等。

表 3—3　　股票的分类

分类标准	股票名称	含　义
按照股东权利、义务	普通股	享有普通权利、承担普通义务的股份，是股份的最基本形式
	优先股	享有优先权的股份
按照投资主体性质	国有股（国家股和国有法人股）	（1）国家股指有权代表国家投资的政府部门或机构，以国有资产投入公司形成的股份或依法定程序取得的股份 （2）国有法人股是指具有法人资格的国有企业、事业及其他单位以其依法占用的法人资产向独立于自己的股份公司出资形成或依法定程序取得的股份
	发起人股	股份公司的发起人认购的股份
	社会公众股	个人和机构以合法财产购买并可依法流通的股份
按照投资者是以何币种认购和买卖	内资股	一般是由境内人士或机构以人民币认购和买卖的股票
	外资股	一般是以外币认购和买卖的股票，又可分为境内上市外资股和境外上市外资股

2. 股份发行

《公司法》规定，股份发行应当遵循公平、公正、同股同权的原则。具体应该做到：①公司向社会公开募集股份时，应就有关股份发行的信息依法公开披露。②同股同价。同次发行的股份，每股的发行价格应该相同。③同股同权。相同的股份在相同的条件下应当具有平等性。同一公司，相同的股份，股东所享有的权益相同。

公司的股票可以为记名股票，也可以为无记名股票。公司向发起人、法人发行的股票，应当为记名股票；公司对社会公众发行的股票，可为记名股票，也可为无记名股票。股票发行的价格可以按票面金额，也可以超过票面金额，但不得低于票面金额。

公司发行新股，股东大会应当对下列事项做出决议：①新股种类及数额；②新股发行价格；③新股发行的起止日期；④向原有股东发行新股的种类及数额。

公司经国务院证券监督管理机构核准公开发行新股时，必须公告新股招股说明书和财务会计报告，并制作认股书。公司公开发行新股应当由依法设立的证券公司承销，签订承销协议，并同银行签订代收股款协议。公司发行新股募足资金后，必须向公司登记机关办理变更登记并公告。

案例分析 3—2　　该股份公司成立过程及做法是否合法？

某市有 4 家生产经营冶金产品的集体企业，拟设立一股份公司，只发行定向募集的记名股票。总注册资本为 900 万元，每家企业各承担 200 万元。在经过该市有关领导同意后，资金开始筹建。4 个发起人各认购 200 万元，其余 100 万元向其他企业募集，并规定，只要支付购买股票的资金，就即时交付股票，无论公司是否成立。且为了吸引企业购买，可将每股 1 元优惠到每股 0.9 元。一个月后，资金全部募足，发起人召开创立大会，但参加人所代表的股份总数不到总股数的一半。主要是因为有两个发起人改变主意，抽回了其股本。创立大会决定仍要成立公司，就向公司登记机关提交了申请书，但公司登记机关认为根本达不到设立股份公司的条件，且违法之处甚多，不予登记。此时，发起人也心灰意懒，宣布不成立公司了，各股东的股本也随即退回。但这样一来，公司在设立过程中所产生的各项费用及以公司名义欠的债务达 12 万元，加上被退回股本的发起人以外的股东要求赔偿利息损失 3 万元，合计 15 万元的债务，各发起人之间互相推诿，谁也不愿承担。各债权人于是推选 2 名代表到法院状告 4 个发起人，要求偿还债务。4 个发起人辩称，公司不能成立，大家都有责任，因此各人损失自己承担。

请问：本案的股份公司成立过程中有哪些违法之处？本案 4 个发起人是否应承担公司不能成立时所产生的债务？为什么？

分析：

1. 根据《公司法》的规定，本案的股份公司在设立过程中有如下违法之处：

（1）未经省级人民政府或国务院授权部门同意，仅有市有关领导同意是不行的。

（2）公司登记成立前不得向股东交付股票，而非本案中只要认购就交付股票，不管公司成立与否。

（3）股票只能按票面金额或超过票面金额发行，而不得低于票面金额发行，本案中的优惠是错误的。

（4）创立大会参加人数不足代表股份总数半数及以上的认股人。法定为超过股份总数半数及以上才可举行创立大会。

（5）两名发起人私自抽回股本。《公司法》规定，除未按期募足股份，发起人未按期召开创立大会或创立大会决议不设立公司外，发起人、认股人缴纳股款后不得抽回其股本。

2. 应当承担该债务。因为公司设立失败，应由发起人对设立行为所产生的债务和费用承担连带责任。

第四节　公司的合并、分立、解散、清算

一、公司的合并

1. 公司合并的形式

公司合并是指依照法定程序将两个以上的公司变为一个公司的行为。其形式有两种：吸收合并与新设合并。吸收合并是指一个公司吸收其他公司加入本公司，被吸收的公司解散。新设合并是指两个以上公司合并设立一个新的公司，合并各方解散。

2. 公司合并的程序

(1) 签订合并协议;

(2) 编制资产负债表及财产清单;

(3) 做出合并决议;

(4) 通知债权人;

(5) 依法进行登记。

公司合并时，合并双方的债权、债务，应当由合并后存续的公司或者新设的公司承继。

公司应当自做出合并决议之日起 10 日内通知债权人，并于 30 日内在报纸上公告。债权人自接到通知书之日起 30 日内，未接到通知书的自公告之日起 45 日内，可以要求公司清偿债务或者提供相应的担保。

二、公司的分立

1. 公司分立的形式

公司分立是指依法将一个公司分为两个以上的公司。分立的形式一般有存续分立和新设分立两种形式。存续分立是公司以其部分财产和业务另设一个新的公司，原公司存续。新设分立是公司以其全部财产分别归入两个以上的新设公司，原公司解散。

2. 公司分立的程序

公司分立的程序与公司合并的程序基本一样，要签订分立协议，编制资产负债表及财产清单，做出分立决议，通知债权人，办理工商登记等。

知识链接 **公司分立前后债务的承担**

公司分立前的债务由分立后的公司承担连带责任。但是，公司在分立前与债权人就债务清偿达成的书面协议另有约定的除外。

三、公司的解散

《公司法》规定，公司解散的原因有以下五种:

1. 公司章程规定的营业期限届满或者公司章程规定的其他解散事由出现。
2. 股东会或者股东大会决议解散。
3. 因公司合并或者分立需要解散。
4. 依法被吊销营业执照、责令关闭或者被撤销。
5. 人民法院依法予以解散。

公司有上述第 1 种情形的，可以通过修改公司章程而存续。公司依照规定修改公司章程的，有限责任公司须经持有 2/3 以上表决权的股东通过，股份有限公司须经出席股东大会会议的股东所持表决权的 2/3 以上通过。

知识链接　　公司发生严重困难时的解散途径

公司经营管理发生严重困难，继续存续会使股东利益受到重大损失，通过其他途径不能解决的，持有公司全部股东表决权10%以上的股东，可以请求人民法院解散公司。

公司被依法宣告破产的，依照有关企业破产的法律制度实施破产清算。

四、公司的清算

公司清算工作的程序如下：

1. 成立清算组

解散的公司，应当自解散之日起15日内成立清算组。有限责任公司的清算组由股东组成，股份有限公司的清算组由董事或者股东大会确定的人员组成。逾期不成立清算组的，人民法院可以依债权人申请指定有关人员组成清算组进行清算。清算组负责解散公司财产的保管、清理、处理和分配工作。

2. 登记债权

清算组应当自成立起10日内通知债权人，并于60日内在报纸上公告。债权人应当自接到通知书之日起30日内，未接到通知书的自公告之日起45日内，向清算组申报其债权。债权人申报债权，应当说明债权的有关事项，并提供证明材料。清算组应当对债权进行登记。

3. 清理公司财产，制订清算方案

清算组应当对公司财产进行清理，编制资产负债表和财产清单，制订清算方案。清算方案应当报股东会、股东大会或者人民法院确认。但如果清算组在清理公司财产、编制资产负债表和财产清单后，发现公司财产不足清偿债务的，应当依法向人民法院申请宣告破产。公司经人民法院裁定宣告破产后，清算组应当将清算事务移交给人民法院。

清算期间，公司存续，但不得开展与清算无关的经营活动。

4. 清偿债务

公司财产在依次支付清算费用、职工的工资、社会保险费用和法定补偿金，缴纳所欠税款，清偿公司债务后的剩余财产，有限责任公司按照股东的出资比例分配，股份有限公司按照股东持有的股份比例分配。

公司财产在未按上述规定清偿前，不得分配给股东。

5. 公告公司终止

公司清算结束后，清算组应当编制清算报告，报股东会、股东大会或者人民法院确认，并报送公司登记机关，申请注销公司登记，公告公司终止。

案例分析 3—3　　甲公司清算过程及做法是否合法?

2012年3月，甲股份有限公司由于市场情况发生重大变化，如果继续经营将导致公司惨重损失。3 月 20 日，该公司召开了股东大会，以出席会议的股东所持表决权的半数通过决议解散公司。4 月 15 日，股东大会选任公司 5 名董事组成清算组。清算组成立后于 5 月 5 日起正式启动清算工作，将公司解散及清算事项分别通知了有关的公司债权人，并于 6 月 20 日在报纸上进行了公告，规定自公告之日起 3 个月内未向公司申报债权者，公司将不负清偿义务。

请问：该公司关于清算的决议是否合法？说明理由。该公司能否由股东会委托董事组成清算组？该公司在清算中有关保护债权人的程序是否合法？

分析：

1. 该公司关于清算的决议不合法。根据我国《公司法》的规定，股份有限公司决议解散公司，必须经出席股东大会的股东所持表决权的 2/3 以上的多数通过，但本案中，甲股份有限公司只以出席会议的股东所持表决权的半数通过决议解散公司，故该清算决议是不合法的。

2. 按照我国《公司法》的规定，股份有限公司的清算组由股东会议确定其人选。因此，在本案中，甲公司由股东大会选任清算人是有法律依据的。

3. 该公司关于保护债权人的程序不合法。根据我国《公司法》的规定，股东大会决议解散公司的，应当在 15 日内成立清算组。清算组应当自成立之日起 10 日内通知债权人，并于 60 日内在报纸上公告。该公司在 3 月 20 日通过了股东大会决议，而至 4 月 15 日才成立清算组，整整迟了 10 天。另外，清算组成立后，应当立即着手公司清算工作，但迟至 5 月 5 日才正式启动清算工作，超过了自成立之日起 10 日内通知债权人的期限，且在报纸上公告日期超过了 60 天的期限。这些都是不合法的。

第五节 违反《公司法》的法律责任

一、公司违反《公司法》的法律责任

1. 公司违反《公司法》规定，在法定的会计账簿以外另立会计账簿的，由县级以上人民政府财政部门责令改正，处以 5 万元以上 50 万元以下的罚款。构成犯罪的，依法追究刑事责任。

2. 公司在依法向有关主管部门提供的财务会计报告等材料上虚假记载或者隐瞒重要事实的，由有关主管部门对直接负责的主管人员和其他直接责任人员处以 3 万元以上 30 万元以下的罚款。

3. 公司不依照《公司法》规定提取法定公积金的，由县级以上人民政府财政部门责令如数补足应当提取的金额，可以对公司处以 20 万元以下的罚款。

4. 公司在合并、分立、减少注册资本或者进行清算时，不依照《公司法》规定通知或者公告债权人的，由公司登记机关责令改正，对公司处以1万元以上10万元以下的罚款。

5. 公司在清算期间开展与清算无关的经营活动的，由公司登记机关予以警告，没收违法所得。

6. 公司在进行清算时，隐匿财产，对资产负债表或者财产清单虚假记载或者在未清偿债务前分配公司财产的，由公司登记机关责令改正，对公司处以隐匿财产或者未清偿债务前分配公司财产金额5%以上10%以下的罚款；对直接负责的主管人员和其他直接责任人员处以1万元以上10万元以下的罚款。构成犯罪的，依《刑法》规定追究刑事责任，对直接负责的主管人员和其他直接责任人员，处5年以下有期徒刑或者拘役，并处或者单处2万元以上20万元以下罚金。

7. 公司成立后无正当理由超过6个月未开业的，或者开业后自行停业连续6个月以上的，可以由公司登记机关吊销营业执照。

8. 公司登记事项发生变更时，未依照《公司法》规定办理有关变更登记的，由公司登记机关责令限期登记；逾期不登记的，处以1万元以上10万元以下的罚款。

9. 外国公司违反《公司法》规定，擅自在中国境内设立分支机构的，由公司登记机关责令改正或者关闭，可以并处5万元以上20万元以下的罚款。

10. 公司违反《公司法》规定，应当承担民事赔偿责任和缴纳罚款、罚金的，其财产不足以支付时，先承担民事赔偿责任。

知识链接 **公司营业执照的吊销**

利用公司名义从事危害国家安全、社会公共利益的严重违法行为的，吊销营业执照。违反《公司法》的规定，构成犯罪的，依法追究刑事责任。

二、公司发起人、股东等的法律责任

公司的发起人、股东未交付或者未按期交付作为出资的货币或者非货币财产，虚假出资，欺骗债权人和社会公众的，或在公司成立后抽逃其出资的，责令改正，处以虚假出资金额或所抽逃出资金额5%以上15%以下的罚款。构成犯罪的，依法追究刑事责任。

未依法登记为有限责任公司或者股份有限公司，而冒用有限责任公司或者股份有限公司名义的，责令改正或者予以取缔，并可处10万元以下的罚款。构成犯罪的，依法追究刑事责任。

案例分析3—4 **虚假出资行为该如何处罚?**

甲公司为股份有限公司。甲公司的主要发起人乙企业以经营性资产投入甲公司，并认购了相应的发起人股份。在甲公司成立后，乙企业将已经作为出资应当交付给甲公司的部分机器设备（价值150万元）作为自己的资产使用了3年有余，至今尚未交付给甲公司。根据《公司法》等法律的规定，乙企业的行为属于何种性质的违法行为？乙企业应当承担何种法律责任？

分析：乙企业的行为属于虚假出资行为。乙企业应承担的法律责任为：由公司登记机关责令改正，处以虚假出资金额5%以上15%以下的罚款。构成犯罪的，依法追究刑事责任。

三、董事、监事、经理等的法律责任

1. 董事、监事、经理利用职权收受贿赂、其他非法收入或者侵占公司财产的，没收违法所得，责令退还公司财产，由公司给予处分。构成犯罪的，依法追究刑事责任。

2. 董事、经理挪用公司资金或者将公司资金借贷给他人的，责令退还公司的资金，由公司给予处分，将其所得收入归公司所有。构成犯罪的，依法追究刑事责任。

3. 董事、经理违反《公司法》规定，以公司资产为本公司的股东或者其他个人债务提供担保的，责令取消担保，并依法承担赔偿责任，将违法提供担保取得的收入归公司所有。情节严重的，由公司给予处分。

4. 董事、经理违反《公司法》规定自营或者为他人经营与其所任职公司同类业务的，除将其所得收入归公司所有外，可由公司给予处分。

5. 公司向股东和社会公众提供虚假的或者隐瞒重要事实的财务会计报告的，对直接负责的主管人员和其他直接责任人员处以3万元以上30万元以下的罚款。构成犯罪的，依法追究刑事责任。

6. 违反《公司法》规定，将国有资产低价折股、低价出售或者无偿分给个人的，对直接负责的主管人员和其他直接责任人员依法给予行政处分。构成犯罪的，依法追究刑事责任。

7. 董事、高级管理人员执行职务违反法律、行政法规、公司章程的规定，给公司造成损失的，股东可以请求监事会或者不设监事会的有限责任公司的监事提起诉讼。监事给公司造成损失的，股东可以请求董事会或者执行董事提起诉讼。监事会、监事、董事会、执行董事拒绝提起诉讼，或者情况紧急、不立即提起诉讼将会使公司利益受到难以弥补的损害等情况下，股东可以直接提起诉讼。董事、高级管理人员违反法律、行政法规或者公司章程的规定，损害股东利益的，股东可以提起诉讼。

案例分析3—5　　有限责任公司出资的合法性

秦×、王×、李×3人投资设立一有限责任公司。秦×出资20万元，王×以价值20万元的房屋出资，李×出资10万元。其后由于经营失败，公司欠甲100万元，公司资产价值50万元，甲知道秦×具有偿还能力，在公司财产不足清偿债务时，要求秦×偿还所欠的债务。

若你是甲的法律顾问，对甲的要求如何回答？

分析：甲无权要求秦×偿还所欠的债务。公司设立后，秦×、王×、李×成为公司的股东，公司以其全部财产对公司的债务承担责任，有限责任公司的股东以其认缴的出资额为限对公司清偿，公司财产不足清偿的，无权要求其股东偿还。

逻辑简图

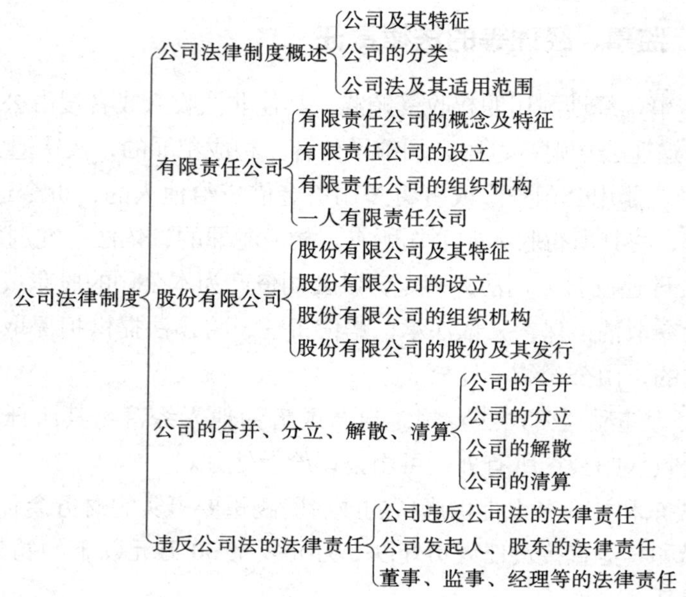

复习思考题

1. 公司的特征是什么？
2. 有限责任公司设立的条件有哪些？
3. 股份有限公司设立的条件有哪些？
4. 有限责任公司和股份有限公司董事会的区别是什么？
5. 公司解散的原因有哪些？
6. 违反《公司法》的公司发起人、股东的法律责任是什么？

实训活动方案

一、实训题目

模拟设立公司并拟定公司章程。

二、实训目标

通过这项实训活动，可以让学生熟知各类型公司的设立条件、组织机构的人员构成和资格要求，熟知各个机构的职权，并学习拟定公司章程。

三、实训前的准备

1. 将学生分组，指定相应的小组负责人。

2. 由各组抽签，确定每组设立公司的类型（有限责任公司或股份有限公司）。

3. 教师提供公司章程范本供学生参考使用。

四、实训活动组织

1. 实训活动以小组为单位，采取角色模拟的实训方式。

2. 每组按要求成立一家公司，公司名称、经营范围、注册资本、出资方式等企业基本情况自行拟定。

3. 每组根据制定的公司章程组建股东会，选举董事和监事，并把各自的股东列入公司章程中，以备报工商局备案。

4. 每组把公司章程、选举的董事和监事名单以及记录整个组建过程的材料上交。

五、评价与小结

1. 教师组织各小组对此次活动进行自评→互评→教师综合评价→课代表汇总计分后，给每位学生评定活动总成绩。

2. 教师对此次活动做小结；学生分组完成的公司章程经教师批阅后进行张贴展示。

3. 学生参与活动情况评价表（供参考）。

活动评价表

项目	参与（40分）			拟定公司章程（60分）		
分值 姓名	未参与 （0分）	参与 （11～25分）	积极认真 （26～40分）	章程拟定内容不完整、不合理、不合法 （1～20分）	章程拟定不合法，但内容较完整、合理 （21～40分）	章程拟定内容完整、合理、合法 （41～60分）

第四章 合同法

学习目标

- 了解合同法的概念
- 掌握合同的概念、特征
- 掌握合同法的基本原则
- 掌握合同的订立
- 掌握合同的效力
- 掌握合同的履行和担保
- 了解合同的变更、转让与终止
- 掌握违反合同的责任

在市场经济中，合同随处可见，如购买房子要签订买卖合同，贷款要签订贷款合同，租房子要签订租赁合同，企业之间要订立购销合同等。在日常生活中，我们也经常发生合同行为，如进超市、商场购物，跟随旅行社旅游，同学之间借钱，这些都会形成不同形式的合同。了解合同及合同法的内容，有利于我们的日常生活，有利于规范和保障经济交往。

第一节 合同与合同法概述

一、合同的概念和分类

1. 合同的概念与特征

合同又称契约，是指平等主体的自然人、法人、其他组织之间设立、变更、终止民事权利与义务关系的协议。

合同具有以下法律特征：

（1）合同是双方或多方的法律行为

合同的主体必须有两个或两个以上，合同的成立是各方当事人意思表示一致的结果。例如货物买卖合同，一方要买，一方要卖，双方意思表示一致才能成为合同。

（2）合同当事人法律地位平等

当事人平等协商订立合同，任何一方不得把自己的意志强加给对方。比如，一个大型企业与个体户订立合同，两者虽然经营规模差别很大，但他们的法律地位是完全平等的。

（3）合同以产生民事上的权利与义务关系为目的

当事人签订合同，旨在建立某种具体的权利与义务关系。依法成立的合同，在当事人之间就形成了法律上的权利与义务关系。比如房屋租赁合同的当事人，一方是为了出租房屋，获得货币，另一方是为了获得房屋的使用权而转让货币。

2. 合同的分类

合同可以按照不同的标准分类：

（1）有名合同与无名合同

这是根据法律是否设有规范并赋予一个特定名称为标准划分。有名合同又称典型合同，是指法律已确定了一定名称及具体规则的合同。例如《合同法》分则确认的买卖合同、赠予合同、借款合同、租赁合同等各类合同。无名合同又称非典型合同，是指法律没有确定名称及具体规则的合同。例如旅游合同、餐饮服务合同、住宿合同等。

（2）双务合同与单务合同

这是根据当事人是否互负给付义务为标准划分。双务合同是指双方当事人相互承担给负义务的合同。例如买卖合同、租赁合同、银行借款合同。单务合同是指只有一方当事人承担给负义务的合同。例如借用合同、赠予合同。

（3）有偿合同与无偿合同

这是依当事人取得权利是否偿付代价为标准划分。有偿合同，是指当事人因享有权利而必须偿付一定代价的合同。无偿合同，是指当事人一方只享有权利而不偿付任何代价的合同。例如赠予合同，而双务合同都是有偿的。

（4）诺成性合同和实践性合同

这是根据合同的成立是否以交付标的物为标准划分。诺成性合同又称不要物合同，是指不以标的物的交付为成立要件的合同。实践性合同又称要物合同，是指除双方当事人意思表示一致外还需要交付标的物才能成立的合同。例如，买卖、租赁合同等是诺成性合同，而借用合同、保管合同是实践性合同。

（5）要式合同与不要式合同

这是根据法律规定合同是否应采取特定形式为标准划分。要式合同，是指依法律规定必须采用特定形式的合同，例如城市房屋买卖合同或抵押合同，需到县级以上地方人民政府规定的部门办理过户登记或抵押物登记后合同才告成立。不要式合同，是指法律没有特别规定必须采用特定形式的合同，例如普通货物买卖合同等。

(6) 主合同与从合同

这是根据合同的主从关系做出的分类。主合同是指能够独立存在、不以其他合同的存在为存在条件的合同。从合同是指不具有独立性而以其他合同的存在为存在前提的合同。例如借款合同与保证合同之间，前者为主合同，后者为从合同。

课堂讨论

(1) 甲、乙二人为兄弟，甲借给乙人民币 2 万元，约定年息 800 元。

(2) 小马曾向收藏家李某表示，要将其名下一传家之宝交于李某保管，并许诺支付李某一笔费用，李某答应其要求。

这两则合同分别是哪种类型的合同？

二、合同法概述

1. 合同法的调整范围

合同法是调整合同关系的法律规范的总称。《中华人民共和国合同法》（以下简称《合同法》）是 1999 年 3 月 15 日第九届全国人大第二次会议通过的，并于 1999 年 10 月 1 日起开始施行。

《合同法》调整的是作为平等主体的自然人、法人或其他组织之间的民事权利与义务关系。婚姻、收养、监护等有关身份关系的协议，不适用合同法。

2. 合同法的基本原则

(1) 平等原则

合同当事人的法律地位平等，一方不得将自己的意志强加给另一方。合同当事人相互之间在合同关系中的法律地位是独立的、平等的，没有高低从属之分，不允许以强欺弱、以上压下。当事人均依法平等享有权利，同时又平等履行义务，承担责任。

案例分析 4—1　　电信局的主张有法律依据吗？

徐某到电信局办理宽带上网，约定好 2 日内上门安装，徐某多次催促，电信局均以安装人员忙为由，要徐某再等几天。半个月后，电信局派人上门，此时徐某已在他处办理了上网。徐某认为双方早已解除了合同；电信局则主张双方不是平等主体，因此也不是合同关系，不适用解除，而且声称要按照规定处罚徐某。电信局的主张有法律依据吗？

分析：电信局为客户提供宽带安装服务，双方形成的是平等的合同关系，电信局不能将自己的、单方的规则强加于徐某，更无权处罚徐某。但徐某要解除合同，应该事先通知对方。与此相似的有电力局、自来水公司等与客户之间的服务关系，均是平等的合同关系。

(2) 自愿原则

合同自愿，是指当事人依法享有在缔结合同、选择相对人、决定合同内容以及在变更和解除合同、选择合同补救方式等方面的自由。合同自愿原则是合同法最基本的原则。

(3) 公平原则

合同当事人在订立合同时，应当遵循公平原则确定各方的权利和义务，平等地签订合同和履行合同条款，合同当事人权利与义务要对等，利益要相对均衡。

课堂讨论

在日常生活中，常见一些商店、宾馆、休闲娱乐场所的告示牌标有“商品售出，概不退换”。他们的做法对吗?

(4) 诚实信用原则

当事人行使权利、履行义务应当遵循诚实信用原则。当事人在订立合同时要诚实，不得有欺诈行为；在履行合同时，要守信用，自觉履行合同，保证合同当事人在实现自己应得利益的同时，也不损害第三人和社会的利益。诚实信用原则在合同法中被称为“帝王原则”，该原则有至高无上的地位。

案例分析 4—2　　梁某的诉讼请求能够得到法院的支持吗?

某手机商行在店堂内告示“本店绝无水货，假一赔十”。梁某购机后发现是水货，遂诉至法院要求手机商行按堂内告示赔十，而手机商行认为按照《消费者权益保护法》“退一赔一”的规定，最多只赔一台。

请问：梁某的诉讼请求能够得到法院的支持吗?

分析：法院支持梁某的诉讼请求。法院认为“假一赔十”是手机商行自己的承诺，按照合同法的诚实信用原则，商行应当按照“假一赔十”进行赔偿。

(5) 不损害社会公共利益原则

当事人订立、履行合同，应当遵守法律、行政法规，尊重社会公德，不得扰乱社会经济秩序，损害社会公共利益。合同的订立程序、内容、形式、履行等都必须严格按照法律规定执行，不允许任何组织和个人利用合同进行违法活动，否则将受到法律的制裁。

第二节　合同的订立

一、合同订立的概念和形式

1. 合同订立的概念

合同的订立，是指合同当事人进行协商，使各方的意思表示趋于一致的过程。合同的当事人可以是自然人，也可以是法人或者其他组织，但都应当具有相应的民事权利能力和民事行为能力。当事人也可以依法委托代理人订立合同。

2. 合同订立的形式

合同的形式又称合同的方式，是指合同当事人意思表示一致的外在表现形式。当事人订立合同可以采用书面形式、口头形式和其他形式。

（1）书面形式，是指合同书、信件和数据电文（包括电报、电传、传真、电子数据交换和电子邮件）等可以有形地表现所载内容的形式。书面形式合同最大的优点是有据可查，发生纠纷时容易举证，便于分清责任。因此，对于关系复杂的合同、重要的合同，最好采取书面形式。《合同法》规定，对法律、行政法规规定或者当事人约定采用书面形式的合同，当事人应当采用书面形式。

（2）口头形式，是指当事人只用语言为意思表示订立合同，而不用文字表达协议内容的合同形式。口头形式简便易行，在现实生活中，我们到商店、集贸市场购买商品，基本上都是采用口头合同。缺点是发生合同纠纷时难以取证，不易分清责任。所以，对于不能即时清结的合同和标的数额较大的合同，不宜采用这种形式。

提示：口头上的约定，也具有法律上的约束力。

（3）其他形式，是指书面、口头形式以外的合同形式。一般包括推定形式和默示形式。

案例分析 4—3　　以口头方式订立的合同是否成立？

兴达电器商场因接到客户购空调的一张大订单，遂让采购员打电话给供货商——东方公司，要求东方公司马上送来一批空调。双方在电话中对空调的数量、规格和单价达成一致意见。当东方公司将货物送到商场时，商场却因客户取消订单，以“双方未签署正式合同”为由，拒绝接收这批空调。

请问：以口头方式订立的合同是否成立？

分析：双方当事人签订的口头合同成立。依据《合同法》第 10 条的规定，当事人订立合同可以采用口头形式，但法律、行政法规规定采用书面形式的，应当采用书面形式。买卖合同在《合同法》上属于不要式合同，不采取书面形式对买卖合同效力没有影响。依据《合同法》第 44 条的规定，依法成立的合同，自成立之时起生效。本案中双方当事人之间的买卖合同属于生效的买卖合同，双方当事人理应按照《合同法》的合同必须严格遵守的规则，履行自己的合同义务。

二、合同的内容

1. 合同的主要条款

合同的主要条款，是指合同必须具备的条款，欠缺它，合同就不成立。它决定合同的类型，确定当事人各方权利与义务的质与量。《合同法》规定，在不违反法律强制性规定的情况下，合同的内容由当事人约定，一般包括以下主要条款，见表 4—1。

表 4—1　　合同的主要内容

主要条款			定义	类型或举例
1. 当事人	自然人	姓名	户籍登记机关核准的姓名	丁××
		住所	长期生活和活动的主要处所	郑州市中原路中路 128 号院 5 号楼×单元×号
	法人或其他组织	名称	经登记机关核准的名称	郑州××学院
		住所	主要办事机构或经营机构所在地	郑州市中原路中路 128 号
2. 标的			权利和义务共同指向的对象	财、物、行为、智力成果
3. 数量			标的的大小、多少等数值和计量单位	例如：1 米^3、10 米^2、50 千克、100 千米、人民币 5 万元等
4. 质量			标的物的内在素质和外观形态的综合	一般以品种、型号、规格、等级和工程项目的标准等体现出来
5.1　价款			对提供财产的当事人支付的货币	买卖合同的货款、租赁合同的租金等
5.2　报酬			对提供劳务或者工作成果的当事人支付的货币	保管合同中的保管费、运输合同中的运费
6.1　履行期限			履行合同和接受履行的时间	交付标的物、价款或酬金、履行劳务等的时间界限
6.2　履行地点			履行合同和接受履行的地方	如买卖合同中，买方提货的，履行地为提货地
6.3　履行方式			履行合同义务的具体形式	如运输方式、交货方式、结算方式等
7. 违约责任			不履行合同义务或履行合同义务不符合约定而应承担的责任	支付违约金、赔偿损失、继续履行、采取补救措施、定金惩罚等
8. 解决争议的方法			解决合同纠纷的途径和方式	协商、调解、仲裁、诉讼

提示：履行地点一定要写清楚，因为它关系到履行合同的费用、风险由谁承担，以及确定所有权是否转移、何时转移、发生纠纷后应由何地法院管辖等诸多问题。

2. 格式条款

格式条款是一方当事人为了重复使用，在未与对方当事人协商的情形下而预先单方拟定的合同条款。如果一项合同中所有主要条款均为格式条款，则该合同也常称为格式合同。格式条款在金融、保险、房地产等行业和领域中较为常见。

关于格式条款，《合同法》做出了基本的规范要求：

（1）提供格式条款的一方应当遵循公平原则确定当事人之间的权利和义务，并采取合理的方式提请对方注意免除或者限制其责任的条款，按照对方的要求，对该条款予以说明。

（2）格式条款中约定下列免责事由无效：①造成对方人身伤害的；②因故意或者重大过失造成对方财产损失的；③免除提供格式条款一方当事人主要义务，排除对方当事人主要权利的。

（3）格式条款与非格式条款不一致时，以非格式条款优先适用；因对格式条款的理解发生争议时，首先依据通常理解对该条款进行解释，如果通常理解有两种以上，则遵循不利于条款提供方的原则进行解释。

案例分析 4—4　　　格式合同的条款对原告有效吗?

2012 年 5 月，王某将总价值约 15 000 元的服装交由某快递公司运输至浙江杭州某交货地点。快递公司在收到王某托运的货物后对货物进行了检验，并签发快运单为王某办理了货运手续，王某为此支付快递公司运费 20 元。此后，王某指定的收货人未收到上述货物，经快件查询，托运的货物全部遗失。2012 年 8 月，王某向法院提起诉讼，要求快递公司赔偿货物损失。在庭审中，被告快递公司对原告王某诉称的事实没有意见，但是原告托运货物时，未按照被告的要求办理保价，根据被告快递公司出具给原告王某快运单的背面格式条款的规定，货物未办理保价发生损失、灭失的，按照运费的 5 倍赔偿，该批服装的运费是 20 元，因此，只能赔偿原告损失 100 元。

请问：格式合同的条款对原告是否有效?

分析：法院经审理认为，原告王某将货物交由被告快递公司运输，原被告之间形成货物运输合同关系，被告未能将原告交运的货物运输至原告指定地点，造成原告财产损失，依法应承担赔偿责任。被告在快运单上所注“未保价的按资费 5 倍赔偿”为格式条款，该格式条款内容排除了原告的主要权利，被告未能就该格式条款向原告予以提示、说明，故该格式条款对原告不发生法律效力。于是依法判决被告某快递公司赔偿原告王某货物损失人民币 15 000 元。

三、合同订立的程序

订立合同是双方当事人意思表示取得一致而达成协议的过程。在这一过程中，首先要有一方做出订立合同的意思表示，其后有另一方表示附和，前者称为要约，后者称为承诺。《合同法》规定，当事人意思表示一致时，合同即告成立。

1. 要约

（1）要约的含义和构成要件

要约是希望和他人订立合同的意思表示。发出要约的人称为要约人，接受要约的人称为受要约人。要约应具备的条件包括：第一，必须是特定人所做的意思表示。第二，必须具有订立合同的意图。第三，要约必须向相对人发出。第四，要约应表明，一旦受约人承诺，要约人即受该意思表示约束。第五，要约的内容必须具体、确定。

（2）要约的效力

要约的效力又称要约的约束力，是指要约对要约人、受要约人具有的法定约束力。以口头形式要约的，相对人了解要约内容时生效；以书面形式订立要约的，要约到达受要约人时生效。要约一旦生效，要约人就不得随意撤回、撤销和变更。如果受要约人在规定期限内做出承诺，要约人就必须与之订立合同。另外，在要约生效时受要约人可以承诺，也可以不承诺。

课堂讨论

1. 甲向乙发出一份电报，称：现有100吨白糖，每吨售价2 000元，如有意购买，请于6月1日前到我厂提货。

请问：该电报是否属于要约？

2. 某家电销售商在报纸上发一广告，称："新到一批日本原产索尼电视机，价格每台××元人民币……见报后10日内保证有货。"

请问：该广告是否构成要约？

(3) 要约的撤回、撤销与失效

要约的撤回是指要约人发出要约后，到达受要约人之前，取消其要约的行为。要约的撤销是指要约生效后使要约归于消灭的行为。要约可以撤销。撤销要约的通知应当在受要约人发出承诺通知之前到达受要约人。撤销和撤回的区别在于，撤销发生于要约生效之后、受要约人承诺之前，而撤回发生于要约生效之前。

撤销要约给受要约人造成损失的，要约人应予以赔偿。有下列情形之一的要约不得撤销：第一，要约人确定了承诺期限或者以其他形式明示要约不可撤销；第二，受要约人有理由认为要约是不可撤销的，并已经为履行合同做了准备工作。

课堂讨论

郑州某公司8月5日以信件方式向宁波某公司发出要约，宁波某公司于8月10日收到。请问：(1) 郑州某公司8月6日以传真方式向宁波某公司发出声明8月5日信件内容作废的通知，属于邀约的撤回还是撤销？(2) 若郑州某公司8月11日对于8月5日发出的要约反悔了，应该怎么办？

要约的失效是指要约丧失了对要约人和受要约人的法律约束力。有下列情形之一的要约失效：第一，拒绝要约的通知到达要约人；第二，要约人依法撤销要约；第三，承诺期限届满，受要约人未做出承诺；第四，受要约人对要约的内容做出实质性变更。

知识链接

要约邀请

要约邀请是希望他人向自己发出要约的意思表示。要约邀请处于合同的准备阶段，没有法律约束力。寄送价目表、拍卖公告、招标公告、招股说明书、商品广告等为要约邀请。但若商业广告的内容符合要约的规定，如悬赏广告，则视为要约。

案例分析 4—5　　　　　　悬赏广告是否应该兑现?

许某到A市出差，在办事过程中不慎将提包丢失，内有现款近千元，各种票据8万余元。许某心急如焚，于是相继在A市某日报和晚报上登之，言明自己丢失提包一个，内有现金及票据等若干，如有拾到者，请送到××地点，失主将不胜感激，并支付1.5万元作为报酬。事隔半个月后，提包被A市梁某捡到并当即按报上所登地址将提包送交失主，同时要求失主支付1.5万元的报酬。此时许某通过当地派出所民警出面调解，愿以2 000元作为酬谢，但梁某坚持要按报上言明的数额支付，双方协议不成，梁某诉至法院。法院会支持梁某的诉讼请求吗?

分析：从本案看，许某丢失提包，在报上刊登寻物启事，明确表示有拾到归还者支付酬金1.5万元，这是符合悬赏广告的法律特点的。他通过登报的方式做一广告，针对社会上不特定的任何人。意指无论是谁都可以按广告上的要求去做，并有权获得报酬。因此，当梁某将提包交还许某时，悬赏广告的内容已经完成，梁某有权要求许某支付广告中所承诺的1.5万元的报酬。而此时许某反悔，欲将1.5万元改为2 000元作为酬谢，是没有任何法律根据的。如果允许许某反悔，那么以后再有类似的事情发生，则这种寻物广告的效力就会大大降低，使人们对此丧失信心，失去了这种行为的法律意义，同时也不符合法律的有关规定。因此，法院应当支持梁某的诉讼请求，判决许某支付1.5万元的酬金。

2. 承诺

承诺是受要约人同意要约的意思表示。承诺的法律效力在于，一经承诺，合同即告成立。

(1) 承诺的法定条件

第一，承诺必须由受要约人或其代理人做出。第二，承诺必须向要约人做出。第三，承诺的内容应当与要约的内容一致。第四，承诺应当在要约确定的期限内做出。

(2) 承诺的方式

承诺应当以通知的方式做出，但根据交易习惯或者要约表明可以通过行为做出承诺的除外。沉默或者不作为，除双方当事人事先明确约定的以外，不能构成有效的承诺。

(3) 承诺的生效和撤回

承诺通知到达要约人时生效。如果承诺不需要通知，则根据交易习惯或者要约的要求，一旦受要约人做出承诺的行为，即可使承诺生效。

承诺的撤回是指承诺发出后，尚未生效前，受要约人收回承诺的行为。撤回承诺的通知应当在承诺通知到达要约人之前或者与承诺通知同时到达要约人。承诺撤回应以通知的形式由承诺人向要约人发出。承诺撤回一般只适用于书面形式的承诺，因为口头形式、电子数据方式没有撤回的时间可能。

课堂讨论

某企业于5月2日向某电器商场发出要约，出售单价为1 800元的空调100台，5月11日商场回复只要50台，5月21日企业回函同意。请问：商场的回复是承诺吗？

3. 合同成立的时间与地点（见表4—2）

表4—2　合同成立的时间与地点一览表

订立形式	一般情况	采用合同书形式订立合同的	当事人采用信件、数据电文等形式订立合同的	以行为成立合同的
合同成立时间	承诺生效时合同成立	自双方当事人签字或者盖章时合同成立	在合同成立前，要求签订确认书的，在签订确认书时合同成立	对方接受的，合同成立
合同成立地点	承诺生效的地点为合同成立的地点	双方当事人签字或者盖章的地点	收件人的主营业地（或经常居住地）为合同成立的地点；当事人另有约定的，从其约定	要约人接受该行为的地点

课堂讨论

甲、乙二公司拟订立一份书面合同，甲公司在承诺时提出："本合同自双方签字并盖章时成立。"甲公司签字盖章后邮寄给乙公司签字盖章。那么，该合同成立的时间是（　　）。

A. 甲、乙二公司口头协商一致时

B. 甲公司承诺时

C. 甲公司将签字盖章的合同交付邮寄时

D. 乙公司签字盖章时

四、缔约过失责任

缔约过失责任是指当事人在订立合同过程中，因违背诚实信用原则致使合同未能成立，并给对方造成损失，而应承担的损害赔偿责任。《合同法》规定，承担缔约过失责任的情形有：

1. 假借订立合同，恶意进行磋商

课堂讨论

刘某、田某二人各开一酒店，两酒店相邻，生意都很兴隆。后刘某因投身其他行业欲将酒店转让给贾某，贾某出价70万元。田某闻后担心财力雄厚的贾某接手刘某的酒店后，自己在日后竞争中落于下风。于是田某积极与刘某磋商，表明自己有决心买下酒店并出价90万元。刘某见田某出价高，遂终止与贾某的磋商，转而一心一意与田某谈判。田某见贾某退出，随即对刘某提出自己无意买下该酒店，给刘某造成了损失。请问：田某对刘某的损失承担责任吗？

2. 故意隐瞒重要事实或者提供虚假情况

课堂讨论

路某购买秦某的汽车。经协商，路某同意2天后签订正式的买卖合同，并先交2 000元给秦某，秦某出具的收条上写明为“收到路某押金2 000元”。2天后，路某了解到秦某故意隐瞒了该车证照不齐的情况，故拒绝签订合同。

请问：路某有权要求秦某返还2 000元并赔偿其在买车过程中受到的损失吗？

3. 有其他违背诚实信用原则的行为

这类行为主要是指违反合同义务的行为，通常有以下情形：

（1）未尽通知、协助等义务，增加了对方的缔约成本而造成损失。

（2）未尽告知义务。

（3）未尽照顾、保护义务，造成对方当事人人身、财产的损害。

第三节　合同的效力

合同效力，是指已经成立的合同在当事人之间产生的法律拘束力，即法律效力。据此可将合同分为有效合同、无效合同、可变更或可撤销合同、效力待定合同四种情况。

一、有效合同

有效合同是指已经成立的合同因符合法定有效要件而取得现行法律认可的效力。合同有效的条件如下：

1. 当事人必须具有相应的民事行为能力

合同的主体可以是自然人、法人和其他社会组织。对于自然人而言，订立合同应具有完全的民事行为能力。限制行为能力的自然人只能订立与其年龄、智力或精神状况相适应的合同，无行为能力的自然人原则上不能订立合同，但这种规定的目的旨在保护无行为能力人的利益，因此，无行为能力人订立的自己纯获利益的合同和与其智力状况、年龄相适应的满足其日常学习、生活需要的合同，如接受赠予合同、购买文具的合同无须追认，当然有效。

2. 合同双方的意思表示要真实

在订立合同时，任何一方不得将自己的意志强加给对方，不得签订显失公平或存在重大误解的合同。否则应承担相应的法律责任。

3. 合同必须合法

在订立合同时，合同的内容、合同的订立程序和合同的履行，都必须遵守法律、法规，遵循社会公共利益的要求。

课堂讨论

9岁的小强在暑期和乡下的小霞联谊时，觉得乡下的小朋友没有电视看很可怜，所以将自己从家中带的MP4赠予小霞。

请问：这项赠予合同有效吗？

二、无效合同

无效合同，是指因欠缺民事法律行为的有效条件，不发生当事人预期法律后果的合同。无效合同自始没有法律约束力，国家不予承认和保护。

根据《合同法》的规定，无效合同可以确定为以下五类：

1. 一方以欺诈、胁迫的手段订立的损害国家利益的合同

欺诈，是指一方当事人故意编造虚假情况或者隐瞒真实情况，使对方陷入错误的认识而违背自己真实意思表示的行为。受欺诈而订立的合同属于意思表示不真实的合同。因受胁迫而订立的合同，是指一方当事人或者第三人以给公民或其亲友的生命健康、荣誉、名誉、财产等造成损害或者以给法人的荣誉、名誉、财产等造成损失相要挟，迫使对方产生恐惧从而做出违背真实意思而订立的合同。它属于意思表示不自由、不真实的合同。

课堂讨论

国企老总秦某在工作中结识了私企老板马某并成为“朋友”，马某经常在秦某家里有事时送礼，时间一长累计达百万元。一次，马某与秦某所在单位签订一份合同，遂要求秦某以较低价出售，秦某不同意，马某要挟说到检察院告发他，秦某不得不签订合同。

请问：该合同有效吗？

2. 恶意串通损害他人利益的合同

恶意串通损害他人利益的民事行为，是指民事行为的当事人之间故意合谋，弄虚作假，实施损害国家、集体或第三人利益的行为。

案例分析4—6　　恶意串通损害国家利益的合同无效

2006年5月中旬，A公司通过某房地产中介公司，看中了刘先生出售的自己名下的一套住宅，三方签订了房地产居间服务合同，约定房屋总价款73万余元；为省过户的税费，买卖双方同意低报房屋成交价过户。在签约时，A公司向中介公司支付了定金及中介费共计2万元。同年6月9日，A公司意识到合同中关于税费的条款违法，遂以特快专递方式通知中介公司变更合同中关于税费的条款。同年9月上旬，刘先生将该房屋卖给了他人。2007年4月，刘先生与房屋中介公司背着A公司达成了解除合同的协议，至于A公司交给中介公司的2万元，中介公司收取5 000元作为中介费用，其余的由刘先生作为违约定金收取。2008年年底，A公司将中介公司起诉到法院，刘先生成为本案第三人。

请问：法院应如何处理？

分析：法院经审理认为，涉案的房地产居间服务合同有关低报过户以少交税费的条款属当事人恶意串通损害国家利益，因违反国家税收管理的法律规定合同无效。对于合同无效，各方当事人均有过错，但房屋中介公司作为专业的房屋中介机构以此谋取经济利益，因此负有主要责任。房屋中介公司和刘先生均无权处置基于该无效合同所取得的财产，故应当在各自收取的范围内承担返还责任。法院判决房屋中介公司返还 A 公司 5 000 元；刘先生返还 A 公司 15 000 元。

3. 以合法形式掩盖非法目的的合同

以合法形式掩盖非法目的的民事行为，又称为伪装的民事行为或规避法律的民事行为。例如，为逃避追赃或人民法院强制执行其财产，以伪装的买卖合同或赠予合同隐匿财产，则伪装的买卖合同或赠予合同无效，逃避追赃或人民法院强制执行其财产的行为无效。

4. 损害社会公共利益的合同

案例分析 4—7　　借款能要回吗?

某日，张三、李四、王五、赵六四人在一起打麻将，张三把身上所带的 4 万元现金输光后，因捞本心切，便向赵六借款 3 万元，并出具了借条。谁知张三“赔了夫人又折兵”，将所借的 3 万元输光。事隔 8 日，赵六向张三追要借款 3 万元而形成纠纷，遂将张三诉至法院。

请问：赵六能把借款要回吗?

分析：在案例中，张三、赵六之间借款合同的内容为赌债，根据《合同法》第 52 条规定，“损害社会公共利益”的合同无效，因此认定张三、赵六之间的借款合同无效。赵六的诉讼请求不但法院不应予以支持，而且还应没收违法所得，并建议有关部门对张三、李四、王五、赵六四人进行法律制裁。

5. 违反法律、行政法规的强制性规定的合同

违反法律、行政法规的强制性规定的合同，是指当事人在订约目的、订约内容都违反法律和行政法规强制性规定的合同。《合同法解释》第 4 条明确规定：“合同法实施以后，人民法院确认合同无效，应当以全国人大及其常委会制定的法律和国务院制定的行政法规为依据，不得以地方性法规、行政规章为依据。”

《合同法》规定，针对无效合同有返还财产、赔偿损失和收归国家所有三种处理方式。

三、可变更或可撤销合同

可变更或可撤销的合同是指因意思表示有瑕疵，当事人可以请求人民法院或者仲裁机构予以变更或撤销的合同。《合同法》规定，可变更或可撤销民事行为的种类如下：

1. 受欺诈、胁迫而订立的不损害国家利益的合同

因欺诈、胁迫订立的合同，损害国家利益的为无效合同；未损害国家利益的可变更或可撤销合同，受欺诈、胁迫的一方有权请求人民法院或者仲裁机构变更或撤销，只有受害人才可以行使请求权。

课堂讨论

某手表厂为纪念千禧年特制纪念手表 1 000 只，每只售价 2 000 元。其广告宣传主要内容为：①纪念表为金表；②纪念表镶有进口钻石。后经证实，该纪念表为镀金表；进口钻石为人造钻石，每粒价格为 1 元。手表成本约 1 000 元。为此，购买者与该手表厂发生纠纷。

请问：按法律规定应如何处理？

2. 乘人之危的合同

乘人之危的合同是指行为人利用他人的危难处境或者紧迫需要，强迫他人接受某种明显不公平的条件而订立的合同。

课堂讨论

张某的儿子不慎失足落水，张某不会游泳遂向不远处的李某呼救，李某乘机提出：可以帮忙救张某的儿子，但张某必须支付 5 万元，张某为了救自己儿子不得不先答应了李某的条件。

请问：张某、李某之间的约定属于什么性质的合同？

3. 重大误解的合同

所谓“重大误解”，是指行为人因对行为的性质、对方当事人、标的物的品种、质量、规格和数量等的错误认识，使行为的后果与自己的意思相悖，并造成较大损失。受害人可以请求人民法院或者仲裁机构予以变更或撤销合同。

课堂讨论

某商店在标价时由于疏忽标错了价，导致重大损失，请问：商店有无撤销合同的权利？

4. 显失公平的合同

显失公平的合同是指一方当事人在紧迫或者缺乏经验的情况下订立的使当事人之间的权利与义务严重不对等的合同。受害人可以请求人民法院或者仲裁机构予以变更或撤销合同。

案例分析 4—8　　夏某可否要回邮票？

夏某的父亲生前是一个集邮爱好者，去世时还留有几本邮票。夏某对邮票从不感兴趣，也毫不了解。一日，夏某的朋友李某来吃饭，无意间发现了这几本邮票，李某是一位集邮爱好者，他随即表示愿意全部购买，最后以 5 000 元的价格将邮票全部买走，夏某对这一价格也比较满意。事过不久，夏某从父亲生前的一朋友处得知，他父亲所留的邮票中，有5张相当珍贵，可能每张都值50万元；同时另一同事告诉他，李某正在寻找买主。夏某立即找到李某，要求退还李某的5 000元钱，取回邮票。但李某坚决不同意。双方协商不成，夏某将李某诉至法院，要求撤销合同，返还邮票。

请问：夏某可否要回邮票？

分析：在这一交易过程中，虽然双方当事人是平等自愿的，但是因为夏某缺乏对邮票相关知识以及市场行情的了解，导致他对标的物的价值有严重的误解，而李某应该知道此邮票的价值仍以较低价格换取，对于夏某显失公平，所以夏某可以请求人民法院予以变更或撤销。李某应当返还邮票，夏某应当退回5 000元。

撤销权的消灭包括以下情形：第一，具有撤销权的当事人，从知道或者应当知道撤销事由之日起一年内没有行使撤销权的；第二，具有撤销权的当事人知道撤销事由后，明确表示或者以自己的行为放弃撤销权的。

可撤销合同中的撤销权人有选择的权利，他可以申请撤销合同，也可以申请变更合同。被撤销的合同与无效合同一样，自始没有法律约束力。合同被撤销的，不影响合同中独立存在的有关解决争议方法的条款的效力。对因该合同取得的财产，应当予以返还。有过错的一方应当赔偿对方因此所受到的损失。双方都有过错的，应当各自承担相应的责任。

四、效力待定合同

效力待定合同，是指合同虽然已经成立，但因其欠缺生效要件，效力能否发生尚未确定，一般须经有权人表示承认才能生效。效力待定合同的情形有以下三种：

1. 限制民事行为能力人订立的合同

这类合同经法定代理人追认后才有效。但纯获利益的合同或者与当事人年龄、智力、精神健康状况相适应而订立的合同不必经法定代理人追认。

课堂讨论

顾某是一名13岁的中学生，由于喜欢网络游戏，在某网吧输掉了3 000元。他偷偷地把家里的邮票和金币拿出去卖。卖的钱除了还债外，还买了衣服和文具等。后来被家长发现。由于价格低于实际价值很多，家长找到票贩子，要求返还邮票和金币。票贩子认为这是正常交易，不同意返还。

请问：邮票和金币能要回吗？

2. 行为人没有、超越或者丧失代理权而签订的合同

这类合同只有经过被代理人的追认，被代理人才承担民事责任。未经追认的合同，由行为人承担民事责任。

案例分析4—9　　　　该合同有效吗？

崔某为甲公司员工。某日下班后，崔某利用熟悉公司环境的有利条件进入财务办公室盗出财务合同章和空白合同书，在空白合同上盖章后，冒充公司业务代表与乙公司洽谈业务，收取提前支付的货款后潜逃。后乙公司向甲公司催要所买货物，甲公司拒绝承认此合同。

请问：崔某与乙公司签订的合同有效吗？

分析：崔某没有代理权却以甲公司的名义与乙公司订立合同，此合同为效力待定合同，但由于甲公司拒绝追认，因此，该合同无效。

3. 无处分权人处分他人财产订立的合同

无处分权人处分他人财产，经权利人追认或者无处分权的人订立合同后取得处分权的，该合同有效。例如，甲擅自将其租用乙的一台机器出售给丙，5 天后甲才将该出售事实告知乙，乙对甲的行为表示同意。根据《合同法》规定，乙未追认之前该合同效力未定，乙追认之后该合同有效。

无效合同、可撤销合同和效力待定合同的区别见表 4—3。

表 4—3　　无效合同、可撤销合同和效力待定合同的区别一览表

合同类型	效力	原因	时效
无效合同	不能转化为有效合同	违反法律规定	自始无效
可撤销合同	是有效合同，可以通过撤销转化为无效合同	当事人的意思表示有瑕疵	自知道或应当知道撤销事由的 1 年内提出撤销
效力待定合同	是效力待定合同，可转化为有效合同	行为人的权利有瑕疵	追认有效

第四节　合同的履行

一、合同履行的概念

合同履行是指合同当事人按照其签订的合同要求和法律的规定，全面执行合同义务，承担合同责任的行为。如交付约定标的物，完成约定的工作交付工作成果，提供约定的服务等。

合同的履行以有效合同为前提和依据，凡依法成立的合同都是有效合同，对当事人有法律约束力，从而必须履行合同中规定的义务，对无效合同则无须履行。在合同的履行中，当事人应遵循全面履行原则和诚实信用原则，根据合同的性质、目的和交易习惯履行通知、协助、保密等义务。

二、合同履行的原则及规则

在我国，合同履行应本着实际履行、适当履行、协作履行、经济合理和情势变更的原则。

如果合同生效后，当事人就质量、价款或者报酬、履行地点等内容没有约定或约定不明的，可以补充协议；不能达成补充协议的，按照合同有关条款或者交易习惯确定；仍不能确定的，根据《合同法》按照下列规定，见表4—4。

表4—4　　合同特殊情况处理一览表

特殊情况	处理方法
质量要求不明确的	按照国家标准、行业标准履行；没有国家标准、行业标准的，按照通常标准或者符合合同目的的特定标准履行
价款或者报酬不明确的	按照订立合同时履行地的市场价格履行；依法应当执行政府定价或者政府指导价的，按照规定履行
地点不明确的	给付货币的，在接受货币一方所在地履行；交付不动产的，在不动产所在地履行；其他标的在履行义务一方所在地履行
期限不明确的	债务人可以随时履行，债权人也可以随时要求履行，但应当给对方必要的准备时间
方式不明确的	按照有利于实现合同目的的方式履行
费用负担不明确的	由履行义务一方负担

知识链接　　**政府定价的执行**

执行政府定价或者政府指导价的，在合同约定的交付期限内政府价格调整时，按照交付时的价格计价。逾期交付标的物的，遇价格上涨时，按照原价格执行；价格下降时，按照新价格执行。逾期提取标的物或者逾期付款的，遇价格上涨时，按照新价格执行；价格下降时，按照原价格执行。

课堂讨论

华龙公司与钢铁厂签订了一份买卖钢材40吨的合同，由于当时物价变化很大，不便于将价格确定下来，双方在合同价款一栏内，只写了“待定”二字，交货时间为2014年。合同订立后，钢铁厂积极组织生产，2014年3月10日，钢铁厂将要完成合同任务，于是电告华龙公司，提出3月15日履行合同。此后，双方由于价款及履行期限约定不明确，又未能达成补充协议，发生纠纷。

请问：①该买卖合同是否成立？②该合同价款如何确定？③该合同履行期限如何确定？

三、抗辩权的行使

所谓抗辩权，是指对抗请求权或否认对方的权利主张的权利。抗辩权的设置，使当事人在法定的情况下可以对抗对方的请求权，使拒绝履行的行为不构成违约，可以更好地维护当事人的合法权益。抗辩权可分为同时履行抗辩权、先履行抗辩权、不安抗辩权三种。

1. 同时履行抗辩权

同时履行抗辩权是指在双务合同中当事人互负债务，没有先后履行顺序的，应当同时履行。一方在对方履行之前有权拒绝其履行要求。一方在对方履行债务不符合约定时，有权拒绝其相应的履行要求。合同同时履行抗辩权的成立要件为：

(1) 由同一双务合同产生互负债务。

(2) 双方互负的债务均已届清偿期。

(3) 双方互负债务在履行上没有先后顺序之分。

(4) 对方未履行或者未按约定履行。

(5) 对方有履行的可能性。

案例分析 4—10　　甲公司违约了吗?

2013 年 8 月 5 日，甲公司与乙公司签订了一份购销合同，约定：乙公司向甲公司订购总价款为 50 万元的挖掘机一台，甲公司送货上门，交货日期为 2013 年 9 月 15 日。当日，乙公司向甲公司支付了 10 万元预付款，同时约定同年 8 月 20 日前付 20 万元，货到乙公司验收付款，运费由甲公司承担，如一方违约，要承担违约金 2 万元。签约后，乙公司于同年 8 月 20 日按时支付甲公司 20 万元。甲公司将货物于同年 9 月 14 日运至指定的地点，并向乙公司提供了相关的质量证明。但由于乙公司未能筹集到 20 万元的尾款，货物始终未能卸车交付。甲公司等待数日后，于 2013 年 9 月 24 日将货物拉回。乙公司为此提起诉讼，要求甲公司返还预付款 30 万元，并偿付违约金。

请问：甲公司违约了吗?

分析：甲公司没有违约。因为乙公司在约定的日期未能付款，甲公司等待数日后乙公司仍未能付款，甲公司可据此行使同时履行抗辩权，拒绝履行交货义务。

2. 先履行抗辩权

先履行抗辩权是指合同当事人互负债务，有先后履行顺序，先履行一方未履行的，后履行一方有权拒绝其履行要求。先履行一方履行债务不符合约定的，后履行一方有权拒绝其相应的履行要求。先履行抗辩权的成立应该具备以下条件：

(1) 因同一双务合同而互负债务。

(2) 互负的债务有先后履行顺序。

(3) 先履行一方到期未履行或者履行债务不符合约定。

案例分析 4—11　　张女士的请求法院会支持吗?

2008 年 3 月，张女士与赵先生签订了房屋转让协议，赵先生将自己的一套产权房卖给张女士，双方议好房价为 38 万元，由张女士交付定金 2 万元，在一个月内付全款，办理产权转让并交付房屋。协议签订当日，张女士交付 2 万元定金，赵先生将房产证交给了张女士，让她尽快办理过户手续。此后，赵先生见房价迅速上涨，房子他不想卖了。于是找到了张女士说，自己需用房产证，一周内返还。张女士也没想那么多，同意赵先生借走房产证，赵先生还写了一个借条给张女士，拿走了房产证。一周后，张女士再找赵先生要房产证，赵先生说，自己妻子不同意卖房，这房子不能卖了。张女士多次找到赵先生要交付房款，但赵先生拒绝接受。张女士起诉至人民法院，请求法院判令被告赵先生履行合同交付房屋或者双倍返还定金 4 万元。

请问：张女士的请求法院会支持吗？

分析：张女士要求被告履行合同交付房屋或双倍返还定金合理，法院应支持。因为双方签订的房屋买卖协议是双方真实意思的表现，协议合法有效，双方当事人应自觉履行。赵先生将房产证交付张女士后，又以借据的形式取回，并且没有兑现在一周内归还的承诺，致使协议无法履行。虽然张女士也没有按协议约定于一个月内付款，但因协议约定，赵先生应先履行，根据法律规定，当事人互负债务有先后履行顺序的，应该先履行一方未履行的，后履行一方有权拒绝自己的履行要求；先履行一方履行的债务不符合约定的，后履行一方有权拒绝其相当的履行要求。张女士有权行使自己的先履行抗辩权。由于赵先生明确表示不同意交付房屋，应按定金罚则的规定双倍返还定金。最后，人民法院做出一审判决，赵先生双倍返还张女士定金 4 万元。

3. 不安抗辩权

不安抗辩权是指双务合同成立后，应当先履行债务的一方有确切证据证明对方丧失或者可能丧失履行能力时，在对方没有恢复履行能力或者提供担保之前，有权中止自己的履行。不安抗辩权的行使应具备以下条件：

（1）因同一双务合同而互负债务。

（2）互负债务有先后履行顺序，并且先履行一方的债务履行期限届满。

（3）后履行一方有丧失或者可能丧失履行能力的情形。

《合同法》规定，应当先履行债务的当事人，有确切证据证明对方有下列情形之一的，可以中止履行：第一，经营状况严重恶化；第二，转移财产、抽逃资金，以逃避债务；第三，丧失商业信誉；第四，有丧失或者可能丧失履行债务能力的其他情形。中止履行的，应当及时通知对方。对方提供适当担保时，应当恢复履行。中止履行后，对方在合理期限内未恢复履行能力并且未提供适当担保的，中止履行的一方可以解除合同。

案例分析 4—12　　　贸易公司能否行使不安抗辩权？

某化工厂与某贸易公司于 2012 年 1 月 20 日签订一份煤炭购销合同，合同约定：由贸易公司于 2012 年的 3 月、4 月分两次向化工厂供给煤共 2 200 吨，付款期限及方式为货到验收合格后 40 天内现金结算。同年 3 月 8 日，贸易公司书面函告化工厂：因其发现化工厂资产情况严重恶化，涉及多起诉讼，且均败诉，又拒不履行生效判决，已毫无履约能力。要求化工厂采用即时结清办法准备好全部货款，或提供相应的抵押担保，否则无法继续履行合同。

请问：贸易公司能行使不安抗辩权吗？

分析：贸易公司可以行使不安抗辩权。因为贸易公司在发现并有证据证明化工厂经营状况严重恶化的事实后，依法行使不安抗辩权，中止履行合同，是符合法律规定的。

四、保全措施

合同的保全是指为防止因债务人的财产不当减少而给债权人的债权带来危害，允许债权人采取一定的法律措施，以保护其债权的法律制度。主要包括合同的代位权和撤销权。

1. 代位权

代位权是指因债务人怠于行使其到期债权，对债权人造成损害的，债权人可以向人民法院请求以自己的名义代位行使债务人的债权，但该债权专属于债务人自身的除外。债权人行使代位权应符合以下条件：

（1）需债务人对第三人享有债权。

（2）需债务人怠于行使自己的债权。

（3）需债务人已迟延履行。

（4）需债务人怠于行使权利的行为有害于债权人的债权。

符合以上条件，债权人可以行使代位权，即可越过债务人，直接向第三人请求其向债务人清偿所欠债务。

案例分析 4—13　　法院会支持李涛的诉讼请求吗?

郝建为与他人合伙经营地板生意，向李涛借款 2 万元，约定借期 6 个月，并为李涛出具了欠条。后郝建生意亏损，至还款期届满，已无支付能力。李涛经了解，郝建一年前曾借给赵童 2 万元作经营资金，现已到履行期。郝建想放弃这一债权，李涛向法院起诉，请求赵童以此款清偿债务。赵童辩称该债权郝建已经放弃，并且自己是欠张建钱而并不欠李涛钱。李涛无权要求自己向其清偿欠款。

请问：法院会支持李涛的诉讼请求吗?

分析：法院应支持李涛的诉讼请求。因为本案中的债务人郝建对第三人赵童享有债权，但他却故意不积极向赵童索要欠款。人民法院经审理后认为，郝建因做生意亏损已经没有履行能力且不积极行使债权，以致损害了债权人李涛的债权，李涛依法行使代位权符合法律规定，法院支持李涛的诉讼请求，判令赵童向李涛清偿 2 万元欠款。

2. 撤销权

撤销权，又称废罢诉权，是指债权人在债务人与他人实施处分其财产或权利的行为危害债权的实现时，得请求法院予以撤销的权利。债权人撤销权行使的条件是：

（1）债务人实施的是处分财产的法律行为。如放弃债权，无偿转让财产、债权，以明显不合理的低价转让财产、债权等。

（2）债务人的行为须危害债权。

（3）撤销权须在一定期限内行使。

（4）债权人行使撤销权只能通过诉讼方式解决，不能在诉讼外解决。

撤销权的行使是有时效限制的。撤销权自债权人知道或者应当知道撤销事由之日起1年内行使。自债务人的行为发生之日起5年内没有行使撤销权的，该撤销权消灭。

课堂讨论

某餐馆老板王海欠债权人李东的钱，王海有一辆桑塔纳轿车可抵债，但王海却将桑塔纳轿车无偿赠予其亲属，致使自己无法偿还债务。请问：债权人李东可以请求人民法院撤销王海的无偿赠予行为吗？

第五节　合同的担保

一、合同担保的概念

合同担保是指依照法律规定或者当事人约定而设立的保障债务履行和债权实现的法律措施。

合同担保具有预防性和从属性。预防性是指担保是在未发生违约的情况下采取的预防措施。从属性是指担保以所担保的合同存在为前提，并且随其履行而终止，被担保的合同无效，担保也无效。

二、合同担保的主要方式

依据《中华人民共和国担保法》（以下简称《担保法》），合同担保的方式主要有以下五种：

1. 保证

（1）保证的概念

保证是指保证人和债权人约定，当债务人不履行债务时，保证人按照约定履行债务或者承担责任的行为。保证属于人保，是以自身信用和不特定财产提供担保的。

（2）保证的形式

保证是一种从属于主合同的从合同，保证人与债权人应当以书面形式订立保证关系。其中债权人是指主合同的债权人，保证人是为被保证人提供保证的人，是主合同以外的第三人。被保证人是主合同的债务人。

（3）保证人的担保能力

具有代为清偿债务能力的法人、其他组织或者公民，可以做保证人。对于国家机关，我国法律原则上是禁止其作为保证人的，但是，经国务院批准的在使用外国政府或国际经济组织贷款进行的转贷中，国家机关可以作为保证人。学校、幼儿园、医院等以公益为目的的事业单位、社会团体不得为保证人。企业法人的分支机构、职能部门也不得为保证人。但是，企业法人的分支机构有法人书面授权的，可以在授权范围内提供保证。

（4）保证的方式

保证的方式有一般保证和连带责任保证。一般保证是指债务人不能履行债务时，由保证人承担保证责任。连带责任保证是指债务人在主合同规定的履行期届满而没有履行债务的，债权人可以要求债务人履行债务，也可以要求保证人承担责任。当事人具体采用哪种保证方式可以在保证合同中约定，如果当事人对保证方式没有约定或者约定不明确的，按照连带责任保证承担责任。一般保证的保证人在主合同纠纷未经审判或者仲裁，并就债务人财产依法强制执行仍不能履行债务前，对债权人可以拒绝承担保证责任。

课堂讨论

连带保证责任更有利于债权人的利益，一般保证责任更有利于保证人的利益。请问：这种说法对吗？

（5）保证期间

保证期间就是保证人承担保证责任的期间。保证期间分为约定期间和法定期间，约定期间由当事人在保证合同中任意约定，法定期间由法律直接规定。如果当事人在保证合同中已约定了保证期间，应优先适用当事人的约定。只有在当事人无约定时，才适用法定期间。一般保证和连带责任保证的法定保证期间都是自主债务履行期届满之日起6个月。

案例分析 4—14　　借款到期未及时主张保证责任获免除

2011年8月1日，刘辉因做生意需资金周转，向郑林借款200万元，并出具借条一张，注明还款日期为2012年6月30日。为了使自己借出去的钱更有保障，郑林要求刘辉的生意合伙人、经济实力雄厚的马有财作为担保人也在借条上签名，但双方对保证的方式及保证期限未作约定。借款到期后，刘辉因生意经营不善，损失巨大，已无归还借款的能力。但时至2013年4月25日，无奈之下的郑林才把借款人刘辉和担保人马有财一起告上法庭。

请问：法院应如何处理？

分析：法院支持郑林要求刘辉归还借款及支付逾期还款利息的诉讼请求，而免除保证人马有财的保证责任。因为郑林与刘辉之间的借款行为合法有效，其诉讼请求于法有据，应予支持。但马有财作为借款合同的一般担保人，因双方对保证方式及保证期限没有约定，而按照我国《担保法》的规定，其保证期限应为主债务履行期届满之日起6个月内，即自2012年7月1日起至2012年12月30日，郑林在该期间未向主债务人刘辉提起诉讼或仲裁，导致马有财的一般保证责任期限已过，马有财不再承担保证责任。法院遂依法做出上述判决。

2. **抵押**

（1）抵押的概念

抵押是指债务人或者第三人不转移对特定财产的占有，将该财产作为债权的担保。债务人不履行债务时，债权人有权以该财产折价或者以拍卖、变卖该财产的价款优先受偿。抵押属于物保，是以不转移占有的财产的价值为债权的清偿作担保。在抵押关系中，债权人叫作抵押权人，债务人或者第三人叫作抵押人，抵押人提供的抵押财产叫作抵押物。抵押人既可以是债务人，也可以是第三人。抵押的最主要的特征就是不转移对抵押物的占有，即在抵押期间抵押物仍然由抵押人占有和使用。还有一个特征是抵押物主要是不动产（房屋、林木和其他地上定着物如砖瓦窑、石灰窑、烟囱、水塔、游泳池、雕像等），还有土地使用权［包括农村荒地（荒山、荒沟、荒丘、荒滩）和国有土地使用权］和机器、交通运输工具。当然其余动产都可以作为抵押物，但在实践中一般是以不动产和上述动产作为抵押物。

知识链接　　**优先受偿**

所谓优先受偿，是指抵押人有两个以上债权人时，抵押权人将抵押物变卖后，可以优先于其他债权人受偿。

（2）抵押合同的生效

抵押由抵押人和抵押权人以书面形式签订抵押合同。抵押物分为两种：一种是在设置抵押时需要登记的，另一种是在设置抵押时不需要登记的。对不需要办理抵押物登记的，抵押合同自签订之日起生效；对需要办理抵押物登记的，抵押合同自登记之日起生效。需要进行登记的抵押物有：第一，无地上定着物的土地使用权；第二，城市房地产或者乡（镇）、村企业的厂房等建筑物；第三，林木；第四，交通运输工具（航空器、车辆、船舶等）；第五，企业的设备和其他动产。其他财产设置抵押时不需要登记，但也不禁止登记，当事人可以自愿登记，登记以后，产生对抗第三人的效力；不登记的，抵押合同也生效，但抵押权人不得对抗第三人。

知识链接　　**不得对抗第三人的含义**

"当事人未办理抵押物登记的，不得对抗第三人"有两方面的含义：第一，合同签订后，如果抵押人将抵押物转让，对于善意取得该物的第三人，抵押权人无权追偿；第二，如果抵押人再以该物设定抵押，而且后一抵押进行了登记，那么，后面的抵押权人可以优于前位的抵押权人受偿。如果办理了登记，那么不论抵押物转移到了谁的手中，抵押权人都可以就该物实现抵押权，同时还优于未登记的抵押权人受偿。抵押人转让已登记的抵押物的，应通知抵押权人并告知受让人，未通知或者未告知的，转让行为无效。

(3) 抵押权的实现

债务履行期届满，抵押权人未受清偿的，可以与抵押人协议以抵押物折价或者以拍卖、变卖抵押物所得的价款受偿；协议不成的，抵押权人可以向人民法院起诉。

案例分析 4—15　　陈阳是否承担抵押担保责任?

王刚做生意急需资金，经协商，夏鹏同意借给他 17 万元，借款期 6 个月，但要王刚提供抵押。王刚的好朋友陈阳愿以自己的房产作为抵押物，并与夏鹏签订了抵押合同，但未办理抵押物登记。由于经营不善，6 个月期满王刚无钱归还借款，夏鹏持抵押合同找到陈阳，要求陈阳按合同履行，陈阳认为借款人是王刚，与己无关。无奈，夏鹏将陈阳告上法庭。

请问：法院应如何判决？

分析：法院判令陈阳不承担抵押责任。根据《担保法》规定，不动产的抵押应当登记生效。而陈阳的房产没有办理抵押物登记手续，抵押合同未发生物权效力，所以不承担抵押责任。

3. 质押

(1) 质押的概念

质押就是债务人或者第三人将动产或权利凭证交由债权人占有，当债务人不履行债务时，债权人有权以该动产或权利折价或者以拍卖、变卖该动产或权利的价款优先受偿。质押最主要的特征是转移对财产或权利的占有，质押的第二个特征是质押物只能是动产和权利。

(2) 质押的形式及生效

质押包括动产质押和权利质押。动产质押就是债务人或者第三人提供一定的动产，由债权人占有，当债务人不履行债务时，债权人以该动产折价或者以拍卖、变卖该动产的价款优先受偿。提供动产给债权人的债务人或者第三人叫作出质人，收取动产的债权人在质押关系中叫作质权人，债务人或第三人提供的财产叫作质物。出质人应当与债权人订立书面质押合同，动产质押合同自质物移交于质权人占有时生效。权利质押就是以某种权利而不是以一定的实物财产作为标的的质押。可以设定质押的权利主要有三种：第一，汇票、本票、支票、债券、存款单、仓单、提单；第二，依法可以转让的股份、股票；第三，依法可以转让的商标专用权、专利权、著作权中的财产权。以第一种权利作为标的的质押合同自权利凭证交付质权人之日起生效。以股票为标的的应当订立书面合同，并向证券登记机构办理出质登记。质押合同自登记之日起生效。以股份作为标的的，适用公司法股份转让的有关规定，即出质也须经过半数以上股东同意并将出质事项记载于股东名册，质押合同自股份出质事项记载于股东名册之日起生效。以商标专用权、专利权、著作权中的财产权作为标的的，应当订立书面合同并向管理部门办理出质登记。质押合同自登记之日起生效。

案例分析 4—16　　　　质押合同是否生效?

钱某与万某是好友，钱某因扩大店面急需资金向万某借款 10 万元，万某要求钱某提供担保，钱某将自己的宝马车出质给万某，万某因自己不会开车，要求钱某将该车开回。该宝马车的价值为 50 万元。后因钱某违章驾驶造成该车灭失，为此引起纠纷。

请问：钱某和万某之间的质押合同是否生效?

分析：未生效。质押合同自质物移交于质权人占有时生效。依《担保法》第 64 条规定，出质人和质权人应当以书面形式订立质押合同，质押合同自质物移交于质权人占有时生效。在本案中，钱某与万某之间签订了质押合同，虽然是双方真实意思的表示，且不违反法律的规定，不损害他人利益，质物价值超过所担保债权数额，但该质押合同只具备成立要件，不具备生效要件，因为质押合同的生效以质权人占有质物为要件，万某放弃了质物的占有，故万某的质权未生效。

(3) 质押权的实现

债务人在约定期限不履行债务的，债权人（即质权人）有权以该动产或者权利折价受偿或者以拍卖、变卖该动产或权利的价款优先受偿。

知识链接　　　　质押与抵押的区别

抵押	质押
动产或不动产	动产或权利
不要求移转抵押物的占有	必须移转占有
特定财产登记时生效	质物移交于质权人占有时生效
抵押人可以继续对抵押物占有、使用、收益	质押人享有对标的物的所有权，但不能直接对质押物进行占有、使用、收益

4. 留置

(1) 留置的概念及适用范围

留置是指债权人按照合同约定占有债务人的动产，债务人不按照合同约定的期限履行债务的，债权人有权留置该动产，以该动产折价或者以拍卖、变卖该动产的价款优先受偿。这种担保方式只适用于一方占有对方动产的合同，如加工承揽合同、货物运输合同、仓储保管合同等；非一方占有对方动产的合同，不能适用留置这种担保方式。

课堂讨论

张宏因对杜强欠有债务，一天张宏驾驶自家轿车到杜强所在公司办事，杜强借机指使公司职工将张宏所驾轿车扣下，并声称这是在行使留置权。杜强的做法和说法对吗?

(2) 留置期

所谓留置期，是指在一方占有对方动产的合同中，债务人超过约定期限不履行债务，债权人不能立即就处置所留置的动产，而必须经过一段时间后才可以处置，即债务人在合同约定的期限没有履行债务，这时债权人可以留置其动产，但不能立即处置，再经过一段时间，债务人不履行债务，债权人才可以以留置物折价或者以拍卖、变卖该动产的价款优先受偿。这段时间就叫作留置期。留置期的长短由债权人与债务人在合同中约定，但不能少于 2 个月。合同中没有约定的，由债权人以通知的方式确定一个留置期，但也不能少于 2 个月。

5. 定金

（1）定金的概念及定金合同的生效

定金主要是起一个担保作用，即给付定金的一方不履行约定的债务的，无权要求返还定金；收受定金的一方不履行约定的债务的，应当双倍返还定金，从而促使当事人履行合同。定金合同应当以书面形式签订，但合同签订并不立即生效，定金合同是一种实践合同，只有定金实际交付了合同才生效，即定金合同从实际交付定金之日起生效。不交付定金，定金合同不生效。

（2）定金的数额

定金的数额由当事人约定，但不得超过主合同标的额的 20%，超过 20%的部分无效。

知识链接 **"定金"与"订金"不同**

"订金"相当于预付款，是合同一方当事人预先向对方当事人支付的款项，无担保作用。而"定金"是一种担保形式，它具有惩罚性。

第六节 合同的变更、转让与终止

一、合同的变更

1. 合同变更的概念

依法成立的合同受法律保护，对当事人具有法律约束力。当事人应当按照合同约定履行自己的义务，不得擅自变更或解除合同。但当发生法律允许的情况时，合同可以变更和转让。

合同的变更，是指依法成立的合同尚未履行或未完全履行之前，当事人就其内容进行修改和补充而达成的协议。如标的物增减，价款的变动，履行期限、地点、方式的改变等。

2. 合同变更的条件

（1）存在有效的合同关系。合同变更是改变原合同关系，无原合同关系，就不存在合同变更。

(2) 合同的内容发生变化。这些变化包括标的物数量的增减、品质的改变；价金或酬金的增减；履行期限变更；履行地点变更；履行方式的改变；结算方式的改变；担保的设定或消灭；利息的变化等。

(3) 当事人协商一致，否则变更行为不成立。

(4) 必须遵守法律要求的方式。法律要求对合同变更须办理批准、登记手续的，应遵守法律规定。如中外合资企业合同变更，新增注册资本。合同变更形式一般应当与原合同形式一致。最好采用书面形式。这是因为对合同内容变更不明确的，视为没有变更。

3. 合同变更的效力

合同变更后，当事人应按照变更后的合同内容履行。合同变更只对合同未履行部分有效，不对合同已经履行的部分发生合同效力，即合同变更没有溯及力。同时，在合同变更过程中使一方当事人遭受损失，除依法或者依约可以免除责任的以外，有过错的一方应当承担赔偿损失的责任。

案例分析 4—17　　　　　服装厂能胜诉吗?

某商场（需方）于9月份向某服装厂（供方）订购了一批童装，总价值20万元。商场预付了货款的20%即4万元，约定年底交货，11月商场打电话给服装厂的厂长要求变动一下童装的部分花色，当时厂长不在，接电话的人员草草记下电话内容后，就忘了此事，等到12月底服装厂将童装交给商场时，商场才发现童装的花色并未变更，仍和合同规定的一样，商场询问服装厂厂长时，对方说并不知道商场要求变更花色，商场说在11月底打过电话，服装厂接电话之人见闯了祸就矢口否认接过此电话，商场即以服装厂违约为由拒付货款，服装厂见要不回货款，遂向法院提起诉讼，要求商场承担违约责任，支付货款及违约金。

请问：服装厂能胜诉吗?

分析：当事人需要变更合同时，应及时通知对方，经过双方协商一致达成变更协议后，合同的变更行为才算完成。变更合同一般采用书面形式，口头变更合同在任何一方不承认或未有确切证据表明对方同意时，法院是不承认的，如同本案中的商场，变更花色时只打了一个电话，也未签任何书面协议，由于缺乏必要的证据商场只能败诉，法院判决只能以原合同为基础，商场在收到货后拒不付款，显然是违约行为，而服装厂完全按合同内容履行了义务，无任何过错，自然胜诉。

二、合同的转让

合同转让即合同主体的变更，是指在合同当事人一方依法将其合同的权利和义务全部地或部分地转让给第三人。包括合同权利的转让、合同义务的转让和合同权利与义务的概括转让。

1. 合同权利的转让

合同权利的转让，又称债权转让，是指合同债权人通过协议将其债权全部或部分地转让给第三人的行为。全部转让是指原债权人退出债权人位置，新的债权人称为独立的债权人。部分转让是指原债权人和新的债权人共同成为合同债权人。

由于合同权利转让本质上是一种交易行为，只要不违反法律和社会公共道德，均应允许其转让。但是法律从保护社会公共利益和维护交易秩序、兼顾转让双方的利益出发，对合同权利的转让范围也应当做出一定限制。依《合同法》规定，下列合同权利不允许转让：第一，根据合同的性质不得转让的权利。第二，根据当事人的特别约定而不得转让的合同权利。第三，法律规定禁止转让的合同权利。

案例分析 4—18　　转让行为有效吗?

中国公民王磊与刘冲依法签订了一份买卖合同，王磊将其依法继承的文物转让给刘冲。刘冲为了牟取暴利将自己的合同权利又转让给了外国公民杰克。

请问：刘冲的转让行为有效吗?

分析：该转让行为无效。我国《文物保护法》中明确规定，私人收藏的文物其所有权受国家保护，其所有权的转移必须严格遵守国家法律规定，转移的渠道要受法律的限制。因此，刘冲将文物买卖合同中的权利转让给外国人，其转让行为是无效的。

合同转让须通知债务人。未经通知的，该转让对债务人不发生效力。债权人转让权利的通知不得撤销，但经受让人同意的除外。债权转让时，原债权人应将一切附随于债权的从权利，如抵押权、留置权、定金债权等一并移转给第三人。债权人权利的转让，不得损害债务人的利益，不应影响债务人的权利。

2. 合同义务的转让

合同义务的转让是指基于债权人、债务人与第三人之间达成的协议将债务转移给第三人承担。债务人将合同义务转让给第三人时，还须征得债权人的同意。如果债权人不同意，转让无效。

合同当事人转让权利或转让义务，法律、行政法规规定应当办理批准、登记等手续的，当事人应依照规定办理相应手续。

课堂讨论

甲公司与家具厂签订合同，由甲公司供应木材，家具厂负责加工成家具。后由于甲公司收购木材出现困难，决定将合同所规定的义务转让给乙公司，请问：怎样转让才会有效?

3. 合同权利与义务的概括转让

合同权利与义务的概括转让是指合同当事人一方将其权利与义务一并转移给第三人，而第三人一并接受其转让的权利与义务。

合同权利与义务的一并转让实质上相当于终止与对方的合同，成立一个新的合同关系。因此，转让时须经合同双方当事人的同意。

课堂讨论

合同的转让与变更有何区别？

三、合同的终止

合同的终止是指因发生法律规定或当事人约定的情况，使当事人之间的权利与义务关系消灭，而使合同终止法律效力。

合同终止后，当事人应当遵循诚实信用原则，根据交易习惯履行通知、协助、保密等义务。

1. 合同的解除

合同的解除是指已成立生效的合同因发生法律规定或当事人约定的情况，或经当事人协商一致，而使合同关系终止。根据法律规定，合同的权利与义务终止，可分为下列两种情形：

（1）合意解除。指根据当事人事先约定的情况或经当事人协商一致而解除合同。合同自通知到达对方时解除。

（2）法定解除。指根据法律规定而解除合同。《合同法》规定有下列情形之一的，当事人可以解除合同：第一，因不可抗力致使不能实现合同目的；第二，在履行期限届满之前，当事人一方明确表示或者以自己的行为表明不履行主要债务；第三，当事人一方迟延履行主要债务，经催告后在合理期限内仍未履行；第四，当事人一方迟延履行债务或者有其他违约行为致使不能实现合同目的；第五，法律规定的其他情形。

《合同法》规定主张解除合同的当事人，应当通知对方。合同自通知到达对方时解除。对方有异议的，可以请求人民法院或者仲裁机构确认解除合同的效力。当事人解除合同，法律、行政法规规定应当办理批准、登记等手续的，应依照其规定办理。合同解除后，尚未履行的、终止履行；已经履行的，根据履行情况和合同性质，当事人可以要求恢复原状、采取其他补救措施，并有权要求赔偿损失。

课堂讨论

A、B两公司订约，约定A公司于当年12月15日前交付春联1万副给B，货到付款。后A公司于次年正月初一送到。

请问：B公司可否解除合同？

2. 债务抵消

当事人互为债权人和债务人时，对债务可行使抵消的权利。抵消产生使合同终止的效力。抵消分为法定抵消与约定抵消。

（1）法定抵消

法定抵消是指依法律规定的抵消条件抵消当事人互负到期债务，该债务的标的物种类、品质相同的，任何一方可以将自己的债务与对方的债务抵消，不得附条件或者附期限。

（2）约定抵消

约定抵消是指由当事人自行达成协议抵消，标的物种类、品质不相同的，经双方协商一致，也可以抵消。

案例分析 4—19　　　　冰箱厂的做法是否合法

某年 3 月份，万福商场欲从弘大冰箱厂购进冰箱 50 台，每台 2 800 元，共计 14 万元。双方约定同年 4 月份货到后先付 4 万元，其余待销售后付清余下的 10 万元货款。后冰箱厂想在商场开设销售专柜，打开销路。双方遂签订租赁场地合同，约定租赁期为 1 年，自同年 4 月起至次年 4 月止，月租金 2 万元，共计 24 万元。由冰箱厂 3 个月付 1 次，分 4 次付清。7 月份冰箱厂通知商场，称用应收商场的 10 万元冰箱货款中的 6 万元抵消其 4 月至 7 月的租金。

请问：冰箱厂的做法合法吗?

分析：合法。在本案中，商场与冰箱厂互负债务，互享债权，彼此使用相同的货币，也已届履行期，因此，冰箱厂可以根据我国《合同法》的有关同类债务相互抵消的规定，通知商场对 6 万元债务予以抵消。

3. 标的物提存

标的物提存是指由于债权人的原因，债务人无法向其交付合同标的物而将该标的物交给提存机关，从而消灭合同的制度。

有下列情形之一，债务人可以将标的物提存：第一，债权人无正当理由拒绝受领；第二，债权人下落不明；第三，债权人死亡未确定继承人或者丧失民事行为能力未确定监护人；第四，法律规定的其他情形。

案例分析 4—20　　　彭女士应如何维护自己的合法权益?

彭女士承租王先生一临街 7 平方米门面经营面食小店，双方签订租赁合同约定月租每平方米 500 元，经营一个月后由于彭女士待人和气，面味出众，面馆生意日见红火，收入天天见涨。王先生见此情况，认为自己当初签订合同房租太低，便要求彭女士按月租每平方米 700 元缴纳租金。对王先生的涨租要求，彭女士不予同意。租金缴纳期将至，王先生借故外出，拒绝收取彭女士按约定缴纳的 3 500 元房租，并准备以逾期支付房屋租金为由，追究彭女士的违约责任，希望中止租赁合同另寻新租，以此达到提高房租的目的。

请问：彭女士应如何维护自己的合法权益?

分析：彭女士可以到公证处办理提存公证。《合同法》规定，债务清偿期限届至，债权人无正当理由拒绝或延迟受领债之标的或债权人不在债务履行地又不能到履行地受领的，公证处可以根据债务人申请依法办理提存。于是彭女士向公证处申请，将 3 500 元房租办理了提存公证，达到了租金交付清偿的目的。

第七节 违约责任

一、违约责任的概念

违约责任是指合同当事人不履行合同义务或者履行合同义务不符合约定时，依照法律和合同的规定所应承担的民事责任。

规定违约责任的目的在于借助国家强制力保障合同的效力，督促当事人全面履行合同，保护当事人的合法权益，维护社会的经济秩序。

知识链接　**缔约过失责任与违约责任的区别**

	缔约过失责任	违约责任
发生时间	合同订立过程中	合同生效以后
主要特征	违反诚实信用原则	不履行合同或不适当履行合同
后果	已造成损失	不一定造成损失

二、承担违约责任的主要形式

《合同法》规定，当事人一方不履行合同义务或者履行合同义务不符合合同约定的，应当承担继续履行、采取补救措施或赔偿损失等违约责任。这是对合同违约责任的一般规定。合同法对违约责任的认定采用的是严格责任原则，即违反合同就承担违约责任，不考虑有无过错。结合其他相关法律，违约责任形式主要有以下五种：

1. 继续履行

继续履行又称强制实际履行，是指一方在不履行合同时，另一方有权要求法院强制违约方按合同规定的标的履行义务，而不得以支付违约金和赔偿金的方法代替履行。

《合同法》规定，当事人一方未支付价款或者报酬的，对方可以要求其支付价款或者报酬。当事人一方不履行非金钱债务或者履行非金钱债务不符合约定的，对方可以要求履行。但有下列情形之一的除外：第一，法律上或者事实上不能履行；第二，债务的标的不适于强制履行或者履行费用过高；第三，债权人在合理期限内未要求履行。

2. 采取补救措施

补救措施是指违约给对方造成损失后，为了防止损失的进一步扩大，由违约方依法承担的违约责任形式，包括重作、修理、更换、补足数量等。

3. 赔偿损失

当事人一方不履行合同义务或者履行合同义务不符合约定的，在履行义务或者采取补救措施后，对方还有其他损失的，应当赔偿损失。损失赔偿额应当相当于因违约所造成的损失，包括合同履行后可以获得的利益，但不得超过违反合同一方订立合同时预见到或者应当预见到的因违反合同可能造成的损失。需要注意的是，赔偿损失是受到损失的一方当事人应及时采取措施，防止损失的扩大，否则，无权就扩大的损失要求赔偿。

4. 违约金

违约金是指当事人在合同中约定或者由法律所规定的，一方违约时向对方支付一定数量的货币。《合同法》将违约金仅确定为补偿性违约金，即当事人可以在合同中对违约金进行约定。但如果违约金低于或者过分高于造成的损失的，因其明显违背了违约金的补偿性质，当事人可以请求人民法院或仲裁机关予以增加或者适当减少。

知识链接　　**赔偿金和违约金的区别**

	赔偿金	违约金
性质	补偿性	惩罚性
要件	有损害事实	无损害事实要求
约定性	无预先约定性	预先约定性
赔偿数额	实际损害数额	约定数额但有限制

5. 定金

承担违约责任的主要形式还有定金责任，与《担保法》中的定金规则相同，如当事人在合同中既约定了违约金，又约定了定金，在一方违约时，对方只能选择适用其中之一，而不可两者并用。

案例分析 4—21　　原订宾馆毁约应如何承担责任?

2013 年 5 月，唐女士为了让女儿能在高考两天吃好住好，她就在考点对面的一家宾馆提前预订了一间房，每天 600 元，并预付了 480 元的定金。但当她考前去宾馆看房时，却得知因别的家长出价高，宾馆将她预订的房间订给他人，且该宾馆已客满。唐女士只好以每天 800 元的价格订了另一家宾馆。唐女士要求原订宾馆在退还定金的同时赔偿 800 元的损失，但遭到拒绝。

请问：原订宾馆毁约应如何承担责任?

分析：第一，宾馆为了谋取更多的利益，擅自将唐女士预订的房间订给他人，明显造成对合同的违约。正是宾馆的违约，导致唐女士不得不在同等条件下花费更多的费用，宾馆应对这笔损失担责。

第二，宾馆应双倍返还定金。《合同法》第 115 条规定："……收受定金的一方不履行约定的债务的，应双倍返还定金。"故宾馆作为收受定金的违约方，必须在赔偿损失的基础上，另行向唐女士双倍返还 960 元定金（480 元×2）。

三、违约责任的免除

违约责任的免除是指在合同的履行过程中，因出现了法定的免责条件和合同约定的免责事由而导致合同不能履行，债务人将被免除履行义务和违约责任。免责条件一般由法律规定，也可以由合同双方当事人合法约定。

1. 因不可抗力而免责

所谓不可抗力，是指不能预见、不能避免并不能克服的客观情况，如地震、洪水、台风、战争等。

《合同法》规定，因不可抗力不能履行合同的，根据不可抗力的影响，部分或者全部免除责任。当事人迟延履行后发生不可抗力，不能免除责任。一方当事人因不可抗力不能履行合同的，应当及时通知对方。并应当在合理期限内提供证明。

2. 因合同约定的免责条件出现而免责

免责条件可以由双方当事人在合同中约定，一旦出现该免责条件，当事人可以不承担违约责任。双方在约定免责条件时，一定要遵守国家法律和法规。

课堂讨论

某农场与某超市签订了购销合同，规定农场每月底向超市送货1吨，违约金为1 000元。6月份农场所在地发生洪灾，电告超市延期供货1个月，1个月后送货到超市，付款时超市以迟延交货为由扣了违约金1 000元，理由是农场延期供货的要求我方并未同意。超市的做法合理吗？

逻辑简图

- 合同法
  - 合同与合同法概述
    - 合同的概念及特征
    - 合同法的适用范围及基本原则
  - 合同的订立
    - 订立的形式（口头、书面形式、其他形式）
    - 合同的主要条款
    - 订立的程序（要约和承诺）
    - 缔约过失责任
  - 合同的效力
    - 有效合同；无效合同
    - 可变更或可撤销合同；效力待定合同
  - 合同的履行
    - 合同履行的规则
    - 抗辩权的行使（同时履行抗辩权、后履行抗辩权、不安抗辩权）
    - 保全措施（代位权、撤销权）
  - 合同的担保
    - 保证、抵押、质押、留置、定金
  - 合同的变更、转让与终止
    - 合同的变更
    - 合同的转让
    - 合同的终止
  - 违约责任
    - 违约责任的概念
    - 主要形式（继续履行、采取补救措施、赔偿损失、违约金、定金）
    - 违约责任的免除

复习思考题

1. 合同的概念和特征是什么？
2. 简述合同的基本原则。
3. 合同有哪些主要条款？
4. 简述要约和承诺的概念及有效要件。
5. 有效合同有哪些条件？
6. 效力待定合同的种类有哪些？
7. 简述无效合同的种类。
8. 简述合同担保的主要方式。
9. 合同抗辩权的行使有哪几种？它们的成立要件分别是什么？
10. 承担违约责任有哪些主要形式？

实训活动方案

一、实训题目

模拟签订一份买卖合同。

二、实训目的

通过实训，使学生进一步理解和掌握合同订立的程序、主要条款、合同的担保，培养学生运用所学知识解决实际问题的能力，激发学生的学习兴趣。

三、实训前的准备

1. 了解学生对合同的理解。
2. 找几份商户实际签订的有代表性的合同副本。
3. 准备《合同法》及相关的法律资料供学生和教师查阅。
4. 实训教室；空白合同每组一份。
5. 学生作品展示平台。

四、实训过程

1. 学生自由结合，每四人一组，两人是买方，另外两人是卖方。商量好各自公司的名称及买卖标的物。

2. 草拟合同的主要条款，在这一过程中买卖双方一定要反复商讨，老师可巡回指导，也可直接参与小组活动。

3. 每一组订立一份较为规范的书面合同。

4. 各个小组展示自己所签订的合同，并派代表讲解要约和承诺的过程。

五、评价与小结

1. 同学进行自评→互评→教师综合评价→课代表汇总计分后，给每位学生评定成绩。

2. 教师做此次活动总结。

3. 根据活动情况教师制作课外辅导计划并实施。

4. 学生参与活动情况评价表（供参考）。

活动评价表

项目 / 分值 / 姓名	参与（30分）			纪律（30分）			书面合同（40分）		
	未参与（0分）	参与（11～20分）	积极认真（21～30分）	较差（0～10分）	一般（11～20分）	良好（21～30分）	不太规范（0～20分）	基本规范（21～30分）	规范（31～40分）

第五章 市场管理法

学习目标

- 掌握生产者、销售者的产品质量义务
- 了解产品质量法律责任
- 掌握不正当竞争行为的具体表现
- 了解法定的消费者权利的内容
- 掌握消费者权益争议的解决途径

第一节 产品质量法

一、产品质量法及其调整对象

1. 产品质量的概念及特征

产品质量是指产品在正常使用的条件下，满足合理使用要求所必须具备的特征和特性的总称。

通常从以下六个方面评价产品质量：

（1）适用性：产品在不同目的、条件下使用时，其技术特性的适合程度以及适应外界环境变化的能力。

（2）安全性：产品在操作或合作过程中保证安全的程度。

（3）可用性：产品应当具备的使用性能。

（4）可靠性：产品在规定的条件和时间内，完成规定功能的能力。

（5）维修性：产品在规定的条件和时间内，按规定的程序或方法进行维修时，保持或恢复到规定状态的能力。

（6）经济性：产品的结构、用料、用工等费用以及它在使用中动力、燃料的消耗等运转维持费用。

2. 产品质量法的概念、调整对象

产品质量法是调整产品质量管理关系和产品质量责任关系的法律规范的总称。

《中华人民共和国产品质量法》（以下简称《产品质量法》）于1993年颁布，2000年7月8日修订，并于同年9月1日施行。《产品质量法》的颁布，对于增强全民族的产品质量意识，提高我国产品质量的总体水平，明确产品质量责任，保护消费者的合法权益，维护社会主义市场经济秩序，发挥了积极的作用。尤其是修订后的《产品质量法》对产品质量违法行为，生产、销售伪劣产品的行为，加大了处罚力度，明确了地方政府在产品质量工作中的责任，并要求企业建立、健全并严格实施产品质量监督管理制度，进一步补充、完善了行政执法机关实施产品质量监督管理的执法手段。

《产品质量法》调整对象所指向的产品，是指经过加工、制作、用于销售的产品。下列产品不属于《产品质量法》的调整对象：

（1）未经加工的天然形成的产品，如原矿、原煤、石油、天然气等，以及初级农产品，如农、林、牧、渔等产品。

（2）虽经过加工、制作，但只为自己使用，不销售的产品。

（3）建设工程如房屋、道路、桥梁等不动产性质的产品。但建设工程使用的建筑材料、建筑配件和设备适用《产品质量法》。

（4）军工产品。军工产品质量监督管理办法由国务院、中央军事委员会另行制定。

课堂讨论

某校校办工厂制作的本校学生校服及该校食堂供应师生的饭菜是否适用《产品质量法》？为什么？

二、产品质量监督管理

1. 产品质量监督管理机关

我国产品质量的监督管理分为国务院和县级以上地方政府两级管理体制。

国务院产品质量监督部门（即国家质检总局）主管全国的产品质量监督工作，国务院有关部门（包括国家工商行政管理总局、国家食品药品监督管理总局等）在各自的职责范围内负责产品质量监督工作。

县级以上地方产品质量的监督部门主管本行政区域内的产品质量监督工作，县级以上地方人民政府有关部门在各自的职责范围内负责产品质量监督工作。

2. 产品质量监督管理制度

（1）产品质量合格与安全制度

产品质量应当检验合格，不得以不合格产品冒充合格产品。可能危及人体健康和人身、财产安全的工业产品，必须符合保障人体健康和人身、财产安全的国家标准、行业标准；未制定国家标准、行业标准的，必须符合保障人体健康和人身、财产安全的要

求。禁止生产、销售不符合保障人体健康和人身、财产安全的标准和要求的工业产品。

(2) 企业质量体系认证制度

国家根据国际通用的质量管理标准，推行企业质量体系认证制度。企业根据自愿原则可以向国务院产品质量监督管理部门或者由它授权的部门认可的认证机构，申请企业质量体系认证。经认证合格的，由认证机构颁发企业质量体系认证证书。

知识链接　**国际通用的“质量管理和质量保证”系列标准**

国际通用的“质量管理和质量保证”系列标准，是指国际标准化组织（ISO）于1987年3月正式发布的ISO 9000系列国际标准。该标准已被世界公认为通向国际市场的“通行证”。

(3) 产品质量认证制度

产品质量认证制度是指参照国际先进的产品标准和技术要求，经过认证机构确认并通过颁发认证证书和产品质量认证标志的形式，证明产品符合相应标准和技术要求的活动。企业可在产品或者其包装上使用产品质量认证标志。

(4) 产品质量监督检查制度

国家对产品质量实行以抽查为主要方式的监督检查制度，对可能危及人体健康和人身、财产安全的产品，影响国计民生的重要工业产品以及消费者、有关组织反映有质量问题的产品进行抽查。抽查的样品应当在市场上或者企业成品仓库内的待销产品中随机抽取。监督抽查工作由国务院产品质量监督部门规划和组织。县级以上地方产品质量监督部门在本行政区域内也可以组织监督抽查。

提示：国家监督抽查的产品，地方不得另行重复抽查；上级监督抽查的产品，下级不得另行重复抽查。

(5) 产品质量社会监督制度

产品质量社会监督主要是指消费者、消费者协会等社会团体和大众传播媒体等的监督。消费者有权就产品质量问题，向产品的生产者、销售者查询；向产品质量监督部门、工商行政管理部门及有关部门申诉，接受申诉的部门应当负责处理。保护消费者权益的社会组织可以就消费者反映的产品质量问题建议有关部门负责处理，支持消费者对因产品质量造成的损害向人民法院起诉。

(6) 产品质量召回制度

产品质量召回制度是指产品的生产商、进口商或经销商在获悉其生产、进口或经销的产品存在可能危害消费者健康、安全的缺陷时，依法向政府部门报告，及时通知消费者，并从市场和消费者手中收回有问题产品，予以更换、赔偿的积极有效的补救措施，以消除缺陷产品危害风险的制度。产品召回制度是企业承担社会责任最直接、最切实的体现。该制度是市场经济发达国家普遍实行的一项制度，我国的“三包”规定已体现出召回制度的立法精神，目前，产品召回制度已涉及汽车、食品、玩具等领域。

三、生产者、销售者的产品质量责任和义务

1. 生产者的产品质量责任和义务

（1）对产品质量承担明示和默示担保义务

明示担保是生产者履行合同义务的一种表示，当生产者履行合同不符合其明示担保义务时，产品的购买者可以根据合同的约定，追究生产者的违约责任。产品质量默示担保义务是指国家法律、法规对产品质量规定的必须满足的要求。

（2）对产品标识及产品包装应当符合要求的义务

应当符合以下要求：

1）有产品质量检验合格证明；

2）有中文标明的产品名称、生产厂厂名和厂址；

3）有根据产品的特点和使用要求标注产品的标记；

4）有限期使用产品的标识要求；

5）有涉及使用安全的标识要求。

提示：裸装食品和其他根据产品的特点难以附加标识的裸装产品，可以不附加产品标识。

（3）特殊产品包装要满足警示性的义务

易碎、易燃、易爆、有毒、有腐蚀性、有放射性等危险物品以及储运中不能倒置和其他有特殊要求的产品，其包装质量必须符合相应要求，依照国家有关规定做出警示性标志或者中文警示说明，标明储运注意事项。

课堂讨论

某厂发运一批玻璃器皿，以印有“龙丰牌方便面”的纸箱包装，在运输过程中，由于装卸工未轻拿轻放而损坏若干件。该损失应由谁承担？

（4）遵守禁止性规定的义务

生产者不得生产国家明令淘汰的产品，不得伪造产地，不得伪造或者冒用他人的厂名、厂址；不得伪造或者冒用认证标志等质量标志；生产者生产产品，不得掺杂、掺假，不得以假充真、以次充好，不得以不合格产品冒充合格产品。

2. 销售者的产品质量责任和义务

（1）销售者应当建立并执行进货检查验收制度，验明产品合格证明和其他标识。

（2）销售者应当采取措施，保持销售产品的质量。

(3) 销售者不得销售国家明令淘汰并停止销售的产品和失效、变质的产品；不得伪造产地，不得伪造或者冒用他人的厂名、厂址；不得伪造或者冒用认证标志等质量标志；不得掺杂、掺假，不得以假充真、以次充好，不得以不合格产品冒充合格产品。

案例分析 5—1　　　　　　　查处地沟油

2011 年 6 月以来，江西省南昌市××生物柴油公司大量收购餐厨废弃油脂生产“饲料混合油”，销往广东省东莞市××饲料制品经营部。××饲料制品经营部经深加工后，假冒食用油销给该市××食品公司等粮油食品经营加工企业及粮油批发市场经营户。该案共制售“地沟油”1 600 余吨，案值 1 300 余万元。2011 年 9 月，万某、张某等涉案人员 52 人被抓。这是一起典型的以假充真、扰乱市场的违法行为。

四、生产者、销售者违反产品质量法的法律责任

产品质量责任是指产品质量不合格造成他人人身、财产损害的，产品的生产者、销售者应当承担的责任。包括承担相应的行政责任、民事责任和刑事责任。

提示：生产者与销售者担责原则有所不同：因产品存在缺陷造成人身、他人财产损害的，生产者无论是否有过错，均应承担赔偿责任。

对销售者而言，除了“因产品存在缺陷造成人身、他人财产损害的”外，还应以其过错的存在为要件。

1. 民事责任

产品生产者、销售者依法应承担的民事责任分为两类：一般产品质量责任和产品缺陷责任。

(1) 一般产品质量责任

一般产品质量责任，也称为合同责任或瑕疵担保责任。瑕疵是指产品不具备应当具备的使用性能而事先未作说明的；或不符合以产品标准、产品说明书和实物样品等方式表示的明示担保条件，但不存在危及人身和财产安全的不合理危险的。担保责任就是产品必须达到的质量要求，或者说是责任人必须保证产品符合某种标准的责任。产品瑕疵担保责任的承担方式包括修理、更换、退货、赔偿损失。当销售者首先承担了瑕疵担保责任后，如属于生产者的责任或者供货者的责任，销售者有权向生产者、供货者追偿。

案例分析 5—2　　　　　　　供应假农药依法担责

自 2012 年起，赵某租赁某农技站从事农药、化肥、种子等经营。2013 年 7 月，赵某从一农药配送公司购进 56 箱“专杀盲春蟓”农药。同年 7 月，当地农业局在抽查过程中将该批农药送检。经省农药产品质量监督检测站检测，该农药被鉴定为假药。农业局遂于 2013 年 8 月 7 日做出处罚决定书，责令赵某缴纳罚款 1.68 万元。赵某缴纳罚款后，多次找农药供应商交涉，一直无果。故诉请法院判令农药供应商赔偿损失 2.78 万元。

后来在法院主持调解下，农药供应商在证据面前不得不向销售商赔偿了2万元。

(2) 产品缺陷责任

产品缺陷责任是指生产者、销售者因产品存在缺陷而造成他人人身、缺陷产品以外的其他财产损害的，应当承担的赔偿责任。依《产品质量法》的规定，由于销售者的过错使产品存在缺陷，造成人身、他人财产损害的，销售者应当承担赔偿责任。销售者不能指明缺陷产品的生产者也不能指明缺陷产品的供货者的，销售者应当承担赔偿责任。

如果生产者能够证明有下列情形之一的，不承担赔偿责任：未将产品投入流通的；产品投入流通时，引起损害的缺陷尚不存在的；将产品投入流通时的科学技术水平尚不能发现缺陷存在的；受害者自己的过错。

(3) 产品损害赔偿的范围

1) 因产品存在缺陷造成受害人财产损失的，侵害人应当恢复原状或者折价赔偿。受害人因此遭受其他重大损失的，应当赔偿损失。

2) 造成受害人人身伤害的，侵害人应当赔偿医疗费、治疗期间的护理费、因误工减少的收入等费用。

3) 造成残疾的，应当支付残疾者生活自助具费、生活补助费、残疾赔偿金以及由其扶养的人所必需的生活费等费用。

4) 造成受害人死亡的，应当支付丧葬费、死亡赔偿金以及由死者生前扶养的人所必需的生活费等费用。

(4) 产品损害赔偿责任的诉讼时效

《产品质量法》规定，因产品存在缺陷造成损害要求赔偿的诉讼时效期间为2年，自当事人知道或者应当知道其权益受到损害时起计算。因产品存在缺陷造成损害要求赔偿的请求权，在造成损害的缺陷产品交付最初消费者满10年丧失；但是，尚未超过明示的安全使用期的除外。

课堂讨论

甲从商店买钻戒一枚，经鉴定该钻戒上的钻石为人造钻石，与价格严重不符，甲因工作繁忙忘了此事。1年后，甲向商店请求赔偿。商店认为甲的请求权因时效已过，不予赔偿。商店这样做对吗？

2. 行政责任

行政责任是指生产者、销售者因为实施产品质量法所禁止的行为而引起的行政上必须承担的法律后果，也就是要受到法律规定的有关行政主管部门的行政处罚。其方式有：责令停止生产、销售，没收违法生产、销售的产品，没收违法所得，罚款，吊销营业执照等。

3. 刑事责任

刑事责任是指生产者、销售者违反法律规定的产品质量义务，并触犯刑律构成犯罪时，由司法机关按照刑法的规定强制其承担的法律后果。关于刑事责任，《刑法》专门规定了“生产、销售伪劣产品罪”。

产品质量检验机构、认证机构伪造检验结果或者出具虚假证明构成犯罪的，依法追究刑事责任。产品质量监督部门或者工商行政管理部门的工作人员滥用职权、玩忽职守、徇私舞弊，构成犯罪的，依法追究刑事责任；尚不构成犯罪的，依法给予行政处分。

案例分析 5—3　　胶囊里的秘密

2012 年 4 月 15 日，央视“每周质量报告”曝光河北一些企业用生石灰处理皮革废料，熬制成工业明胶，卖给绍兴新昌一些企业制成药用胶囊，最终流入药品企业，进入患者腹中。由于皮革在工业加工时，要使用含铬的鞣制剂，因此这样制成的胶囊往往重金属铬超标。经检测，××药业等 9 家药厂 13 个批次药品，所用胶囊重金属铬含量超标。针对此事件，2012 年 4 月 21 日，卫生部要求毒胶囊企业所有胶囊药停用，药用胶囊接受每个批次检验。2012 年 4 月 22 日，公安部通报，经调查，公安机关立案 7 起，依法逮捕犯罪嫌疑人 9 名，刑事拘留 45 人。这些人的行为触犯了刑律，应承担相应的罪责。

第二节　反不正当竞争法

一、不正当竞争与反不正当竞争法

1. 不正当竞争行为及特征

竞争是市场经济的基本运行机制，是保持市场活力、推动经济发展的重要因素。竞争是市场主体在市场中为谋取利益最大化而进行的较量。竞争有正当竞争、不正当竞争之分。《中华人民共和国反不正当竞争法》（以下简称《反不正当竞争法》）规定：“不正当竞争，是指经营者违反本法规定，损害其他经营者的合法权益，扰乱社会经济秩序的行为。”

不正当竞争行为有如下特征：

（1）不正当竞争行为的主体是经营者。经营者是指从事商品经营或者营利性业务的法人、其他经济组织和个人。同时，《反不正当竞争法》把政府各级所属部门滥用行政权力妨害经营者的正当竞争行为也规定为不正当竞争行为。

（2）不正当竞争行为是违法行为。不正当竞争行为的违法性，主要表现在违反了《反不正当竞争法》中关于禁止不正当竞争行为的各种具体规定，也包括违反了自愿、平等、公平、诚实信用原则或公认的商业道德，损害了其他经营者的合法权益，扰乱了社会经济秩序的行为。

(3) 不正当竞争行为侵害的客体是其他经营者的合法权益和正常的社会经济秩序。不正当竞争行为的危害性主要体现在：破坏公平竞争的市场秩序；阻碍技术进步和社会生产力的发展；损害其他经营者的正常经营和合法权益，使守法者蒙受物质上和精神上的双重损害等。

2. 反不正当竞争法的概念

反不正当竞争法是调整在制止不正当竞争行为过程中所发生的社会关系的法律规范的总称。我国于1993年9月2日第八届全国人民代表大会常务委员会第三次会议通过了《中华人民共和国反不正当竞争法》，其立法目的是为保障社会主义市场经济健康发展，鼓励和保护公平竞争，制止不正当竞争行为，保护经营者和消费者的合法权益。

二、不正当竞争行为

1. 混淆行为

混淆行为是指经营者在市场经营活动中，以种种不实手法对自己的商品、服务作虚假表示、说明或承诺，或不当利用他人的智力劳动成果推销自己的商品或服务，使用户或消费者产生误解，扰乱市场秩序、损害同业竞争者的利益或消费者利益的行为。

混淆行为的类型包括：

(1) 假冒他人的注册商标；

(2) 擅自使用知名商品特有的名称、包装、装潢，或者使用与知名商品近似的名称、包装、装潢，造成和他人的知名商品相混淆，使购买者误认为是该知名商品；

(3) 擅自使用他人的企业名称或者姓名，引人误认为是他人的商品；

(4) 在商品上伪造或者冒用认证标志、名优标志等质量标志，伪造产地，对商品质量作引人误解的虚假表示。

案例分析 5—4　　　　真假“老干妈”

贵阳老干妈公司生产的“老干妈”风味豆豉自投放市场以来，受到消费者的青睐，在较短时间内产品便畅销全国，为国家纳税上千万元，成为知名商品。而湖南××食品公司生产的豆豉在投放市场时使用的包装瓶瓶贴与贵阳老干妈公司的瓶贴近似，二者除所使用的肖像、产品批号、执行标准、生产厂家、厂址、电话、邮编不同外，其余图案的色彩、图形、文字排列、“老干妈”三个字的字形完全一致。贵阳老干妈公司认为其侵权，将其告上法庭。北京市高级人民法院经审理后判决湖南××食品有限公司停止使用“老干妈”商品名称及相近似的瓶贴，并赔偿经济损失40万元。

2. 限购行为

公用企业或者其他依法具有独占地位的经营者，限定他人购买其指定的经营者的商品，以排挤其他经营者的公平竞争。此类竞争行为主体有以下两种：①公用企业；②其他具有独占地位的经营者，此种独占地位并非法律所不允许的。

课堂讨论

有线电视从模拟整体转换为数字时，用户可以选择普通型（10 元/月）或者互动型（45 元/月），但整体转换结束后，因为互动型的利润高，漏办的用户只能选择互动型的，不给装普通型的。这种行为是什么行为？

3. 限制竞争行为

政府及其所属部门滥用行政权力，限定他人购买其指定的经营者的商品；限制其他经营者正当的经营活动；限制外地商品进入本地市场或者本地商品流向外地市场。

案例分析 5—5　　城管局的霸王条款

某市城管局以加强商业条幅广告管理和强化市容市貌为由，下发文件规定，户外商业条幅广告指定晨曦广告公司制作和悬挂，其他广告公司不得制作和悬挂，违者一经发现，由城管部门取缔或予以罚款。文件下发后，其他广告公司纷纷向工商局投诉，认为该文件损害了他们的合法权益，工商局经过调查后及时报告市政府，市政府经研究决定，依法撤销了城管局的文件。

4. 商业贿赂行为

经营者采用财物或者其他手段进行贿赂以购销产品，属于商业贿赂行为。

经营者销售或者购买商品时，可以以明示方式给对方折扣，可以给中间人佣金。但条件是：①明示；②如实入账，即经营者给对方折扣、给中间人佣金的，必须如实入账。接受折扣、佣金的经营者也必须如实入账。若经营者购销商品时，在账外暗中给予对方单位或者个人回扣的，以行贿论处；对方单位或者个人在账外暗中收受回扣的，以受贿论处。

案例分析 5—6　　被处罚的卫生院

某卫生院从某医药采购站谭某、某制药厂李某等处购进药品时，均采用一明一暗发票的手法，收取回扣 8 万多元，后该卫生院被工商局查处。

5. 虚假宣传行为

经营者利用广告或者其他方法，对商品的质量、制作成分、性能、用途、生产者、有效期限、产地等作引人误解的虚假宣传；广告的经营者在明知或者应知的情况下，代理、设计、制作、发布虚假广告都属于虚假宣传行为。

案例分析 5—7　　保健品不是药品

某营养食品有限公司于 2012 年 1 月开始，在其经销的保健磷脂维生素 E 胶囊过程中，由假专家向消费者宣传“每天食用 20 克以上的磷脂，糖尿病的康复相当显著……服用磷脂对高血脂和高胆固醇具有显著的功效，可预防和治疗动脉硬化”等内容，宣传此保健品可以治疗疾病。而该保健品经批准的保健功能为：调节血脂、延缓衰老。该公司的这种宣传导致很多消费者误把这种保健食品当成药品。这种虚假宣传当依法受到处罚，当地工商局依据《反不正当竞争法》，责令该企业立即停止违法行为，并罚款 10 万元。

6. 侵犯商业秘密行为

商业秘密，是指不为公众所知悉、能为权利人带来经济利益、具有实用性并经权利人采取保密措施的技术信息和经营信息。

经营者不得采用下列手段侵犯商业秘密：

(1) 以盗窃、利诱、胁迫或者其他不正当手段获取权利人的商业秘密；

(2) 披露、使用或者允许他人使用以前项手段获取的权利人的商业秘密；

(3) 违反约定或者违反权利人有关保守商业秘密的要求，披露、使用或者允许他人使用其所掌握的商业秘密；

(4) 第三人明知或者应知前款所列违法行为，获取、使用或者披露他人的商业秘密，视为侵犯商业秘密。

课堂讨论

下面一案是否构成侵犯商业秘密权，应如何处理？

某化学研究所成功地开发出以废旧塑料提炼汽油的技术，并经省科委鉴定，确定为省级保密技术，该厂遂与职工签订了一系列合同，约定职工对该项技术负有30年的保密义务，并向职工支付了保密费用。1年后，该研究所的职工赵某和李某被沿海一私营企业聘请，利用与原单位基本相同的技术提炼汽油，获取了大量的利润。不久，化学研究所向法院状告了该私营企业及赵某和李某。

7. 低价倾销行为

低价倾销行为是指经营者以排挤竞争对手为目的，以低于成本的价格销售商品。

有下列情形之一的，不属于不正当竞争行为：

(1) 销售鲜活商品；

(2) 处理有效期限即将到期的商品或者其他积压的商品；

(3) 季节性降价；

(4) 因清偿债务、转产、歇业降价销售商品。

8. 搭售行为

经营者销售商品时违背购买者的意愿搭售商品或者附加其他不合理的条件。这也是一种强制交易，不过不是运用经济地位或行政权力强制销售，而是利用自己的商品和利用购买者的需要，违背其意愿，搭代销售其他产品，这种产品肯定是购买者并未提出需要或根本不需要的，而且一般是质次价高的产品、积压产品等。

案例分析5—8　　买车就必须得买保险吗？

汪先生在北京某汽车特约销售服务店选购汽车时，售车人员称“在此买车就必须在这个店办理车辆保险，否则加收1 000元”。汪先生认为不合理，于是先给该汽车总部打电话，了解到总部并无此规定，随后向工商行政管理局12315中心提出申诉。工商行政管理局执法人员经调查后，情况属实，认定这种行为违背了消费者的意愿，属搭售商品的违法行为。为此，执法人员对其进行了行政告诫，并责令该店限期整改。

9. 不正当有奖销售行为

《反不正当竞争法》并不完全禁止有奖销售，只有带有欺骗性的有奖销售才被该法所禁止，因为此种有奖销售不仅损害购买者利益，而且影响社会经济秩序。

不正当有奖销售行为包括：

（1）采用谎称有奖或者故意让内定人员中奖的欺骗方式进行有奖销售；

（2）利用有奖销售的手段推销质次价高的商品；

（3）抽奖式的有奖销售，最高奖的金额超过 5 000 元。

案例分析 5—9　　有奖销售禁超标

某地一家润滑油公司搞有奖销售时，宣称买润滑油送捷达轿车。该地工商分局以“有奖销售最高奖的金额不得超过 5 000 元”为由，对该公司处以 1 万元的罚款。

10. 毁誉行为

毁誉行为是指经营者捏造、散布虚伪事实，损害竞争对手的商业信誉、商品声誉的行为。

案例分析 5—10　　诋毁同行应受罚

某市 A、B 两家大商场，都处于闹市区。由于 A 商场经营有方，价廉物美，颇受顾客欢迎，销售额直线上升。而处于 A 商场对面的 B 商场顾客很少光顾，效益欠佳。随着一段时间的推移，在本市报纸上的读者来信中登有一些消费者到 A 商场购物遭到服务员的冷遇，甚至买到了假货，退换都不允许等情况。于是 A 商场效益受损，B 商场开始顾客盈门。为此 A 商场经理专门到报社查询这些读者来信，准备亲自登门道歉。当将这些读者的来信地址一一查出后，发现其中绝大部分的来信地址都是 B 商场职工的地址。当问及他们为什么这样做时，B 商场职工说是他们的经理让做的。A 商场经理于是诉讼至法院，法院经过调查核实，认为 B 商场已构成了不正当竞争行为，应立即公开向 A 商场赔礼道歉、停止侵害、消除影响，赔偿 A 商场的经济损失。

11. 串标行为

投标者串通投标，抬高标价或者压低标价，以及投标者和招标者相互勾结，以排挤竞争对手的行为。

知识链接　　常见的串标行为

在开标前私下开启投标文件，泄露标底；招标者在审查评选标书时，对不同投标者实施差别待遇；招标者与一定的投标者勾结，招标者在公开投标时压低标价，中标者给招标者以额外补偿等。

三、不正当竞争行为的监督检查和法律责任

1. 对不正当竞争行为的监督检查

(1) 监督检查部门

《反不正当竞争法》规定："县级以上人民政府工商行政管理部门对不正当竞争行为进行监督检查；法律、行政法规规定由其他部门监督检查的，依照其规定。"可见，我国对不正当竞争行为进行监督检查的部门主要是县级以上工商行政管理部门及法律、行政法规规定的其他部门。

(2) 监督检查部门的职权

监督检查部门在监督检查不正当竞争行为时，有权行使下列职权：

1) 询问权。即按照规定程序询问被检查的经营者、利害关系人、证明人，并要求提供证明材料或者与不正当竞争行为有关的其他资料。

2) 查询、复制权。即查询、复制与不正当竞争行为有关的协议、账册、单据、文件、记录、业务函电和其他资料。

3) 检查权。即检查与《反不正当竞争法》第 5 条规定的不正当竞争行为（即混淆行为）有关的财物，必要时可以责令被检查的经营者说明该商品的来源和数量，暂停销售，听候检查，不得转移、隐匿、销毁该财物。

4) 处罚权。即监督检查部门有权对不正当竞争行为进行处罚，处罚的具体形式包括责令停止违法行为、消除影响、没收违法所得、吊销营业执照、处以罚款。

2. 不正当竞争行为的法律责任

根据我国《反不正当竞争法》的规定，不正当竞争行为应承担的法律责任包括民事责任、行政责任和刑事责任。

(1) 民事责任

民事责任主要包括停止侵害和赔偿损失。其意义在于保护合法经营者的合法权益不受侵害，以及受到损害的给予补偿。

(2) 行政责任

《反不正当竞争法》规定的行政责任，要通过不正当竞争行为的监督检查部门对不正当竞争行为的查处来实现。其形式主要包括：责令停止违法行为、没收非法所得、处以罚款、吊销营业执照等。此外，还规定了与不正当竞争行为有关的国家机关工作人员违法的行政处分。

(3) 刑事责任

刑事责任是对违法行为进行的最为严厉的法律制裁，适用于那些对其他经营者、消费者和社会经济秩序损害严重、情节恶劣的不正当竞争行为。对于刑事责任，《反不正当竞争法》只是做了原则规定，确定具体的刑事责任要使用我国刑罚的相应规定。

第三节　消费者权益保护法

一、消费者权益保护法概述

1. 消费者和消费者权益保护法的概念

消费者是指为生活消费需要购买、使用商品或接受服务的市场主体。消费者权益保护法是调整在保护消费者权益过程中发生的社会关系的法律规范的总称。在保护消费者权益过程中发生多种社会关系，包括：经营者与消费者的关系；国家行政机关对经营者的管理监督关系；司法机关对侵害消费者利益的个人、法人的法律制裁；国家在保护消费者权益过程中与消费者的关系。

《中华人民共和国消费者权益保护法》（以下简称《消费者权益保护法》）1993 年 10 月 31 日第八届全国人民代表大会常务委员会第四次会议通过。2009 年 8 月 27 日第十一届全国人民代表大会常务委员会第十次会议第一次修正。2013 年 10 月 25 日第十二届全国人民代表大会常务委员会第五次会议通过第二次修正，自 2014 年 3 月 15 日起施行。这是我国专门保护消费者权益的法律。其立法宗旨是为保护消费者的合法权益，维护社会经济秩序，促进社会主义市场经济健康发展。

2. 消费者权益保护的特征

（1）公益性

由于消费者权益案件涉及特定多数人的私有权益，其在一定程度上涉及公众的广泛的共同权益，故体现出其“公益”性。

案例分析 5—11　　“公益诉讼第一人”

2006 年 4 月 13 日，因被多收取 10 元特快专递费用，有“公益诉讼第一人”之称的丘建东把福建省上杭县邮政局告上法庭。这场官司促使当地县城同城特快专递从 20 元降至 10 元。随后，丘建东根据《福建省实施〈消法〉办法》中关于公益诉讼行政奖励的相关规定，以诉讼避免了因邮局错误收费标准而使用户利益损失为由，要求人民政府给予其奖励。2006 年 10 月，上杭县政府给予其 800 元的行政奖励。此案成为中国公益诉讼史中里程碑式的事件。

（2）扶持弱者

消费者与经营者的法律地位应该是平等的，但在实践中，消费者往往处于弱势地位。由于消费者是分散的、无组织的个人，而经营者大多是有组织的法人；同时，消费者受到专业知识、消费经验、时间、精力等的限制，较难主张和实现自己的权益，因此，国家要给予消费者特别的保护。

(3) 补偿与惩罚相结合

经营者的违法经营给消费者造成损害时，一方面，应当合理赔偿消费者的损失，体现民事手段的补偿性；另一方面，应对违法经营者的行为根据其情节轻重，分别追究行政责任乃至刑事责任等。

3.《消费者权益保护法》的调整范围

(1)《消费者权益保护法》不仅适用于消费者购买或者使用的商品，而且适用于他们购买或者使用的服务，如医疗服务、商品买卖等。

课堂讨论

谢女士在某饭店就餐时，因饭店地面湿滑而摔伤，其权益受《消费者权益保护法》保护吗？

(2)《消费者权益保护法》可适用于农民购买的生产资料。

案例分析 5—12　　坑农违法

2012 年，村民王某等 7 人从当地供销社一代销点购买了磷酸三铵化肥。施肥后，170 余亩麦田生长缓慢，叶片发黄，影响产量已成定局。与经销商协商不成后，王某等人将情况反映至当地消费者协会，经调查调解，双方达成协议，经销商先行补偿王某等 7 户农民 2.5 万元。

知识链接　　经营者有欺诈行为要加倍赔偿

《消费者权益法》第 55 条规定，经营者提供商品或者服务有欺诈行为的，应当按照消费者的要求增加赔偿其受到的损失，增加赔偿的金额为消费者购买商品的价款或者接受服务的费用的 3 倍；增加赔偿的金额不足 500 元的，为 500 元。

二、消费者的权利

消费者的权利作为一种基本人权，是生存权的重要组成部分，是《消费者权益保护法》的核心。我国专门规定了消费者的九项权利：

1. 安全权

安全权，又称“保障安全权”，是指消费者在购买、使用商品和接受服务时享有人身、财产安全不受损害的权利。消费者有权要求经营者提供的商品和服务，符合保障人身、财产安全的要求。安全权是消费者人权的基本内容，是消费者最关心的首要问题。

案例分析 5—13　　“红心鸭蛋”引起的恐慌

2006 年 11 月 12 日，媒体曝光不法商贩将石家庄等地含有苏丹红的鸭蛋假冒白洋淀鸭蛋出售。此后，北京、大连等地也陆续发现含苏丹红的红心咸鸭蛋。同年 11 月 13 日，广州发布禁令全城封杀“红心鸭蛋”。在“红心鸭蛋事件”掀起的消费恐慌还未全部退去的时候，同年 11 月 18 日，福州市的鲜鸡蛋也被查出含有苏丹红，含量比河北红心鸭蛋更高。同年 11 月 28 日，农业部公布调查和处理结果，称“红心蛋”养殖户的鸭蛋和蛋鸭已全部销毁，向养殖户销售苏丹红的鸭蛋经销商已被公安部门刑事拘留。

2. 知悉权

知悉权，又称“知悉真情权”，是指消费者享有知悉其购买、使用的商品或者接受的服务的真实情况的权利。消费者有权根据商品或者服务的不同情况，要求经营者提供商品的价格、产地、生产者、用途、性能、规格、等级、主要成分、生产日期、有效期限、检验合格证明、使用方法说明书、售后服务，或者服务的内容、规格、费用等有关情况。知悉权是消费者是否购买某一商品、接受某项服务的前提条件。

课堂讨论

消费者王女士反映，某美容院宣传“免费修眉”，但给王女士免费修了一支眉毛后，却告知：“如需修另一支眉毛就要付费。”王女士非常气愤，无奈下，只得掏钱修了另一支眉毛。该美容院侵犯了王女士哪方面的权利？

3. 选择权

选择权，又称“自主选择权”，即消费者享有自主选择商品或者服务的权利。消费者有权自主选择提供商品或者服务的经营者，自主选择商品品种或者服务方式，自主决定购买或者不购买任何一种商品、接受或者不接受任何一项服务。消费者在自主选择商品或者服务时，有权进行比较、鉴别和挑选。消费者的自主决定不受任何人的强制。

案例分析 5—14　　被包月的手机费

2012 年 4 月中旬，常某正常使用的手机突然被停机，而当时其手机卡上还有 24 元余额。为了尽快开通手机，常某分两次交费 60 元，手机仍未开通。经查询，常某才知道手机被开通了“商务套餐包月 200 元”业务，某网站通过某通信公司营业部从 1 月至 3 月每月收取其服务费 5 元，但常某从未申请上述业务。投诉至当地消费者协会后，经调查调解，某通信公司营业部以预存话费的形式偿还常某 230 元。

4. 公平权

公平权又称“公平交易权”，是指消费者享有公平交易的权利。即消费者在购买商品或者接受服务时，有权获得质量保障、价格合理、计量正确等公平交易条件，有权拒绝经营者的强制交易行为。

5. 求偿权

求偿权，是指消费者因购买、使用商品或者接受服务受到人身、财产损害的，享有依法获得赔偿的权利。赔偿的种类包括财产损失赔偿和人身损害赔偿。

课堂讨论

公交车急刹车导致乘客苏某摔伤，苏某的医药费应由谁来支付？

6. 结社权

结社权，是指消费者享有依法成立维护自身合法权益的社会团体的权利。消费者依法结社有助于单个、分散、弱小的消费者组织起来，利用组织的权威和能力保护自己的权益。消费者协会和其他消费者组织是依法成立的对商品和服务进行社会监督的保护消费者合法权益的社会团体。

知识链接　**中国消费者协会**

中国消费者协会于1984年12月经国务院批准成立，是对商品和服务进行社会监督的保护消费者合法权益的全国性社会团体。其职能包括：

(1) 向消费者提供消费信息和咨询服务，提高消费者维护自身合法权益的能力，引导文明、健康、节约资源和保护环境的消费方式；

(2) 参与制定有关消费者权益的法律、法规、规章和强制性标准；

(3) 参与有关行政部门对商品和服务的监督、检查；

(4) 就有关消费者合法权益的问题，向有关部门反映、查询，提出建议；

(5) 受理消费者的投诉，并对投诉事项进行调查、调解；

(6) 投诉事项涉及商品和服务质量问题的，可以委托具备资格的鉴定人鉴定，鉴定人应当告知鉴定意见；

(7) 就损害消费者合法权益的行为，支持受损害的消费者提起诉讼等；

(8) 对损害消费者合法权益的行为，通过大众传播媒介予以揭露、批评。

7. 教育权

教育权也称"知识获取权"，是指消费者享有获得有关消费和消费者权益保护方面的知识的权利。国家和社会应当尽可能地为消费者提供机会、创造条件，帮助消费者获得有关消费知识和消费者权益保护方面的知识。同时，消费者应当努力掌握所需商品或者服务的知识和使用技能，正确使用商品，提高自我保护意识。

8. 尊严权

尊严权也称人格尊严权或受尊重权，是指消费者在购买、使用商品和接受服务时，享有其人格尊严、民族风俗习惯得到尊重的权利。这是保障和尊重人权的重要体现。

课堂讨论

超市保安怀疑顾客偷东西就对顾客搜身，这样做对吗？

9. 监督权

监督权也称监督批评权，是指消费者享有对商品和服务以及保护消费者权利工作进行监督的权利。消费者有权检举、控告侵害消费者权益的行为和国家机关及其工作人员在保护消费者权益工作中的违法失职行为，有权对保护消费者权益工作提出批评、建议。

知识链接　　国际消费者权益日

“国际消费者权益日”定于每年的3月15日，最先由国际消费者联盟组织于1983年确定，目的在于扩大消费者权益保护的宣传，使之在世界范围内得到重视，促进各国和地区消费者组织之间的合作与交往，在国际范围内更好地保护消费者权益。

三、经营者的义务

1. 遵法守约

经营者向消费者提供商品或者服务，应当按照《中华人民共和国产品质量法》和其他有关法律、法规的规定履行义务。经营者和消费者有约定的，应当按照约定履行义务，但双方的约定不得违背法律、法规的规定。

案例分析 5—15　　不能履约应退费

某教育培训机构的注册地址在南京市鼓楼区，离滕某家较近，滕某为其孩子在辅导班报名并预付了6 000元。上了几次课之后，因经营成本问题，该机构从原址搬出，改在20千米之外的地点办学。滕某要求退还剩余学费5 000元，双方协商未果，滕某向法院起诉。法院认为，该机构收取了预收款，应当按照约定提供服务，因其自身原因造成不能履约，应退回相应预付款，故判决该机构退还滕某预付款5 000元。

2. 接受监督

经营者应当听取消费者对其提供的商品或者服务的意见，接受消费者的监督。

3. 保障安全

经营者应当保证其提供的商品或者服务符合保障人身、财产安全的要求。对可能危及人身、财产安全的商品和服务，应当向消费者做出真实的说明和明确的警示，并说明和标明正确使用商品或者接受服务的方法以及防止危害发生的方法。经营者发现其提供的商品或者服务存在严重缺陷，即使正确使用商品或者接受服务仍然可能对人身、财产安全造成危害的，应当立即向有关行政部门报告和告知消费者，并采取防止危害发生的措施。

4. 真实可信

经营者应当向消费者提供有关商品或者服务的真实信息，不得作引人误解的虚假宣传。经营者对消费者就其提供的商品或者服务的质量和使用方法等问题提出的询问，应当做出真实、明确的答复。商店提供商品应当明码标价。

5. 有据可查

经营者提供商品或服务，应当按照国家有关规定或者商业惯例向消费者出具购货凭证或者服务单据；消费者索要购货凭证或者服务单据的，经营者必须出具。

提示：消费者购买商品时一定要索要单据，这是维护自己合法权益的重要证据。

6. **承担“三包”责任**

“三包”即包修、包换、包退。经营者应按照国家规定或者与消费者的约定，承担“三包”和其他责任，不得故意拖延或者无理拒绝。

案例分析 5—16　　网购可反悔

“双十一”购物节时，王小姐在某大型购物网站上看到一双高跟鞋，款式新颖，价格也很便宜，于是毫不犹豫点击了购买，并支付了货款。收到货后，王小姐觉得这双高跟鞋虽然款式新颖，但颜色跟网页上的图片出入很大，于是便联系上网店店主，要求退货，并愿意承担来往的运费，店主无奈接受退货。

提示：反悔权仅适用于网络等远程购物方式，消费者直接到商店购买的物品，不适用该规定。另外，反悔权的期限是七日内，且根据商品性质不宜退货的商品，不在此列。

知识链接　　消费者的退货、更换权

《消费者权益保护法》第24、25条规定：经营者提供的商品或者服务不符合质量要求的，消费者可以依照国家规定、当事人约定退货，或者要求经营者履行更换、修理等义务。没有国家规定和当事人约定的，消费者可以自收到商品之日起七日内退货；七日后符合法定解除合同条件的，消费者可以及时退货，不符合法定解除合同条件的，可以要求经营者履行更换、修理等义务。对商品进行退货、更换、修理的，经营者应当承担运输等必要费用。

经营者采用网络、电视、电话、邮购等方式销售商品，消费者有权自收到商品之日起七日内退货，且无须说明理由。

7. **公平合理**

经营者不得以格式合同、通知、声明、店堂告示等方式做出对消费者不公平、不合理的规定，或者减轻、免除其损害消费者合法权益应当承担的民事责任。经营者应该保证在正常使用商品或者接受服务的情况下其提供的商品或者服务应当具有的质量、性能、用途和有效期限，但消费者在购买该商品或者接受该服务前已经知道其存在瑕疵的除外。

案例分析 5—17　　无效“告示”

付某到某洗浴中心洗澡。在更衣室用洗浴中心的锁将衣物等用品锁好后，带上钥匙去浴池洗澡。当付某洗完澡回到更衣室时，发现储衣柜被撬了，手机和钱包都不见了，只剩下一个手机套。付某找到洗浴中心负责人，要求协商处理此事。洗浴中心以本店有“贵重物品请寄存，发生丢失，概不负责”的店堂告示为由，拒绝承担责任。双方争执不下，付某告到法院。法院认定洗浴中心没有尽到保障消费者财产不受侵害的义务。虽然洗浴中心店堂告示有声明，但该告示违反了《消费者权益保护法》和《合同法》的有关规定，降低了自己的责任，限制了消费者的权利，应当归于无效，自始不发生法律效力，判决洗浴中心承担相应的赔偿责任。

8. 尊重人身权

消费者的人身权是其基本人权，消费者的人身自由、人格尊严不受侵犯。经营者不得对消费者进行侮辱、诽谤，不得搜查消费者的身体及其携带的物品，不得侵犯消费者的人身自由。

四、消费者权益争议的解决

消费者和经营者发生消费者权益争议的，可以通过下列途径解决：

1. 与经营者协商和解

协商和解是消费者与经营者在平等自愿的基础上，就有关争议进行协商，最终达成争议解决方案的行为。协商和解具有方便、简捷、经济、及时等优点。消费者可直接与经营者协商解决，也可以委托消费者协会或其他人为代理人，与经营者协商解决。

2. 请求消费者协会调解

调解是指在消费者与经营者之间，由消费者协会作为第三方，就有关争议进行协调，双方达成协议，以解决争议的方式。

知识链接　　**忽悠消费者要承担相应的责任**

《消费者权益保护法》第 45 条规定：经广告经营者、发布者设计、制作、发布关系消费者生命健康商品或者服务的虚假广告，造成消费者损害的，应当与提供该商品或者服务的经营者承担连带责任。社会团体或者其他组织、个人在关系消费者生命健康商品或者服务的虚假广告或者其他虚假宣传中向消费者推荐商品或者服务，造成消费者损害的，应当与提供该商品或者服务的经营者承担连带责任。

案例分析 5—18　　**“名治病，实诈骗”的虚假广告**

2013 年年初，吴某根据市某医院电视广告的宣传前往该医院就医治疗牛皮癣。在该院二楼，皮肤科医生黄某接诊，黄某查看了吴某的病情后，称要根治需两个疗程，收费为 2 300 元。吴某治病心切，当即支付了 2 300 元。黄某为吴某打了一针，并给了一些口服药，并嘱咐吴某吃完药后再来。数日后，吴某将药已吃完，前往该院接受第二个疗程的治疗，但上次接诊的医生黄某已人去楼空。吴某便去找医院领导要求赔偿，医院领导称自己也是受害者拒绝赔偿。原来，2012 年 7 月，该医院与黄某签订了为期 1 年的租房合同，由该医院租给黄某二楼的一间房坐堂行医。在此期间，黄某以该医院皮肤科的名义在电视台多次做广告，声称其治疗牛皮癣有特效。但合同期限未满，黄某在捞了一把钱后即不辞而别，医院也无从查找。

吴某找医院赔偿遭拒后，便到市消费者协会投诉。后经市消协调解，医院认识到了自己的错误，主动承担责任，除免收吴某第一疗程的费用外，还赔偿吴某经济损失1 800元，并向吴某赔礼道歉。本案终于得以圆满解决。

3. 向有关行政部门申诉

向行政部门申诉主要是指向工商行政管理部门、技术监督部门及各有关专业部门申诉。有关行政部门应当依照法律、法规的规定在各自职责范围内，对消费者的申诉及其与经营者的争议依法进行调解；也可以依法调查，做出处理决定，对违法的经营者可依法做出行政处罚。

4. 提请仲裁

提请仲裁是指消费者和经营者将他们之间的争议提交仲裁机构，该机构以第三者的身份对争议进行裁决的活动。仲裁的前提是消费者与经营者之间有仲裁协议，否则就不能选择仲裁。仲裁较诉讼相比具有程序简单，解决问题迅速，可以秘密审理，为当事人保密的特点。

5. 向人民法院提起诉讼

向人民法院提起诉讼，是指消费者将其与经营者之间的争议提交人民法院，由法院进行审理和判决的一种途径。向人民法院起诉是解决消费者争议的手段之一，也最为规范统一、严肃权威的法定途径。

案例分析 5—19　　知假买假　消费者仍获10倍赔偿

2012年12月3日，北京市消费者沈某在××超市购买了过期的“燕京”牌啤酒和“圣寿”牌油辣子。沈某将超市告上法院，要求10倍赔偿。超市方则称沈某属于知假买假，不应赔偿。经北京市第一中级人民法院终审认定，商家出售过期食品是自身行为存在瑕疵，判决超市给付沈某10倍赔偿。这是北京市审结的首例“知假买假”案，知假买假者赢得了官司。

提示：“知假买假”获得多倍赔偿目前只适用于食品和药品。

五、侵犯消费者权益应承担的法律责任

1. 民事责任

承担民事责任的方式有赔偿损失、停止侵害、恢复名誉、消除影响、赔礼道歉、修理、重做、更换、退货、补足商品数量、退还货款和服务费用或者赔偿损失、支付违约金等。

2. 行政责任

行政责任承担的方式有责令改正、警告、没收违法所得、罚款、停业整顿、吊销营业执照。

3. 刑事责任

经营者提供商品或者服务，造成消费者或者他人人身伤亡，构成犯罪的，应当承担刑事责任。以暴力、威胁等方法阻碍有关行政部门工作人员依法执行职务的，依法追究刑事责任。国家机关工作人员玩忽职守或者包庇经营者侵害消费者合法权益的行为，情节严重，构成犯罪的，依法追究刑事责任。

逻辑简图

- 市场管理法
  - 产品质量法
    - 产品质量法及调整对象
    - 产品质量监督管理
      - 机关：国务院和县级以上地方政府两级管理
      - 制度：产品质量合格与安全制度、企业质量体系认证制度、产品质量认证制度、产品质量监督检查制度、产品质量社会监督制度、产品质量召回制度
    - 义务和责任
      - 生产者的义务、责任
      - 销售者的义务、责任
    - 法律责任：民事责任、行政责任、刑事责任
  - 反不正当竞争法
    - 不正当竞争与反不正当竞争法：不正当竞争行为及特征、反不正当竞争法的概念
    - 不正当竞争行为：混淆行为、限购行为、限制竞争行为、商业贿赂行为、虚假宣传行为、侵犯商业秘密行为、低价倾销行为、搭售行为、不正当有奖销售行为、毁誉行为、串标行为
    - 监督检查和法律责任：主要是县级以上工商行政管理部门及法律、行政法规规定的其他部门
  - 消费者权益保护法
    - 概述：概念、特征、调整范围
    - 消费者权利：安全权、知悉权、选择权、公平权、求偿权、结社权、教育权、尊严权、监督权
    - 经营者义务：遵法守约、接受监督、保障安全、真实可信、有据可查、承担“三包”、公平合理、尊重人身权
    - 争议的解决：与经营者协商和解、请求消协调解、向有关行政部门申诉、提请仲裁、向法院提出诉讼
    - 法律责任：民事责任、行政责任、刑事责任

复习思考题

1. 生产者的产品质量责任和义务有哪些？
2. 销售者的产品质量责任和义务有哪些？
3. 不正当竞争行为的具体表现有哪些？
4. 消费者的权利有哪些？
5. 消费者权益争议的解决途径有哪些？

实训活动方案

一、实训题目

模拟消费者协会为消费者提供法律帮助

二、实训目标

通过实训，使学生进一步理解和掌握消费者的权利、经营者的义务以及不正当竞争行为的具体表现，明确消费者权益争议的解决途径，使学生体验到学习运用知识，成功解决实际问题的自信和快乐，激发学生学习的积极性。

三、实训前的准备

1. 了解学生生活中是否遭遇过被侵权的情况；向本地区消费者协会了解相关的情况，通过网络查找典型的维权案例。

2. 预订实训教室。

3. 准备供学生和教师查阅的相关法律资料。

4. 供参考的实训资料：劣质热水瓶爆炸伤人、饭店就餐吃坏肚子、动手摸了商品就得买等。

四、实训过程

1. 学生自由结合组成模拟演示小组，并合理分配各个角色。可根据上面的资料，也可以根据自己熟悉的或曾经遭遇过的情况演示维权过程。

2. 组织学生有序地演示模拟维权过程。教师可一旁观看指导，也可参与到模拟情境之中。

五、评价与小结

1. 学生进行自评→互评→教师综合评价→课代表汇总计分后，给每位学生评定成绩。

2. 教师做活动总结。

3. 根据活动情况教师制作课外辅导计划并实施。

4. 学生参与活动情况评价表（供参考）。

活动评价表

项目 / 分值 / 姓名	参与（30分）			纪律（30分）			演示效果（40分）		
	未参与（0分）	参与（11～20分）	积极认真（21～30分）	较差（0～10分）	一般（11～20分）	良好（21～30分）	一般（0～20分）	较好（21～30分）	精彩（31～40分）

第六章 工业产权法

学习目标

- 了解工业产权的概念及法律特征
- 熟悉商标权、专利权主体、客体及内容
- 掌握商标权、专利权的保护

第一节 工业产权法概述

一、工业产权及其法律特征

1. 工业产权的概念

工业产权又称“工业所有权”，是人们依照法律对应用于生产和流通中的创造发明和显著标记等智力成果，在一定期限和地区内享有的专有权。

知识链接 **“工业产权”一词的起源**

“工业产权”一词最早出现于1791年法国的专利法中。在此以前，英国和法国都称专利权为特权或垄断权。当时法国专利法的起草人德布浮拉认为使用特权或垄断权这样的词，会遭到立法议会和反封建的法国人民的反对，因而提出“工业产权”这个概念。

在我国，工业产权主要是指专利权和商标专用权。工业产权是知识产权的重要组成部分，它和著作权一起被统称为知识产权。

2. 工业产权的法律特征

工业产权是一种无形财产权，与有形财产权相比有以下主要特征：

（1）专有性

专有性又称排他性，是法律赋予权利人的一种独占、使用、收益和处分的权利，任何人未经权利人同意不得使用，否则即为侵权。

(2) 地域性

根据国家主权原则，一国授予的专利权或商标权只在该国领域内有效，对其他国家不具有当然的法律效力，要在他国也得到保护必须在他国进行申请。

(3) 时间性

工业产权保护有一定的期限，超过这个法定期限则丧失对其专有权，任何人都可以无偿使用。

(4) 确认性

(5) 程序性

工业产权需要依照专门法律规定的程序确认才能获得，如商标专用权和专利权只有按照商标法和专利法规定的程序申请，经国家专门机构的审查批准确认之后，才能给予保护。

案例分析 6—1　　　　工业产权也有“势力范围”

2005 年 8 月 24 日，深圳海关根据美国 W 公司的申请，扣留了 Y 公司报关出口的 NOVA 商标男士衬衫，W 公司认为 NOVA 是该公司在中国注册的商标，Y 公司侵犯了其商标专用权，诉至法院。Y 公司辩称，该商标已在西班牙进行了注册，是合法有效的注册商标，W 公司虽然同样使用该商标，但无权禁止 Y 公司在西班牙本土进行挂有该商标商品的销售。

请问：Y 公司能在中国境内使用 NOVA 商标吗？

分析：本案被告 Y 公司虽然在西班牙注册了 NOVA 商标，但是并未在中国注册相应商标，因此，该商标不能作为注册商标受到保护。而 W 公司先于 Y 公司在中国注册了 NOVA 商标，因此受到中国法律的保护。Y 公司在中国生产印有 NOVA 商标的服装，由于 Y 公司不了解知识产权地域性的特点，因此要承担法律责任。

案例分析 6—2　　　　工业产权也有“有效时间”

1990 年 11 月 5 日，钱某向中国专利局申请了名称为“旗帜吹飘装置”的实用新型专利。1991 年 8 月 21 日，国家专利机关授予钱某实用新型专利。2003 年 5 月，桠枫公司应某市政府委托，完成安装国旗旗杆的任务，也使用了吹飘装置，钱某认为其侵犯了自己的专利权。

请问：桠枫公司侵犯了钱某的专利权吗？

分析：《中华人民共和国专利法》第 42 条规定：“发明专利权的期限为二十年，实用新型专利权和外观设计专利权的期限为十年，均自申请日期起计算。”在本案中，钱某申请专利的时间为 1990 年 11 月 5 日，其权利保护期应当至 2000 年 11 月 6 日届满止。而桠枫公司使用吹飘装置的时间为 2003 年 5 月，此时钱某的专利保护期早已届满，该实用新型专利已进入公有领域，任何人均可自由使用。

二、我国工业产权法体系

工业产权法是调整因确认、保护、转让和使用工业产权而发生的各种社会关系的法律规范的总称。工业产权法以专利法、商标法为主干，反不正当竞争法、合同法等法律中调整工业产权法律关系的规范以及有关行政法规、规章，最高人民法院以司法解释形式发布的有关规范性文件等，都是工业产权法的组成部分。我国已相继颁布和实施了《中华人民共和国商标法》(以下简称《商标法》)《商标法实施条例》《专利法》《专利法实施细则》等法律、法规。

三、工业产权国际保护

为促进各国科学技术的日益进步和工业生产的迅速发展，扩大各国之间的技术交流、技术合作和技术贸易，各国政府经过谈判，在工业产权的不同领域订立了一系列的国际公约。1883 年在巴黎签订的《保护工业产权巴黎公约》(以下简称《巴黎公约》) 是保护工业产权方面影响最大的国际公约，经过多次修改，有 100 多个成员国。我国已于 1984 年 11 月 14 日加入《巴黎公约》，自 1985 年 3 月 19 日起该公约对我国有效。中国政府在加入书中声明“中华人民共和国不受公约第 28 条第 1 款的约束”。

第二节 商 标 法

一、商标法概述

1. 商标的概念

商标俗称“牌子”，是指商品的生产者、经营者或者商业服务的提供者用以标明所生产、经营的产品或者所提供的服务，与他人生产、经营的产品或者提供的服务相区别的标记。

商标一般由文字、图形、字母、数字、三维标志和颜色组合以及上述要素的组合构成，具有显著特征，便于识别商品或服务来源，如美的电器（见图 6—1)、李宁运动装(见图 6—2) 等。对于生产者或者经营者来说，商标是其商品、服务质量和信誉的标志。对于消费者来说，商标是引导他们消费行为的向导。

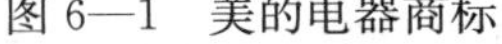
图 6—1 美的电器商标

图 6—2 李宁运动装商标

2. **商标的种类**

(1) 按商标的结构组成或形态划分

可分为文字商标、图形商标、组合商标。文字商标是指用汉字及其拼音字母或其他文字、字母组合而成，使用在商品或服务上的标志。如SONY、联想等。图形商标是指用几何图形或其他事物图案构成，使用在商品或服务上的标志。组合商标是指由文字和图形两部分组合而成，使用在商品或服务上的标志，如图6—1、图6—2所示。

(2) 按商标的使用对象划分

可分为商品商标和服务商标。商品商标又可分为生产者的生产商标和销售者的商业商标。服务商标即服务性行业所使用的标志，如“中国建设银行”及其图形（见图6—3)、“中国人寿”及其图形（见图6—4）等。

图6—3 中国建设银行商标

图6—4 中国人寿商标

课堂讨论

太平洋保险、联想手机、旁氏洗面奶、娃哈哈矿泉水这四个商标中哪个属于服务商标？

(3) 按商标拥有者、使用者的不同划分

可分为制造商标、销售商标、集体商标。制造商标是指由生产厂家为自己出产的商品直接注册或使用的商品商标。大部分的商标都属于制造商标。如德国大众汽车公司的大众商标（见图6—5)。销售商标是指商品销售者为了保证自己所销商品的质量而使用的文字、图形或其组合标记。如屈臣氏（见图6—6)、苏宁电器等。集体商标是指由社团、协会或其他合作组织，用以表示联合组织及其成员身份的标志，如河南南阳黄牛产业协会的“南阳黄牛”及其图形（见图6—7)。

图6—5 大众商标

图6—6 屈臣氏商标

图6—7 南阳黄牛商标

(4) 按商标的管理划分

可分为注册商标和未注册商标。注册商标是指商标注册申请人向国家商标主管机关提出商标注册申请并获得核准的文字、图形或其组合标志。未注册商标是指商标使用者未向国家商标主管机关提出注册申请，自行在商品或服务上使用的文字、图形或其组合标记。未注册商标不享有商标的专用权，不受国家法律保护。

知识链接　　**R 商标与 TM 商标**

R 商标：商品商标右上方的圈 R 是指“注册商标”的意思，该商标已在国家商标局注册，具有排他性、独占性、唯一性等特点，属于注册商标所有人所独占，受法律保护。任何企业或个人未经注册商标所有权人许可或授权，均不可自行使用，否则将承担侵权责任。

TM 商标：某些商标上带有 TM 标志，它与 R 不同，TM 表示的是该商标已经向国家商标局提出申请，并且国家商标局也已经下发了受理通知书，进入了异议期，这样就可以防止其他人提出重复申请，也表示现有商标持有人有优先使用权。

（5）按商标使用人对商标的使用动机划分

可分为联合商标、防御商标、证明商标。联合商标是指某一个商标所有者，在相同的商品上注册几个近似的商标。例如，杭州娃哈哈集团就注册了娃哈哈、哈哈娃、娃娃哈等一系列商标。

防御商标是指驰名商标所有者为了防止他人在不同类别的商品上使用其商标，而在非类似商品上将其商标分别注册，如联想（北京）有限公司在手机、电器、化工、洗化多个领域都注册了“联想”商标。

证明商标是指对提供的商品或服务的来源、原料、制作方法、质量、精密度或其他特点具有保证意义的一种商标。例如，龙井茶证明商标（见图 6—8）、绿色食品证明商标（见图 6—9）等。

图 6—8　龙井茶证明商标

图 6—9　绿色食品证明商标

3. 商标法的概念

商标法是调整商标在注册、使用、转让、管理和保护过程中发生的社会关系的法律规范的总称。它的作用主要是为了加强商标管理，保护商标专用权，促使生产者和经营者保证商品质量和维护商标信誉，以保障消费者和生产者、经营者的利益，促进社会主义市场经济的发展。

知识链接 **《商标法》的颁布及修正**

我国现行《商标法》于1982年8月23日颁布。该法于1983年3月1日正式实施。根据1993年2月22日第七届全国人民代表大会常务委员会第三十次会议《关于修改〈中华人民共和国商标法〉的决定》第一次修正。根据2001年10月27日第九届全国人民代表大会常务委员会第二十四次会议《关于修改〈中华人民共和国商标法〉的决定》第二次修正。根据2013年8月30日第十二届全国人民代表大会常务委员会第四次会议《关于修改〈中华人民共和国商标法〉的决定》第三次修正。

二、商标权的法律关系

商标权法律关系是指商标权人依法确认和保护的商标权而形成的权利和义务关系，包括商标权的主体、商标权的客体和商标权的内容。

1. 商标权的主体

商标权的主体即商标权人，是指在生产、制造、加工、拣选、经销的商品上或者提供的服务项目上依法享有商标专用权的人。按照《商标法》规定，商标权的主体可以是自然人、法人或其他组织。

2. 商标权的客体

商标权的客体是指经过商标局核准注册的商标，即注册商标。在我国允许使用未注册商标，但是未注册商标不具有商标专利权，不受法律保护。为了保护已注册商标的专用权，维护消费者的利益和市场经济秩序，商标管理机关有必要对其进行管理。

3. 商标权的内容

商标权的内容是指商标权人依法应享有的权利以及应承担的义务。

（1）商标权人依法享有的权利

1）专用权。商标一经核准注册，商标权人即享有在注册商标核定使用的范围内独占使用其商标并获取合法经济利益的权利，他人未经许可不得在同一种商品或类似商品上使用该注册商标或近似商标，否则，即构成侵权。

2）许可使用权。商标权人可以独自享有商标权，也可以许可他人使用。在许可他人使用时，商标权人可以保留自己的使用权，也可放弃使用权，但商标权人仍享有商标所有权。

3）转让权。商标权作为一种无形财产权，与有形财产权一样，可依照《商标法》规定的程序进行转让，商标权转让后，原商标权人的一切权利义务转移给新的商标权人。

4）续展权。商标权的有效期为10年，期满前商标权人可以申请续展。

5）禁用权。商标权人有禁止他人未经许可而使用其注册商标或使用与之相混淆的商标的权利。

6）收益权。商标权人有通过使用、许可使用、转让等方式行使其商标权而获得经济收益的权利。

案例分析 6—3　　　　“进步”品牌告了“新进步”

进步是自己探索出来的，不是“学”出来的。2005 年 5 月 20 日，长春中太鞋业有限责任公司向省工商局投诉，吉林省新进步鞋业有限公司在其生产销售的森工鞋鞋底及外包装箱上突出使用“新进步鞋业”字样，侵犯了该公司的“进步”注册商标专用权。

经查，吉林省新进步鞋业有限公司未经商标注册人的许可，在其委托生产的森工鞋鞋底及外包装箱上突出使用“新进步”文字，构成商标侵权。依据《商标法》法院责令其立即停止侵权行为，没收、销毁侵权商标 12 箱，并处罚金 5 000 元。

（2）商标权人依法承担的义务

1）应标明注册标记。商标权人应使用注册商标。如连续 3 年停止使用注册商标，商标局可撤销其注册商标。使用注册商标应当标明“注册商标”字样或者标明注册标记“R”等。在商品上不便标明的，应当在商品包装或者说明书以及其他附着物上标明。

2）保证使用注册商标的商品或服务的质量。商标权人首先要保证自己使用注册商标的商品或服务的质量，另外，商标权人在许可他人使用注册商标时，应当监督被许可人使用注册商标的商品或服务的质量。

3）依法缴纳相关费用。在申请商标注册和办理其他商标事宜时，要按规定缴纳费用。

三、商标注册

1. 商标注册的概念

商标注册，是指商标使用人为取得商标专用权，依照法定条件和程序向国家商标局提出申请，经过审核予以注册，授予商标专用权的行为。

2. 商标注册的原则

（1）自愿注册原则

自愿注册原则，是指商标使用人是否申请商标取决于自己的意愿。依照自愿注册原则，商标无论注册与否均可使用，但注册商标和未注册商标在法律上的地位不同，注册商标享有专用权，未注册商标不具有受法律保护的专用权。

（2）诚实信用原则

商标使用人应当对其使用商标的商品质量负责。各级工商行政管理部门应当通过商标管理，制止欺骗消费者的行为。

（3）申请在先原则

申请在先原则又称注册在先原则，是指两个或两个以上的申请人，在相同或类似的商品上以相同或近似的商标申请注册时，申请在先的商标，其申请人可获得商标专用权，申请在后的商标注册申请予以驳回。

申请在先原则意味着任何经营者如果只是一味地使用商标，而未将该商标申请注册，不能获得受法律保护的独占权。

知识链接　　恶意抢注

恶意抢注指的是以获利等为目的、用不正当的手段抢先注册他人在该领域或相关领域中已经使用并有一定影响的商标、域名或商号等权利的行为。“恶意抢注”多发生在以“申请在先”为授权原则、能带来一定经济利益或精神利益的权利领域，故多出现在商标、域名或商号。《商标法》第32条规定：“申请商标注册不得损害他人现在的在先权利，也不得以不正当手段抢先注册他人已经使用并有一定影响的商标。”

案例分析6—4　　当“申请在先”遇上“恶意抢注”

朝阳鞋厂生产的“步云”球鞋投入市场几年来，十分畅销。朝阳鞋厂于是向国家商标局申请注册，却发现该商标被兴达鞋厂抢先登记。朝阳鞋厂认为自己使用在先，仍然继续使用“步云”商标，不料市工商行政管理局的工作人员找上门来指出朝阳鞋厂出售带有“步云”商标的球鞋是假冒注册商标行为，应立即停止使用“步云”商标。朝阳鞋厂对此大惑不解，遂向律师求助。

请问：朝阳鞋厂使用“步云”商标是否是侵权行为？朝阳鞋厂应通过何种方法维护自己的合法权益？

分析：①兴达鞋厂的商标核准注册之后，朝阳鞋厂继续使用，则构成侵权。我国遵循的是注册在先原则，即谁先注册谁享有商标专用权。因此，朝阳鞋厂已构成侵权，必须立即停止使用“步云”商标。②如果朝阳鞋厂能够证明兴达鞋厂为恶意抢注，可对其提出商标争议，请求撤销该商标。同时提交“步云”商标注册申请。如不能证明兴达鞋厂恶意抢注，则朝阳鞋厂只能改商标。

（4）优先权原则

优先权原则是《巴黎公约》赋予其成员国国民申请工业产权时在申请日期上的优先权利。商标注册申请人自其商标在国外第一次提出商标注册申请之日起6个月内，又向其他成员国提出同样申请，则其他成员国须以其第一次申请日为有效申请日。任何第三人就同一商标提出申请时，都不影响其专用权的获得。

（5）使用在先原则

使用在先原则是对申请在先原则的补充，是指两个或两个以上的申请人，在同一天就同一类或类似商品上以相同或相似的商标申请注册时，最先使用的商标优先核准，对使用在后的商标申请予以驳回。

（6）分类申请原则

分类申请原则是指商标注册申请人在不同类别的商品上申请注册同一商标的，应当按商品分类表提出注册申请。

3. 商标注册的条件

自然人、法人或者其他组织在生产经营活动中，对其商品或者服务需要取得商标专用权的，应当向商标局申请商标注册。外国人或者外国企业在中国申请注册商标的，应当按其所属国和中华人民共和国签订的协议或者共同参加的国际条约办理，或者按照对等协议办理。

申请注册的商标，应当有显著特征，便于识别，并不得与他人先取得的合法权利相冲突。

知识链接　**哪些标志可以作为商标申请**

《商标法》规定：任何能够将自然人、法人或者其他组织的商品与他人的商品区别开的标志，包括文字、图形、字母、数字、三维标志、颜色组合和声音等，以及上述要素的组合，均可以作为商标申请注册。

下列标志不得作为商标使用：

（1）同中华人民共和国的国家名称、国旗、国徽、国歌、军旗、军徽、军歌、勋章等相同或者近似的，以及同中央国家机关的名称、标志、所在地特定地点的名称或者标志性建筑物的名称、图形相同的。

（2）同外国的国家名称、国旗、国徽、军旗等相同或者近似的，但经该国政府同意的除外。

（3）同政府间国际组织的名称、旗帜、徽记等相同或者近似的，但经该组织同意或者不易误导公众的除外。

（4）与表明实施控制、予以保证的官方标志、检验印记相同或者近似的，但经授权的除外。

（5）直接表明商品的质量、主要原料、功能、用途、重量、数量及其他特点的。

（6）同“红十字”“红新月”的名称、标志相同或者近似的。

（7）带有民族歧视性的。

（8）带有欺骗性，容易使公众对商品的质量等特点或者产地产生误认的。

（9）有害于社会主义道德风尚或者有其他不良影响的。

（10）县级以上行政区划的地名或者公众知晓的外国地名，不得作为商标。但是，地名具有其他含义或者作为集体商标、证明商标组成部分的除外；已经注册的使用地名的商标继续有效。

4. 商标注册的流程

（1）商标注册的申请

商标注册申请人应当按规定的商品分类表填报使用商标的商品类别和商品名称，提出注册申请。商标注册申请人可以通过一份申请就多个类别的商品申请注册同一商标。

商标注册申请等有关文件，可以书面方式或者数据电文方式提出。申请商标注册所申报的事项和所提供的材料应当真实、准确、完整。

注册商标需要在核定使用范围之外的商品上取得商标专用权的，应当另行提出注册申请。注册商标需要改变其标志的，应当重新提出注册申请。

（2）商标注册的审查和核准

对申请注册的商标，商标局应当自收到商标注册申请文件之日起九个月内审查完毕，符合《商标法》有关规定的，予以初步审定公告。公告期满无异议的，予以核准注册，发给商标注册证，并予公告。

凡不符合《商标法》有关规定或者同他人在同一种商品或者类似商品上已经注册的或者初步审定的商标相同或者近似的，由商标局驳回申请，不予公告，并书面通知商标注册申请人。对初步审定公告的商标提出异议的，商标局应当听取异议人和被异议人陈述事实和理由，经调查核实后，自公告期满之日起 12 个月内做出是否准予注册的决定，并书面通知异议人和被异议人。

四、注册商标的续展、转让及使用许可

1. 注册商标的续展

注册商标有效期满，需要继续使用的，应当在期满前 12 个月内申请续展注册，在此期间未能提出申请的，可以给予 6 个月的宽展期。宽展期仍未提出申请的，注销其注册商标。续展注册符合《商标法》规定的，经核实后，发给相应证明，并予以公告。每次续展注册的有效期为 10 年，自该商标上一次有效期满次日起计算。

2. 注册商标的转让

注册商标的转让，是指商标权人依法将其所有的注册商标转让给他人所有的法律行为。转让后，转让人失去商标权，受让人获得商标权，成为商标权所有人。转让注册商标，需由转让人和受让人签订转让合同，并共同向商标局提出申请。转让注册商标经核准后，予以公告，受让人自公告之日起享有商标专用权。

3. 注册商标的使用许可

注册商标的使用许可，是指商标权人允许他人在一定期限内使用其注册商标。使用关系中商标权人为许可人，使用注册商标的人为被许可人。商标权人并不丧失该注册商标专用权，被许可人只取得注册商标使用权。许可人和被许可人多以合同方式确立使用许可关系。许可人应当监督被许可人使用其注册商标的商品质量，被许可人应当保证使用该注册商标的商品质量，且须在使用该注册商标的商品上标明被许可人的名称和商品产地。

案例分析 6—5　　“商标许可”也需在法律的手掌内

上海某服装厂向中国商标局申请了“清雅”牌服装注册商标，并于 2001 年 5 月 1 日获得核准注册。大连某服装厂想通过使用上海某服装厂的“清雅”牌商标，销售自己生

产的服装。2005 年 5 月 1 日，上海某服装厂与大连某服装厂签订了“清雅”注册商标的使用许可合同。

请问：①双方的注册商标使用许可合同期限最长不能超过多少年？为什么？②双方签订合同后，上海某服装厂应承担哪些法律责任？大连某服装厂应承担哪些法律责任？

分析：①双方的注册商标使用许可合同的期限最长不能超过 6 年。因为《商标法》对注册商标的保护期为 10 年。上海某服装厂与大连某服装厂签订合同时，商标权只剩下 6 年时间的保护期。

②案例中上海某服装厂负有监督大连某服装厂使用其“清雅”牌注册商标的商品质量的责任；而大连某服装厂应保证使用“清雅”注册商标的商品质量，并且其还必须在“清雅”牌商品上标明其企业名称和商品产地。

五、注册商标的保护和终止

1. 注册商标的保护

注册商标的保护，亦即注册商标专用权的保护，是指运用法律手段制裁商标侵权行为，以确保商标权人对其注册商标所享有的商标权得以实现的法律措施。我国《商标法》规定了注册商标的专用权保护范围，应当以核准注册的商标和核定使用的商品为限。

（1）有下列行为之一的，均属侵犯注册商标专用权

1）未经商标注册人的许可，在同一种商品上使用与其注册商标相同的商标的；

2）未经商标注册人的许可，在同一种商品上使用与其注册商标近似的商标，或者在类似商品上使用与其注册商标相同或者近似的商标，容易导致混淆的；

3）销售侵犯注册商标专用权的商品的；

4）伪造、擅自制造他人注册商标标识或者销售伪造、擅自制造的注册商标标识的；

5）未经商标注册人同意，更换其注册商标并将该更换商标的商品又投入市场的；

6）故意为侵犯他人商标专用权行为提供便利条件，帮助他人实施侵犯商标专用权行为的；

7）给他人的注册商标专用权造成其他损害的。

案例分析 6—6　　“家”侵了“房子”的权

在英语里“家”写作“home”，“房子”写作“house”，有时两者可以通用，但在商标里，两者却不能等同。2005 年 4 月，吉林省工商局根据投诉，对 A 出版社出版的“HOME & GARDEN”（中文名称《世界家苑》）杂志涉嫌侵犯 B 出版社出版的“HOUSE & GARDEN”杂志的注册商标专用权的行为立案调查。

经查，A 出版社自 2003 年 4 月至 2005 年 3 月出版的《世界家苑》杂志的封面、书脊、页脚擅自使用与注册商标“HOUSE & GARDEN”相近似的“HOME & GARDEN”标志，构成商标侵权行为。

吉林省工商部门根据《商标法》对A出版社做出行政处罚，责令其立即停止侵权行为，并处罚金30万元。

(2) 侵犯注册商标专用权的法律责任

因侵犯注册商标专用权引起的纠纷，由当事人协商解决。不愿协商或协商无果的，被侵权人可请求工商行政管理部门处理，也可以直接向人民法院起诉。工商行政管理部门或人民法院根据侵权行为的不同情况，依法追究侵权人的责任（见表6—1）。

表6—1 商标侵权行为的法律责任

责任	内容
民事责任	被侵权人对侵权人的侵权行为可以直接向法院起诉，要求侵权人停止侵权，消除影响，赔偿经济损失
行政责任	县级以上工商行政管理部门认定侵权行为成立的，责令侵权人立即停止侵权行为，没收、销毁侵权商品和专门用于制造侵权商品、伪造注册商标标识的工具，并可处以罚款
刑事责任	人民法院对构成犯罪的侵权行为除要求赔偿被侵权人的损失外，依法追究侵权人的刑事责任

案例分析6—7　丰田的“牛头”与吉利的“地球”

吉利公司将生产的一种微型汽车命名为“美日”。该汽车使用了外部轮廓为椭圆、内部为字母M的变形、中间一道横线的图形商标（见图6—10）。日本丰田公司认为该商标同本公司商标（见图6—11）非常近似，侵犯了其商标权，故诉至法院。

吉利美日

图6—10　吉利美日商标

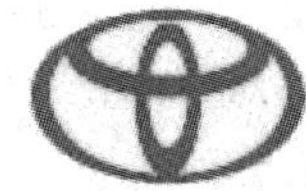

丰田

图6—11　丰田商标

法院在对当事人提交的全部证据做了认真的审查后认为，从整体结构来看，丰田的图形商标形似“牛头”，而吉利美日的图形商标形似一个“地球”，消费者在购买汽车产品时的注意程度远高于低值消费品，因此消费者不会因为两者商标都采用了椭圆形的外部轮廓而将丰田汽车混淆为吉利汽车，况且本案两公司在中国市场上的产品档次完全不同。2003年11月24日，耗时数月、牵扯了业内外众多关注目光的吉利被丰田诉知识产权侵权案终于在北京市第二中级人民法院一审判决，对丰田公司的指控不予支持，吉利控股集团胜诉。

构成商标侵权，必须同时具备两个条件，首先两个商标的外观近似。其次，商标在使用过程中，使消费者对商品造成混淆和误认。如果该标志不足以造成消费者混淆和误认，则不构成商标侵权。

(3) 对驰名商标的特殊保护

驰名商标是指该商标在市场上享有较高的声誉并为相关的消费者所熟知。《商标法》第13条规定，为相关公众所熟知的商标，持有人认为其权利受到侵害时，可以依照

《商标法》规定请求驰名商标保护。

第一，就相同或者类似商品申请注册的商标是复制、模仿或者翻译他人未在中国注册的驰名商标，容易导致混淆的，不予注册并禁止使用。

第二，就不相同或者不相类似商品申请注册的商标是复制、模仿或者翻译他人已经在中国注册的驰名商标，误导公众，致使该驰名商标注册人的利益可能受到损害的，不予注册并禁止使用。

第三，“驰名商标”的字样不得任意使用。

案例分析 6—8　　“宇通”驰名商标不是谁用都“通”的

郑州宇通客车股份有限公司是“宇通”商标的所有权人，“宇通”商标注册核定使用的商品为：汽车、农用客车。李某未经宇通公司许可，在自己生产、销售的竹编制品上使用“宇通”商标。宇通公司向法院提起诉讼，请求认定“宇通”商标为驰名商标，判令李某停止商标侵权行为等。

判决：法院依法认定宇通公司使用在客车上的“宇通”文字商标为驰名商标。李某在竹质产品上使用“宇通”商标虽与宇通公司注册商标核定使用商品并非同类或类似，但很容易让人联想到该产品由宇通公司生产或者该产品与宇通公司有其他某种联系，存在误导相关公众、造成混淆的可能性。法院判决李某停止侵犯宇通公司的商标专用权的行为，并赔偿宇通公司经济损失 1 万元。

知识链接　　“驰名商标”字样不得任意用

2013 年 8 月，《商标法》第三次修正。修订后的《商标法》自 2014 年 5 月 1 日起施行。此次修订的商标法第 14 条第 5 款新增内容：“生产、经营者不得将‘驰名商标’字样用于商品、商品包装或者容器上，或者用于广告宣传、展览以及其他商业活动中。”

2. 注册商标的终止

注册商标的终止，是指因法定事由的发生，商标权人丧失其对注册商标的权利。注册商标因注销或撤销而终止。

（1）因注销而终止

因注销而终止是指商标权人自愿放弃或因故不能使用注册商标的事实的行为。注销注册商标由商标局备案并予以公示。因注销而终止的情况包括未申请续展注册、自动放弃、主体消亡。

（2）因撤销而终止

因撤销而终止是指商标权人未遵守注册商标使用的规定而导致其商标权消灭。因撤销而终止的情况包括违法使用注册商标、不使用注册商标、使用注册商标的商品不符合要求、注册商标无效。

注册商标被注销或者撤销的，其商标专用权即宣告终止。但是为了防止发生商品出处的混淆，自撤销或者注销之日起一年内，对与该商标相同或者近似的商标注册申请，不予核准。

六、商标的使用管理

商标管理，是指国家商标管理机关依法对注册商标和未注册商标的使用进行的管理活动。

1. 对注册商标的使用管理

（1）监督注册商标的正确使用

商标注册人在使用注册商标的过程中，自行改变注册商标、注册人名义、地址或者其他注册事项的，由地方工商行政管理部门责令限期改正；期满不改正的，由商标局撤销其注册商标。

注册商标成为其核定使用的商品的通用名称或者没有正当理由连续三年不使用的，任何单位或者个人可以向商标局申请撤销该注册商标。商标局应当自收到申请之日起 9 个月内做出决定。

（2）监督使用注册商标的商品质量

如果使用注册商标的商品粗制滥造，以次充好，欺骗消费者的，由工商行政管理部门分别不同情况，责令限期改正，并可予以通报、处以罚款或者撤销其注册商标。

2. 对未注册商标的使用管理

使用未注册商标，有下列行为之一的，由地方工商行政管理部门予以制止，限期改正，并可予以通报或者处以罚款：①冒充注册商标的；②将不能作为商标的标志作为商标使用的；③粗制滥造、以次充好、欺骗消费者的。

第三节　专　利　法

一、专利和专利法的概念

1. 专利

专利是指经主管机关依法审查批准的，符合专利条件的发明创造。专利有三种含义，一是指专利权，即专利为专利权的简称，是指专利人依法获得的一种垄断性权利。二是指依法获得专利法保护的发明创造本身。三是指专利文献。

2. 专利法

专利法是指调整在确认和保护发明创造的专用权以及在利用专用的发明创造过程中所产生的各种社会关系的法律规范的总称。

为了保护发明创造，推动发明创造的应用，促进科学技术进步和经济社会发展，我国经过多年的努力，已经形成了一套完整的专利法律制度。

知识链接　　**《中华人民共和国专利法》的颁布及修正**

1984 年 3 月 12 日，第六届全国人民代表大会常务委员会第四次会议通过《中华人民共和国专利法》（以下简称《专利法》），此后，《专利法》在 1992 年、2000 年和 2008 年分别进行了三次修改。新修正的《专利法》自 2009 年 10 月 1 日起施行。

二、专利权法律关系

专利权的法律关系是指专利法确认的社会关系，由专利权主体、客体和内容构成。

1. 专利权的主体

专利权的主体即专利权人，是指可以申请并取得专利权的单位或者个人。专利权的主体有以下几类：

（1）发明人、设计人所在的单位

执行本单位的任务或者主要是利用本单位的物质技术条件所完成的发明创造称为职务发明创造。职务发明创造申请专利的权利属于该单位，申请被批准后，该单位为专利权人。

（2）发明人、设计人

发明人或者设计人所完成的非职务发明创造，申请专利的权利属于发明人或者设计人，申请被批准后，专利权归申请的发明人或者设计人所有。

非职务发明创造，一般是指发明人或者设计人在工作时间以外自由完成的职务发明以外的发明创造。《专利法》规定，对发明人或者设计人的非职务发明创造专利的申请，任何单位或者个人不得压制。

（3）共同发明人

由两人或者两人以上共同完成的发明创造，称为共同发明创造。完成该项发明创造的人，称为共同发明人或者共同设计人。

确定共同发明人、设计人的标准是他们对所完成的发明、设计共同做出创造性的贡献。因此，在协作或者委托完成发明创造的当事人中，仅仅从资金、设备、场地等物质条件方面给予支持，或者帮助完成中间试验等辅助性工作的人，不应当视为共同发明人、设计人。

知识链接　　**共同完成或委托完成专利的申请权利**

根据《专利法》的规定，两人以上单位协作或者一个单位接受其他单位委托的研究、设计任务所完成的发明创造，除另有协议的以外，申请专利的权利属于完成或者共同完成的单位，申请批准后，申请的单位或者个人为专利权人。

(4) 外国人、外国企业或者外国其他组织

外国人、外国企业或者外国其他组织以其发明创造在中国申请专利，其中，在中国有经常居所或者营业场所的，可以享受国民待遇；在中国没有经常居所或者营业场所的，应依照所属同中国签订的协议或共同参加的国际条约或者因互惠原则，根据《专利法》的规定，应当委托依法设立的专利代理机构办理。其专利申请被批准后，专利权归其所有，受《专利法》保护。

2. 专利权的客体

专利权的客体是指能取得专利权、受专利法保护的发明创造。根据《专利法》的相关规定，专利权的客体包括发明、实用新型和外观设计。

(1) 发明

发明是指人们通过创造性的智力劳动，创造或者设计出对技术问题给予解决的智力成果。《专利法》规定：发明，是指对产品、方法或者其改进所提出的新的技术方案。主要包括产品发明、方法发明及改进发明。发明的专利权保护期限为20年。

提示： 发明不包括对自然规律的新认识，即通常所说的发现，发现不是专利法的保护对象。比如，万有引力定律的发现是不能被授予专利的。

(2) 实用新型

实用新型是指对产品的形状、构造或者其结合所提出的适于实用的新的技术方案。实用新型必须是一种产品，具有一定的实用价值，与现有的技术方案相比具有创造性。实用新型的独创性较发明小，要求也比较低，故称为“小发明”，其保护期限为10年。

(3) 外观设计

外观设计是指对产品的形状、图案或者其结合以及色彩与形状、图案的结合所做出的富有美感并适于工业应用的新设计。外观设计的功能只是为了美化产品，它仅是对产品的形状、图案、色彩或其结合所做的外表设计。

3. 专利权的内容

专利权的内容是指专利权人在专利权保护期内，依法享有的权利和承担的义务（见表6—2）。

表6—2　专利权人的权利与义务

专利权人的权利	独占权：指专利权人享有独占、制造、使用和销售其专利产品，或者使用其专用方法的权利
	转让权：指专利权人享有的将自己的专利所有权依法转让给他人的权利
	许可权：指专利权人享有的许可他人实施其专利的权利
	标记权：指专利权人享有的在其专利产品或该产品包装上标明专利标记和专利号的权利
	放弃权：指专利权人在其专利权有效期满前，以书面声明或停交专利费的形式，放弃其专利权的行为

续表

专利权人的权利	专利投资权：指专利权人依法享有将专利以资本形式进行投资，并获取投资收益的权利
	收益权：指专利权人实施其专有权后，对取得的经济效益，拥有依法占有的权利
	署名权：指发明人或设计人享有在专利申请文件和专利文件中写明自己是发明人或设计人的权利
专利权人的义务	缴纳专利年费的义务
	实施专利的义务
	被授予专利权的单位应当对职务发明创造的发明人或设计人给予奖励；发明创造专利实施后，根据其推广应用的范围和取得的经济效益，对发明人或者设计人给予合理的报酬

三、授予专利权条件

1. 授予发明和实用新型专利权的条件

《专利法》规定，一项发明创造要取得发明和实用新型专利，应同时具备新颖性、创造性和实用性三个条件。

（1）新颖性，是指该发明或者实用新型不属于现有技术。

（2）创造性，是指与现有技术相比，该发明具有突出的实质性特点和显著的进步，该实用新型具有实质性特点和进步。

（3）实用性，是指该发明或者实用新型能够制造或者使用，并且能够产生积极效果。

知识链接　　何为“新颖性”

《专利法》规定：“新颖性，是指在申请日以前没有同样的发明或者实用新型在国内外出版物上公开发表过、在国内公开使用过或者以其他方式为公众所周知，也没有同样的发明或实用新型由他人向国务院专利行政部门提出过申请，并记载在申请日以后公布的专利申请文件中。”同时，《专利法》还规定，申请日以前6个月内，有下列情形之一的，不丧失其新颖性：①在中国政府举办或者承认的国际展览会上首次发表的；②在规定学术会议或者技术会议上首次发表的；③他人未经申请人同意而泄露其内容的。

2. 授予外观设计专利权的条件

授予专利权的外观设计，应当不属于现有设计；也没有任何单位或者个人就同样的外观设计在申请日以前向国务院专利行政部门提出过申请，并记载在申请日以后公告的专利文件中。

授予专利权的外观设计与现有设计或者现有设计特征的组合相比，应当具有明显区别。授予专利权的外观设计不得与他人在申请日以前已经取得的合法权利相冲突。

案例分析6—9　　对“商标”有意见不用保留

某饮水科技有限公司开发出一个名为“带透明展示保鲜柜的多功能饮水机”产品，并于2001年2月21日获得专利局授予的实用新型专利。这个实用新型专利引致另外一家生产饮水机的厂商某电子有限公司的异议。2002年4月1日，某电子有限公司以该专利不具有新颖性和创造性为由，向国家知识产权局专利复审委员会提出了无效宣告请求。专利复审委员会经过对比，确认该款饮水机与现有技术相比只存在控制电路、用于将饮用水制冷的冷胆和加热的热罐、柜门采用透明材料制成三点差别。专利复审委员会认为，饮水机在20世纪90年代就已经是公用产品，以上这些区别属于公知常识，并不能带来意想不到的效果，即不具有新颖性、创造性。因此，专利复审委员会支持了某电子有限公司的请求，宣告“带透明展示保鲜柜的多功能饮水机”的实用新型专利无效。

知识链接　　不能授予专利权的范围

《专利法》对不能授予专利权的范围做出了明确的规定。具体包括：（1）对违反国家法律、法规和社会公德或者妨害公共利益的发明创造，不能授予专利权。（2）对于下列几种情况，《专利法》规定不得授予专利权：①科学发现；②智力活动的规则和方法；③疾病的诊断和治疗方法；④动物和植物的品种，但对动物和植物品种的生产方法，可以依照专利法的规定授予专利权；⑤用原子核交换方法获得的物质。

案例分析 6—10　　对人有害，岂可名正言顺

王磊是某电子厂的工程师，工作之余利用所学知识研制出一种机器。该机器接通电源后通过操作可引导电流刺激人体穴位，并使人产生极大的快乐感。王磊通过某专利代理所向国家申请专利。该专利代理所经过初步审查，认为这属于重大科技发明创造，符合授予专利权的条件，遂代王磊向国家专利机关提交了全部资料和机样，申请给予专利保护。但专利局拒绝授予专利，原因是经过电子医学方面的专家鉴定后，认为发明虽属重大科技发明创造，并能产生使人快乐的刺激效果，但在刺激人体的同时对于人体健康危害极大，不能推广和使用，所以决定没收全部资料和样机。王磊得知后十分想不通，发明具备了创造性、新颖性、实用性三个条件，专利机关应该授予专利权。如果发明有副作用，消费者大可以不买，但应该不影响专利权的授予。

请问：专利局的做法有法律依据吗？

分析：《专利法》规定，违反国家法律、社会公德或者妨害公共利益的发明创造，不授予专利权。案例中，王磊的发明虽然具备了新颖性、创造性和实用性，但因其对人体有害，违反了《专利法》关于发明创造不能违反国家法律或妨碍公共利益的规定，国家专利机关没收王磊的资料和样机是正确的、合法的。

四、专利权的申请

国务院专利行政部门负责管理全国的专利工作，统一受理和审查专利申请，依法授予专利权。省、自治区、直辖市人民政府管理专利工作的部门负责本行政区域内的专利管理工作。

申请发明或者实用新型专利的，应当提交请求书、说明书及其摘要和权利要求书等文件。申请外观设计专利的，应当提交请求书、该外观设计的图片或者照片以及对该外观设计的简要说明等文件。

专利的申请应该遵循以下原则：

1. 一发明一申请原则

一项发明创造只能申请一项专利。属于一个总的发明构思的两项或两项以上的发明或者实用新型，可以作为一件申请提出；用于同一类别并且成套出售或者使用的产品的两项以上的外观设计，可以作为一件申请提出。

2. 申请在先原则

两个以上的人分别就同样的发明创造申请专利，专利权授予最先申请的人。

知识链接　　**如何确定申请日**

《专利法》第 28 条规定：国务院专利行政部门收到专利申请文件之日为申请日。如果申请文件是邮寄的，以寄出的邮戳日为申请日。

3. 优先权原则

这一原则主要表现为国际优先和国内优先。申请人自发明或实用新型在国外第一次提出专利申请之日 12 个月内，或者自外观设计在国外提出专利申请之日 6 个月内，又在中国就相同主题提出专利申请的，依照该国同我国签订的协议或共同参加的国际条约，或者依照相互承认优先权原则，可以享有优先权，这是国际优先权。申请人自发明或者实用新型在中国第一次提出专利申请之日起 12 个月内，又向国务院专利行政部门就相同主题提出专利申请的，可以享有优先权，这是国内优先权。

五、专利权的审查、批准程序

《专利法》对发明专利申请和实用新型、外观设计专利申请采取两种不同的审批制度，对发明专利采取早期公开、延迟审查制度，对实用新型和外观设计采取登记制度。

1. 发明专利

（1）初步审查

专利局在受理发明专利申请后，应对申请文件是否齐备、书写是否规范等形式条件进行审查。

（2）早期公开

经过初步审查认为符合专利法要求的，自申请日起满 18 个月，即行公布，专利局可根据申请人的请求早日公布其申请。

（3）实质审查

实质审查是指对申请专利的发明的新颖性、创造性和实用性等实质性条件进行的审查。发明专利申请自申请之日起 3 年内，专利局可以根据申请人随时提出的请求，对其申请进行实质审查；申请人无正当理由逾期不请求实质审查的，该申请即被视为撤回。专利局认为必要的时候，可以自行对发明专利申请进行实质审查。

（4）驳回

经审查，国务院专利行政部门认为申请不符合《专利法》规定的，应当予以驳回。

（5）授权登记公布

发明专利申请经实质审查没有发现驳回理由的，由国务院专利行政部门做出授予发明专利权的决定，发给发明专利证书，同时予以登记和公告。发明专利权自公告之日起生效。

2. 实用新型和外观设计专利

实用新型和外观设计专利申请经初步审查没有发现驳回理由的，由专利局做出授予实用新型专利权或者外观设计专利权的决定，发给相应的专利证书，同时予以登记和公告。实用新型专利权和外观设计专利权自公告之日起生效。

3. 专利的复审

专利申请人对专利局驳回申请的决定不服的，可以自收到通知之日起 3 个月内，向专利复审委员会请求复审。专利复审委员会复审后，做出决定，并通知专利申请人。专利申请人对专利复审委员会的复审决定不服的，可以自收到通知之日起 3 个月内向人民法院起诉。

六、专利权的期限、终止和无效

1. 专利权的期限

专利权的期限，是指专利权的时间效力。我国《专利法》规定，发明专利权的期限是 20 年，实用新型和外观设计专利权的期限是 10 年，均自申请日起计算。

提示：专利权期限届满时，专利权自行失效，专利权人不再享有专利的独占权，该发明创造成为社会公共财富，任何单位和个人都可以自由地、无偿地使用。

2. 专利权的终止

专利权的终止，是指专利权人丧失对发明创造的专利权。依据我国《专利法》规定，专利权的终止原因有：①期限届满；②没有按期缴纳年费；③专利权人以书面方式放弃其权利。专利权在期限届满前终止，都由专利局登记和公告。

3. 专利权的无效

专利权的无效，是指经专利复审委员会审查，对已经取得的专利权宣告无效。自专利局公告授予专利权之日起，任何单位或者个人认为该专利权的授予不符合《专利法》有关规定的，可以请求专利复审委员会宣告该专利权无效。专利复审委员会对宣告专利权无效的请求应当及时审查和做出决定，并通知请求人和专利权人。宣告专利权无效的决定，由专利局登记和公告。宣告无效的专利权视为自始即不存在。

案例分析 6—11　　　　专利期满，岂可再次申请

舒某向中国国家专利局提出了一项实用新型专利申请，一年后被授予专利权。十年期满，舒某提出了另一项发明专利申请，并公告授权。公告期间，某锅炉厂对在后的发明专利向专利复审委员会提出无效宣告请求，其理由是在后的发明专利申请与先前的实用新型是同样的发明创造。经过审查，专利复审委员会宣布在后发明专利无效。

分析：一项专利一旦权利终止，从终止之日起就进入了公有领域，任何人都可以对该公有技术加以应用。舒某把进入公有领域的技术又赋予了专利权，应属重复授权，违反了专利法实施细则中关于同样的发明创造只能被授予一项专利的规定。

七、专利权的保护

1. 专利权的保护范围

我国《专利法》规定，发明或者实用新型专利权的保护范围以其权利要求的内容为准，说明书及附图可以用于解释权利要求。外观设计专利权的保护范围以表示在图片或者照片中的该外观设计专利产品为准。

2. 专利侵权行为

专利侵权行为是指在专利权有效期内，行为人未经许可，实施其专利的行为。包括：未经专利权人许可实施其专利的行为；假冒他人专利的行为；冒充专利产品、专利方法的行为。

提示：为生产经营目的使用或者销售不知道是未经专利权人许可而制造并售出的专利产品，能证明其产品合法来源的，不承担赔偿责任。

案例分析 6—12　　　　“奥林匹克”不是谁都能傍的

A体育用品有限公司在2005年2月开业时，未经授权，擅自印制三条带有中国奥林匹克委员会商用标志图案的不干胶横幅，装饰在经营场所的橱窗上用于广告宣传。后经查实，A体育用品有限公司违反了《奥林匹克标志保护条例》，已构成侵犯奥林匹克标志专利权的行为。根据《奥林匹克标志保护条例》的规定，对当事人处罚金1 500元。

3. 侵犯专利权的法律责任

根据专利法及其有关法律的规定，侵权行为人应当承担的法律责任包括民事责任、行政责任与刑事责任。

（1）民事责任

1）停止侵权。停止侵权，是指专利侵权行为人应当根据管理专利工作的部门的处理决定或者人民法院的裁判，立即停止正在实施的专利侵权行为。

2）赔偿损失。侵犯专利权的赔偿数额，按照专利权人因被侵权所受到的损失或者侵权人获得的利益确定；被侵权人所受到的损失或侵权人获得的利益难以确定的，可以参照该专利许可使用费的倍数合理确定。

3）消除影响。在侵权行为人实施侵权行为给专利产品在市场上的商誉造成损害时，侵权行为人就应当采用适当的方式承担消除影响的法律责任，承认自己的侵权行为，以达到消除对专利产品造成的不良影响。

（2）行政责任

对专利侵权行为，管理专利工作的部门有权责令侵权行为人停止侵权行为、责令改正、罚款等，管理专利工作的部门应当事人的请求，还可以就侵犯专利权的赔偿数额进行调解。

（3）刑事责任

依照专利法和刑法的规定，假冒他人专利，情节严重的，应对直接责任人员追究刑事责任。

提示：侵犯专利权的诉讼时效为 2 年，自专利权人或者利害关系人得知或者应当得知侵权行为之日起计算。

案例分析 6—13　　　　不守法失“名”又失“利”

日本索尼公司于 1995 年 9 月向中国专利局申请“电池装置和用于电池装置的安装装置”发明专利，并于 2002 年 9 月获得授权。2004 年 4 月 16 日，索尼公司经公证，以普通消费者的身份在中宜公司购得型号为 QM71D 的电池两块以及其他型号的电池，发现与其专利电池基本一模一样。然后起诉到法院。法院审理判决中宜公司立即停止制造、销售侵犯专利权的行为，销毁库存侵权产品和专用生产模具；赔偿索尼公司经济损失人民币 10 万元。二审广东省高级人民法院维持了原判。

逻辑简图

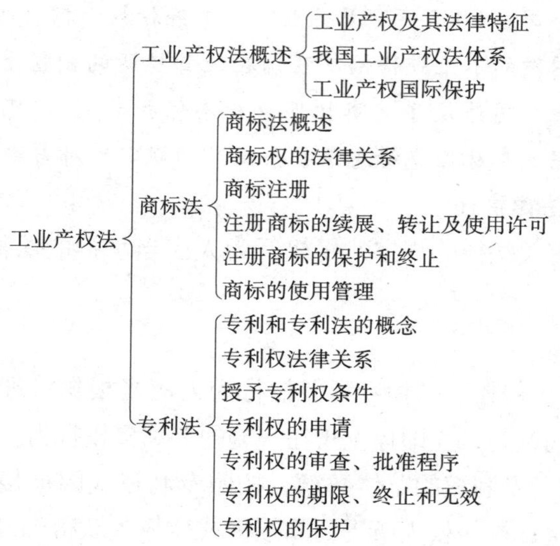

复习思考题

1. 工业产权是一种无形财产权，它与有形财产权相比有哪些特征？
2. 商标权法律关系包括哪些内容？
3. 商标注册需遵守哪些原则？
4. 如何办理已注册商标转让的手续？
5. 专利权的主体有哪些？
6. 侵犯专利权要承担哪些法律责任？

实训活动方案

一、实训题目

为企业的产品或服务设计商品或服务标志，并制作注册申请书。

二、实训目的

通过实训加深对工业产权法律制度的理解，培养学生创业的兴趣。

三、实训前的准备

1. 教师通过座谈或个别交流，了解学生对商标或企业服务标志的认知状况；收集一些学生熟悉的商标图案和服务标志（包括本校的标志）。

2. 教师了解申请注册商标的实际步骤和情况，以便辅导学生。

3. 准备相关的法律资料，以及商标与书面申请用纸。

4. 实训教室、多媒体、学生作品展示平台。

四、实训过程

1. 教师讲明实训的任务、目标、评价标准。

2. 学生分组，4～6人为一小组，模拟组建企业→商讨经营范围和企业名称→讨论并设计产品或服务标志→制作注册申请书。

3. 每个小组派代表展示和讲解自己的作品。

4. 组织学生互相观摩交流学习。

五、评价与小结

1. 学生进行自评→互评→教师综合评价→课代表汇总计分后，给每位学生评定成绩。

2. 教师做出此次活动总结。根据活动情况教师制作课外辅导计划并实施。

3. 学生参与活动情况评价表（供参考）。

活动评价表

项目 / 分值 / 姓名	参与（30分）			纪律（30分）			商标与申请（40分）		
	未参与（0分）	参与（11～20分）	积极认真（21～30分）	较差（0～10分）	一般（11～20分）	良好（21～30分）	不太规范（0～20分）	基本规范（21～30分）	规范（31～40分）

第七章 会计法

学习目标

- 了解会计法的适用范围及基本原则
- 熟悉会计工作管理体制、违反会计法律制度的法律规定
- 掌握有关会计核算、会计监督、会计机构和会计人员的法律规定

第一节 会计法概述

会计是市场经济一项重要的经济管理活动，它肩负着对各单位经济业务、财产收支进行核算和监督的重要职能。为了规范会计行为，维护市场经济秩序，我国于 1985 年颁布了第一部会计法律，有效保障了会计工作的规范管理和顺利进行。

一、会计法的概念及适用范围

1. 会计法的概念

会计法是调整会计关系的法律规范。广义而言，会计法包含国家颁布的有关会计方面的所有法律、法规、规章；狭义上讲，它专指全国人民代表大会常务委员会通过的《中华人民共和国会计法》(以下简称《会计法》)。本章所讲的是狭义的会计法。

知识链接 **《会计法》的变迁**

《会计法》于 1985 年 1 月 21 日经全国人大通过，经过 1993 年、1999 年两次修订形成目前实施的《会计法》。新修订的《中华人民共和国会计法》共 7 章 52 条，于 2000 年 7 月 1 日起执行。主要对会计工作总的原则、会计核算、会计监督、会计机构、会计人员和法律责任等做了详细规定。除了《会计法》以外，国家还颁布实施一系列相关条例和制度，构成了完整的会计法律体系。

会计法所调整的会计关系是会计机构和会计人员在办理会计事务过程中以及国家在管理会计工作过程中发生的经济关系。以企业为例，会计关系既包括企业内部关系、企业与其他单位之间的关系，又包含企业与国家的关系，如供销关系、信贷关系、债权债务关系、税款征纳关系等。

2. 会计法的适用范围

《会计法》规定：国家机关、社会团体、公司、企业、事业单位和其他组织（以下统称单位）必须依照本法办理会计事务。也就是说，会计法适用于中华人民共和国境内的所有单位，包括在我国设立的中外合作、中外合资、外商独资企业。由于我国的香港、澳门、台湾地区执行独立的法律体系，这些地区暂不适用《会计法》。另外，个体工商户在经营管理和会计核算上具有一定的特殊性，《会计法》也未将个体工商户列入适用范围，对其会计核算的具体管理办法，由国务院专门规定。《会计法》的具体适用范围见表7—1。

表7—1　《会计法》适用范围

包括	我国境内的国家机关、社会团体、公司、企业、事业单位和其他组织
不包括	香港、澳门和台湾地区；个体工商户

课堂讨论

甲公司是一家外商独资企业，2012年3月接到市财政局通知，将对其会计工作情况例行检查。公司董事长李某不以为然，“我公司为外资企业，不受《会计法》的约束，所以财政局无权检查”。董事长李某的观点对吗？

二、会计法的基本原则

《会计法》在总则中规定了会计法的基本原则，对从事会计活动以及会计的立法、执法具有规范和指导意义，具体包括以下五个方面：

第一，各单位必须依法办理会计事务。根据《会计法》规定，单位办理会计事务必须依照《会计法》的规定进行。无论什么性质的单位，在进行独立核算，独立记载经济业务，独立办理会计事务时，必须依照《会计法》的规定进行。

第二，各单位必须依法设置会计账簿，并保证其真实、完整。根据《会计法》的规定，国家机关、社会团体、公司、企业、事业单位和其他组织都必须依法设置会计账簿，并保证其真实、完整。会计账簿是会计资料的主要载体之一，也是会计资料的重要组成部分。依法设置会计账簿，是单位进行会计核算的最基本的要求。

第三，单位负责人对本单位的会计工作和会计资料的真实性、完整性负责。根据《会计法》的规定，单位负责人既要对本单位的会计工作承担责任，同时还要对本单位保存和提供的会计资料的真实性、完整性承担责任。对本单位的会计工作负责，是指要求其对会计工作负领导责任，即不但要领导本单位的会计机构、会计人员和其他有关人员认真执行《会计法》，按照国家规定组织好本单位的会计工作，支持会计机构和会计人员依法独立开展会计工作，还要保障会计人员的职权不受侵犯；对会计资料的真实性、完整性负责，保证本单位的会计资料不存在弄虚作假、隐瞒等情况。

知识链接 **单位负责人具体指哪类人员？**

单位负责人是指单位法定代表人或者法律法规规定的代表单位行使职权的主要负责人。如国有企业的厂长（经理），公司制企业的董事长或总经理，国家机关或事业单位的最高行政官员等。

第四，会计机构、会计人员依法进行会计核算，实行会计监督。会计机构和会计人员应依照《会计法》的规定进行会计核算，实行会计监督。任何单位或者个人不得以任何方式授意、指使、强令会计机构、会计人员，伪造、变造会计凭证、会计账簿和其他会计资料，提供虚假财务会计报告。任何单位或者个人不得对依法履行职责、抵制违反《会计法》规定行为的会计人员实行打击报复。

课堂讨论

甲公司本年度产品出现滞销，亏损已成定局，董事长李某授意财务主管张某在会计报表上做些“技术处理”，以实现年初制定的盈利 100 万元的目标。财务主管张某能这样做吗？

第五，对认真执行会计法、忠于职守、坚持原则、做出显著成绩的会计人员，给予精神的或物质的奖励。为了充分调动会计人员依法做好本职工作的积极性，提高会计人员的地位，各地区、部门、单位可根据实际情况制定具体奖励办法和标准对认真执行本法、忠于职守、坚持原则、做出显著成绩的会计人员，给予精神或物质奖励。

三、会计工作管理体制

1. 会计工作的主管部门

我国会计工作管理体制实行的是“统一领导，分级管理”的原则，即由财政部统一领导，各地方财政部门分级管理。国务院财政部门主管全国的会计工作；县级以上地方各级人民政府财政部门管理本行政区域的会计工作。

2. 会计制度的制定权限

国家实行统一的会计制度。国家统一的会计制度由国务院财政部门根据《会计法》制定并公布。国务院有关部门对会计核算和会计监督有特殊要求的行业，可依照《会计法》和国家统一的会计制度制定具体办法或者补充规定，但须报国务院财政部门审核批准。军队实施国家统一的会计制度的具体办法，由中国人民解放军总后勤部制定，但须报国务院财政部门备案。

四、会计机构和会计人员

1. 会计机构和会计人员设置

各单位可以根据单位规模大小、会计业务繁简程度、会计人员的素质以及经营管理的需要来决定是否设置会计机构以及如何设置会计机构。具体规定见表 7—2。

表 7—2　　会计机构的设置

设置情况	要　求
单独设置会计机构	配备会计人员，指定会计机构负责人
不单独设置会计机构	在有关机构中设置会计人员并指定会计主管人员
不设置会计机构	委托中介机构代理记账

会计机构内部应当建立稽核制度。其中，出纳人员不得兼任稽核、会计档案保管和收入、支出、费用、债权债务账目的登记工作。

课堂讨论

小张中专毕业后到甲公司应聘会计工作，财务经理问道：“我们单位的出纳马上要休产假了，如果让你在担任会计期间临时兼任一下出纳工作可以吗?”小张说：“没问题！年轻人应该在工作中多锻炼锻炼。”你认为小张会被这家公司录用吗？请谈谈你的看法。

2. 会计人员的任职资格

从事会计工作的人员，必须取得会计从业资格证书。担任单位会计机构负责人（会计主管人员）的，除取得会计从业资格证书外，还应当具备会计师以上专业技术职务资格或者从事会计工作三年以上经历。会计人员从业资格管理办法由国务院财政部门规定。

3. 会计人员的工作交接

会计人员调动工作或者离职，必须与接管人员办清交接手续。一般会计人员办理交接手续，由会计机构负责人（会计主管人员）监交；会计机构负责人（会计主管人员）办理交接手续，由单位负责人监交，必要时主管单位可以派人会同监交。没有办清交接手续的，不得调动或离职。

案例分析 7—1　　出纳如此交接对吗?

公司出纳王玲因考上研究生申请离职，正在考取会计证的张兰被公司从采购部调入财务部担任出纳，因财务经理在外出差，公司安排一名会计负责监交工作。交接中途由于入学时间紧迫，王玲恳请领导先为其办理离职手续，待办完入学手续后再回单位继续交接工作。领导同意了王玲的请求。该公司的上述工作安排有哪些不妥之处?

分析：上述安排不妥之处有三：第一，从事会计工作的人员必须取得会计从业资格证书，张兰尚无会计从业资格，不能担任出纳。第二，一般会计人员办理交接手续，应由会计机构负责人（会计主管人员）监交，不能由其他会计人员代替。第三，未办清交接手续不得调动或离职。

第二节　会计核算与会计监督

会计核算与会计监督构成了会计的两大基本职能。为规范会计核算，加强会计监督，《会计法》对此做出了相关规定，以便提高会计工作质量，保证会计资料的真实与完整。

一、会计核算

会计核算是以货币为主要计量单位，对机关、事业单位、企业等单位的经济业务进行审核和计算的全过程，简单地说就是会计工作中的记账、算账和报账。我国《会计法》明确规定，各单位必须根据实际发生的经济业务事项进行会计核算，填制会计凭证，登记会计账簿，编制财务会计报告。任何单位不得以虚假的经济业务事项或者资料进行会计核算。

1. 会计核算的内容

会计核算的内容，是指应当进行会计核算的经济业务事项。主要包括以下几个方面：

（1）款项和有价证券的收付；

（2）财物的收发、增减和使用；

（3）债权、债务的发生和结算；

（4）资本、基金的增减；

（5）收入、支出、费用、成本的计算；

（6）财务成果的计算和处理；

（7）需要办理会计手续、进行会计核算的其他事项。

提示：一项经济业务是否进行会计核算关键看其是否发生资金或财物的增减变动。

课堂讨论

下列哪些业务需要进行会计核算？

1. 采购部签订一份 20 万元的材料采购合同。

2. 仓储部将购买的价值 20 万元的原材料验收入库。

3. 财务部按发票金额支付货款 20 万元。

2. 会计年度、记账本位币和文字使用

我国以公历制作为会计核算的时间分期。自公历 1 月 1 日起至 12 月 31 日止为一个会计年度。

会计核算以人民币为记账本位币，即进行会计核算时采用人民币计量。业务收支以人民币以外的货币为主的单位，可以选定其中一种货币作为记账本位币，但是编制财务会计报告应当折算为人民币。

会计记录的文字应当使用中文。在民族自治地方，会计记录可以同时使用当地通用的一种民族文字。在中华人民共和国境内的外商投资企业、外国企业和其他外国组织的会计记录可以同时使用一种外国文字。

课堂讨论

某外商独资企业为方便核算，平时采用美元和英文记账，到了期末再采用中文编制财务报表，并统一按照人民币进行折算。这一做法符合《会计法》的规定吗?

3. 会计资料的要求

会计资料，是在会计核算过程中形成的、记录和反映实际发生的经济业务事项的资料，包括会计凭证、会计账簿、财务会计报告和其他会计资料。在进行会计核算时，会计资料应做到合规，即必须符合国家统一的会计制度的规定。同时，会计资料还应做到真实。任何单位和个人不得伪造、变造会计凭证、会计账簿及其他会计资料，不得提供虚假的财务会计报告。这是《会计法》对会计资料的基本要求。

提示：伪造会计资料是“无中生有”，变造会计资料是“篡改事实”。

（1）对会计凭证的要求

会计凭证是会计核算中作为记账依据的凭证，包括原始凭证和记账凭证。发生的经济业务必须填制或者取得原始凭证并及时送交会计机构。

会计机构、会计人员必须按照国家统一的会计制度的规定对原始凭证进行审核，审核的原则为：对不真实、不合法的原始凭证有权不予接受，并向单位负责人报告；对记载不准确、不完整的原始凭证予以退回，并要求按照国家统一的会计制度的规定更正、补充。原始凭证记载的各项内容均不得涂改，如为金额错误，应由出具单位重开；如为其他错误，应当由出具单位重开或者更正，更正处应当加盖出具单位印章。

记账凭证应当根据经过审核的原始凭证及有关资料编制。

案例分析 7—2　　工作中遇到问题发票怎么办?

甲公司出纳员王某在审查原始凭证时，发现业务员李某提供的住宿费发票和张某提供的购货发票存在问题：李某的住宿费发票大小写金额不一致；张某提供的购买办公用品的发票经审查是伪造的发票。那么，王某应如何处理这些问题发票?

分析：在本案例中，王某发现李某提供的发票大小写不一致，若是人为涂改所致，则属于不合法的原始凭证，应不予接受，同时应向单位负责人报告；若为发票填写错误，则应退回，要求开票单位重开发票。对于张某提供的伪造的购买办公用品的发票，王某有权不予受理，并向单位负责人报告。

(2) 对会计账簿的要求

各单位发生的各项经济业务事项应当在依法设置的会计账簿上统一登记、核算，不得违反规定私设会计账簿。依法设置的会计账簿包括总账、明细账、日记账和其他辅助性账簿。

会计账簿登记，必须以经过审核的会计凭证为依据，并符合有关法律、行政法规和国家统一的会计制度的规定。登记账簿时应按页次顺序登记，若发生错误或者隔页、缺号、跳行，应当按照国家统一的会计制度规定的方法更正，并由会计人员和会计机构负责人（会计主管人员）在更正处盖章。

(3) 对会计处理方法的要求

各单位采用的会计处理方法，前后各期应当一致，不得随意变更；确有必要变更的，应当按照国家统一的会计制度的规定变更，并将变更的原因、情况及影响在财务会计报告中说明。

(4) 对财务报告的要求

财务会计报告应当根据经过审核的会计账簿记录和有关资料编制，并符合《会计法》和国家统一的会计制度的相关规定。财务会计报告由会计报表、会计报表附注和财务情况说明书组成。向不同的会计资料使用者提供的财务会计报告，其编制依据应当一致。财务会计报告须经注册会计师审计的，应将注册会计师及其所在的会计师事务所出具的审计报告随同财务会计报告一并提供。

财务会计报告应当由单位负责人和主管会计工作的负责人、会计机构负责人（会计主管人员）签名并盖章；设置总会计师的单位，还须由总会计师签名并盖章。单位负责人应当保证财务会计报告真实、完整。

课堂讨论

乙公司近日召开了董事会，董事长张斌在会上讲："财务会计报告专业性太强，我也看不懂，以前在财务报告上签字盖章，只是履行程序而已，意义不大。从今以后，公司对外报送的财务报告一律改由财务总监王维一人签字盖章后报出即可。"张斌的观点对吗？

(5) 对会计档案的要求

会计档案一般包括会计凭证、会计账簿、财务会计报告及其他会计资料等，它既是对一个单位经济活动的记录和反映，也是检查其是否遵守财经纪律的证据。各单位应对以上会计资料建立档案，并妥善保管，不得随意销毁。

4. 会计核算的禁止行为

《会计法》明确规定，公司、企业进行会计核算不得有以下造假行为：

（1）随意改变资产、负债、所有者权益的确认标准或者计量方法，虚列、多列、不列或者少列资产、负债、所有者权益；

（2）虚列或者隐瞒收入，推迟或者提前确认收入；

（3）随意改变费用、成本的确认标准或者计量方法，虚列、多列、不列或者少列费用、成本；

（4）随意调整利润的计算、分配方法，编造虚假利润或者隐瞒利润；

（5）违反国家统一的会计制度规定的其他行为。

二、会计监督

会计监督，是对各单位在办理会计事务过程中，执行国家法律、财务制度情况及生产经营活动实行的监督。我国的会计监督分为三个层次：单位内部监督、以财政部门为主体的政府监督和以注册会计师为主体的社会监督。

1. 单位内部监督

（1）单位内部监督的主体

《会计法》规定，各单位的会计机构、会计人员对本单位的经济活动进行监督。因此，单位内部会计监督的主体是各单位的会计机构和会计人员，单位内部会计监督的对象是单位的经济活动。

（2）单位内部监督的职责

会计机构和会计人员在内部会计监督中的职责是：①对违反《会计法》和国家统一的会计制度规定的会计事项，有权拒绝办理或者按照职权予以纠正。②发现会计账簿记录与实物、款项及有关资料不相符的，按照国家统一的会计制度的规定有权自行处理的，应当及时处理；无权处理的，应当立即向单位负责人报告，请求查明原因，做出处理。

单位负责人在内部会计监督中的职责是：①负责单位内部会计监督制度的组织实施，保证会计机构、会计人员依法履行职责；②不得授意、指使、强令会计机构、会计人员违法办理会计事项。其对本单位内部会计监督制度的建立及有效实施承担最终责任。

（3）单位内部监督的要求

各单位应当建立、健全本单位内部会计监督制度。单位内部会计监督制度应符合下列要求：

1）记账人员与经济业务事项和会计事项的审批人员、经办人员、财物保管人员的职责权限应当明确，并相互分离、相互制约；

2）重大对外投资、资产处置、资金调度和其他重要经济业务事项的决策和执行的相互监督、相互制约程序应当明确；

3）财产清查的范围、期限和组织程序应当明确；

4）对会计资料定期进行内部审计的办法和程序应当明确。

提示：内部监督是单位的自我监督和自我控制。

案例分析 7—3　　　甲公司的内部控制制度存在漏洞吗？

甲公司 2012 年制定了内部控制制度，其要点如下：

（1）为提高工作效率，公司的重大资产处置、对外投资和资金调度等事宜统一由总经理审批；

（2）为方便与供货方的合作，公司划拨给采购部门专项资金，由采购部门自行与供货商结算货款，记账核算。

该公司制定的内部控制制度存在漏洞吗？

分析：该内部控制制度存在漏洞，具体如下：要点（1）违反了"重大对外投资、资产处置、资金调度和其他重要经济业务事项的决策和执行应有明确的相互监督、相互制约程序"这一规定；要点（2）违反了"记账人员与经济业务事项和会计事项的审批人员、经办人员、财物保管人员的职责权限应当明确，并相互分离、相互制约"这一规定。

2. 政府监督

（1）政府监督的主体

对各单位会计工作行使监督权的政府部门以财政部门为主，审计、税务、人民银行、证券监管、保险监管等部门也可依照有关法律、行政法规规定的职责，对有关单位的会计资料实施监督检查。

（2）政府监督的职责

财政部门应对各单位的下列会计行为实施监督：

1）是否依法设置会计账簿；

2）会计凭证、会计账簿、财务会计报告和其他会计资料是否真实、完整；

3）会计核算是否符合《会计法》和国家统一的会计制度的规定；

4）从事会计工作的人员是否具备从业资格。

此外，财政部门还有权对会计师事务所出具审计报告的程序和内容进行监督。

提示：政府监督是对内部监督和社会监督的再监督，具有强制性和无偿性。

3. 社会监督

（1）社会监督的主体

会计工作的社会监督，主要是指由注册会计师及其所在的会计师事务所依法对受托单位的经济活动进行审计、鉴证的一种监督制度。此外，任何单位和个人有权检举违反《会计法》和国家统一的会计制度规定的行为。

(2) 社会监督的要求

有关法律、行政法规规定，须经注册会计师进行审计的单位，应当向受委托的会计师事务所如实提供会计凭证、会计账簿、财务会计报告和其他会计资料以及有关情况。任何单位或者个人不得以任何方式要求或者示意注册会计师及其所在的会计师事务所出具不实或者不当的审计报告。

提示：社会监督是对内部监督的再监督，具有独立性和有偿性。

课堂讨论

某企业结束内部审计，出具内部审计报告后，又请会计师事务所进行审计并出具了审计报告。一周后得知政府审计部门还要来企业审计，经理很不高兴："都成了三堂会审了！这不是加重企业负担吗？事务所审过了还不够吗？"请谈谈你的看法。

第三节 违反会计法的法律责任

一、不依法进行会计管理、核算和监督的法律责任

1. 违反会计管理、核算和监督的行为

(1) 不依法设置会计账簿的；

(2) 私设会计账簿的；

(3) 未按照规定填制、取得原始凭证或者填制、取得的原始凭证不符合规定的；

(4) 以未经审核的会计凭证为依据登记会计账簿或者登记会计账簿不符合规定的；

(5) 随意变更会计处理方法的；

(6) 向不同的会计资料使用者提供的财务会计报告编制依据不一致的；

(7) 未按照规定使用会计记录文字或者记账本位币的；

(8) 未按照规定保管会计资料，致使会计资料毁损、灭失的；

(9) 未按照规定建立并实施单位内部会计监督制度或者拒绝依法实施的监督或者不如实提供有关会计资料及有关情况的；

(10) 任用会计人员不符合《会计法》规定的。

2. 违反会计管理、核算和监督应承担的法律责任

对以上违法行为，由县级以上人民政府财政部门追究其行政责任：

(1) 责令限期改正。

(2) 对单位处以 3 000 元以上 5 万元以下的罚款；对其直接负责的主管人员和其他直接责任人员，可以处 2 000 元以上 2 万元以下的罚款。

（3）属于国家工作人员的，还应当由其所在单位或者有关单位依法给予行政处分。

（4）对情节严重的会计人员吊销会计从业资格证书。

另外，上述行为构成犯罪的，还应由司法部门依法追究其刑事责任。

二、伪造、变造、编制虚假会计资料的法律责任

单位或个人伪造、变造会计凭证、会计账簿，编制虚假财务会计报告，由县级以上财政部门追究其行政责任：①予以通报。②对单位并处 5 000 元以上 10 万元以下的罚款；对其直接负责的主管人员和其他直接责任人员，可以处 3 000 元以上 5 万元以下的罚款。③属于国家工作人员的，还应当由其所在单位或者有关单位依法给予撤职直至开除的行政处分。④对其中的会计人员吊销会计从业资格证书。

另外，情节严重构成犯罪的，依法追究其刑事责任。

三、隐匿或故意销毁依法应当保存的会计资料的法律责任

单位或个人隐匿或故意销毁依法应当保存的会计凭证、会计账簿，编制虚假财务会计报告，由县级以上财政部门追究其行政责任。

1. 予以通报。

2. 对单位并处 5 000 元以上 10 万元以下的罚款；对其直接负责的主管人员和其他直接责任人员，可以处 3 000 元以上 5 万元以下的罚款。

3. 属于国家工作人员的，还应当由其所在单位或者有关单位依法给予撤职直至开除的行政处分。

4. 对其中的会计人员吊销会计从业资格证书。

另外，情节严重构成犯罪的，依法追究其刑事责任。

四、授意、指使、强令会计机构、会计人员及其他人员伪造、变造、编制、隐匿、故意销毁会计资料法律责任

授意、指使、强令会计机构、会计人员及其他人员伪造、变造会计凭证、会计账簿，编制虚假财务会计报告或者隐匿、故意销毁依法应当保存的上述会计资料，可以处 5 000 元以上 5 万元以下的罚款；属于国家工作人员的，还应当由其所在单位或者有关单位依法给予降级、撤职、开除的行政处分。情节严重构成犯罪的，依法追究刑事责任。

五、单位负责人对会计人员进行打击报复的法律责任

单位负责人对依法履行职责、抵制违反《会计法》规定行为的会计人员以降级、撤职、调离工作岗位、解聘或者开除等方式实行打击报复的，由其所在单位或者有关单位依法给予行政处分。构成犯罪的，依法追究刑事责任；对受打击报复的会计人员，应当

恢复其名誉和原有职务、级别。

六、其他违反会计法的法律责任

财政部门及有关行政部门的工作人员在实施监督管理中滥用职权、玩忽职守、徇私舞弊或者泄露国家秘密、商业秘密，构成犯罪的，依法追究刑事责任；尚不构成犯罪的，依法给予行政处分。收到检举和负责处理的部门将检举人姓名和检举材料转给被检举单位和被检举人个人的，由所在单位或者有关单位依法给予行政处分。

违反会计法的行为及其应承担的法律责任，简要归纳见表 7—3。

表 7—3　　违反会计法的法律责任

行为表现	处罚形式	单位罚款	责任人罚款	国家工作人员	会计人员	构成犯罪的
违反会计管理、核算和监督规定	责令限期改正	3 000～50 000 元	2 000～20 000 元	行政处分	情节严重的吊销会计证	追究刑事责任
伪造、变造、编制虚假会计资料	通报	5 000～100 000 元	3 000～50 000 元	撤职开除	吊销会计证	追究刑事责任
隐匿或故意销毁会计资料	通报	5 000～100 000 元	3 000～50 000 元	撤职开除	吊销会计证	追究刑事责任
授意、指使、强令提供虚假会计资料			5 000～50 000 元	降级撤职开除		追究刑事责任
对会计人员进行打击报复	行政处分				恢复其名誉和原有职务、级别	追究刑事责任

案例分析 7—4　　他们应当承担哪些法律责任?

朱某打算成立一家速冻食品有限公司，但是限于资金紧张，托人办了一张 300 万元的假银行资金证明，虚报了注册资本，骗取了工商登记，并授意会计王某进行了虚假的会计处理。年中市里进行税务检查，查封了该公司的会计资料，朱某害怕事情败露，授意该公司出纳张某将查封的会计资料盗出，隐匿在自己家中，并指使出纳将部分会计凭证撕毁。

朱某、王某、张某的做法违反了《会计法》的哪些规定？分别应当承担哪些法律责任?

分析：本案例中，该公司以假银行资金证明，虚报注册资本，进行虚假会计处理的行为，属于伪造、变造会计凭证、会计账簿，编制虚假财务会计报告，应由县级以上财政部门对该公司予以通报；并处 5 000 元以上 10 万元以下的罚款；对负有责任的公司领导朱某可处以 3 000 元以上 5 万元以下的罚款；对会计王某可吊销其会计从业资格证书。

该公司出纳张某将查封的会计资料盗出后隐匿，并撕毁部分会计凭证的行为，属于隐匿或故意销毁依法应当保存的会计凭证、会计账簿，应由县级以上财政部门对该公司予以通报；并处5 000元以上10万元以下的罚款；对负有责任的公司领导朱某可处以3 000元以上5万元以下的罚款；对出纳张某可吊销其会计从业资格证书。

朱某授意会计王某进行虚假会计处理，授意和指使出纳张某隐匿销毁会计资料的行为，可处以5 000元以上5万元以下的罚款，情节严重构成犯罪的，可依法追究其刑事责任。

逻辑简图

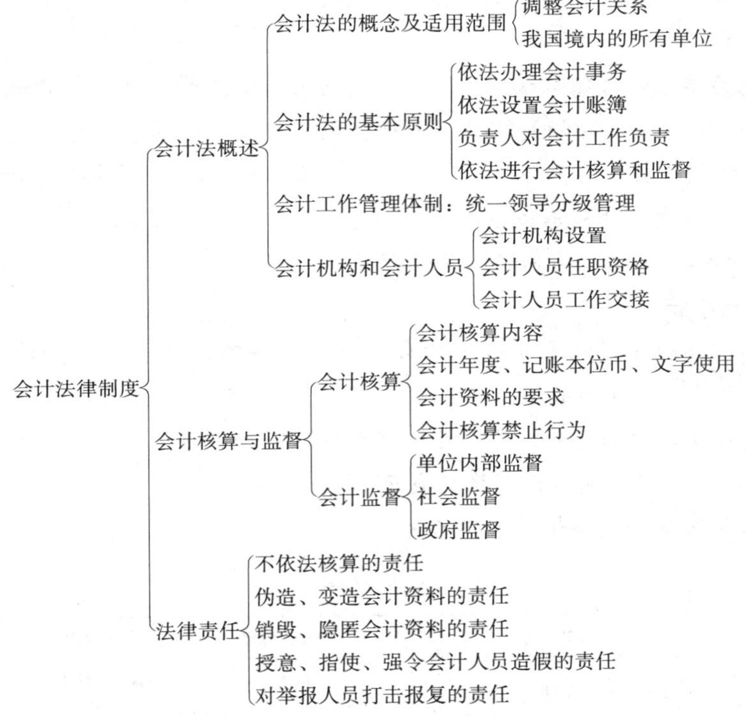

复习思考题

1. 什么是《会计法》?《会计法》的适用范围有哪些?
2. 《会计法》的基本原则有哪些?
3. 《会计法》对会计核算提出了哪些一般要求?
4. 简述会计人员工作交接的注意事项。
5. 什么是会计监督？会计监督包含哪些层次?
6. 简述伪造、变造、编制虚假会计资料应承担的法律责任有哪些?

实训活动方案

一、实训题目

我为“××公司内部财务管理制度”打分。

二、实训目标

通过各组对“××公司内部财务管理制度”进行分析评价，引导学生开展探究性学习，使学生能够对《会计法》关于会计核算、管理和监督的相关法律要求有更深入的理解和灵活的运用，以提高其运用所学知识解决实际问题的能力。

三、实训活动组织

1. 将学生分组，指定相应的小组负责人，并为学生提供“××公司内部财务管理制度”作为分析案例。

2. 以小组为单位，每组对选取的“××公司内部财务管理制度”开展讨论，逐条分析其是否符合《会计法》的相关规定。若符合规定，它体现了《会计法》的哪些具体要求；若不符合规定，它违反了《会计法》的哪些具体要求，应当如何进行修改。

3. 每组将所作案例分析形成报告，并为该公司“内部财务管理制度”打分，同时形成最终修改完善的“××公司内部财务管理制度”。

四、评价与小结

1. 教师组织各小组对此次活动进行自评→互评→教师综合评价→课代表汇总计分后，给每位学生评定活动总成绩。

2. 教师对此次活动做小结；学生分组完成的案例分析报告及“××公司内部财务管理制度”修改稿经教师批阅后进行张贴展示。

3. 学生参与活动情况评价表（供参考）。

活动评价表

<table>
<tr><td rowspan="2">项目
分值
姓名</td><td colspan="3">参与（40分）</td><td colspan="3">案例分析报告及财务管理制度修改稿（60分）</td></tr>
<tr><td>未参与（0分）</td><td>参与（11～25分）</td><td>积极参与（26～40分）</td><td>分析不到位，表述欠流畅，不具有可行性和专业性（1～20分）</td><td>分析较合理，表述较流畅，比较具有可行性和专业性（21～40分）</td><td>分析合理，表述流畅，具有可行性和专业性（41～60分）</td></tr>
<tr><td></td><td></td><td></td><td></td><td></td><td></td><td></td></tr>
<tr><td></td><td></td><td></td><td></td><td></td><td></td><td></td></tr>
</table>

第八章 金融法律制度

学习目标

- 了解我国金融机构体系的构成
- 掌握商业银行的概念及其设立的条件
- 理解商业银行经营管理原则
- 掌握票据的概念和法律特征以及票据法的有关法律规定
- 了解保险法律关系，掌握保险合同的主要内容

第一节 金融法律制度概述

一、金融概述

1. 金融的含义

金融，简单理解就是货币资金的融通，广义的金融泛指一切与货币流通、信用、资金运动有关的经济活动，如货币的发行、流通和回笼，存款的吸收和提取，贷款的发放与收回，银行同业拆借，国内外汇兑的往来，国内国际货币收付与结算，金银、外汇的买卖，信托投资，有价证券的发行和交易，保险等；狭义的金融是指信用货币的融通。在我国，金融与财政不仅是国家宏观调控的两种有效手段，也是筹集和分配资金的两条主要渠道。金融已成为现代经济的核心，应纳入法制轨道。当今的金融正往工具多样化、服务扩大化、体系多元化、全球一体化的方向迅速发展。

课堂讨论

到银行存取钱是不是金融活动？

2. 金融市场

金融市场是商品经济发展的产物，泛指所有资金供给与需求进行交易的场所。金融

市场是市场经济体系的动脉，是市场配置的高级形式。金融体系安全、高效、稳健的运行，对经济全局的稳定和发展至关重要。金融市场按不同的标准可以进行不同的分类，见表8—1。

表8—1　金融市场的分类

分类标准	内　容
按金融交易期限	短期金融市场：是指专门融通一年以下短期资金的场所
	长期金融市场：是指专门融通期限在一年以上的中长期资金的市场
按金融交易的交割方式	现货市场：是指随交易协议达成而立即交割的市场
	期货市场：是指交易协议虽已经达成，交割却要在某一特定时间进行的市场
	期权市场：是指交易双方按约定的价格，在约定的时间就是否买进或卖出某种证券而预先达成契约交易的市场
按金融交易的层次	发行市场（一级市场）：主要是指票据、股票、债券等有价证券的最初发行场所
	流通市场（二级市场）：主要是指有价证券流通转让的场所
按金融交易的业务内容	货币市场（短期金融市场）：分为银行同业拆借市场、商业票据市场、短期债券市场、可转让大额定期存单市场、短期信贷市场
	资本市场（长期金融市场）：分为中长期借贷市场和证券市场
	外汇市场：是指进行外汇交易所形成的场所
	黄金市场：是集中进行买卖黄金的场所

我国的金融市场结构有票据市场、债券市场、股票市场、外汇市场（主要是银行间外汇市场）、期货市场、黄金市场等。这些金融市场加快了资金的周转，更加方便了各个市场主体的投资、理财活动。随着市场经济的不断深入，我国的金融市场会进一步得到完善和发展，推动经济的向前发展。

3. 金融机构体系

金融机构体系是指从事金融活动的金融组织机构按照一定结构形成的有机整体。各国的金融机构体系一般包括银行金融机构和非银行金融机构两大类。其中，银行金融机构是金融机构体系中的主体，而商业银行又是银行金融机构的主体（见图8—1）。

4. 我国的金融机构体系

我国金融机构体系在经历了高度集中的金融机构体系、多元混合型金融机构体系、中央银行制度下的金融机构体系改革之后，已形成了一个以中央银行为核心，商业银行为主体，政策性银行、非银行金融机构、外资金融机构并存的多元化的金融体系。由于商业银行在以后章节有阐述，所以现对中央银行、政策性银行、非银行金融机构做一些简单阐述。

中央银行是指代表国家对金融活动进行监督管理，制定和执行货币政策的金融机构。它不以营利为目的，不经营普通银行业务，即不对一般企业单位和个人办理各种金融业务。

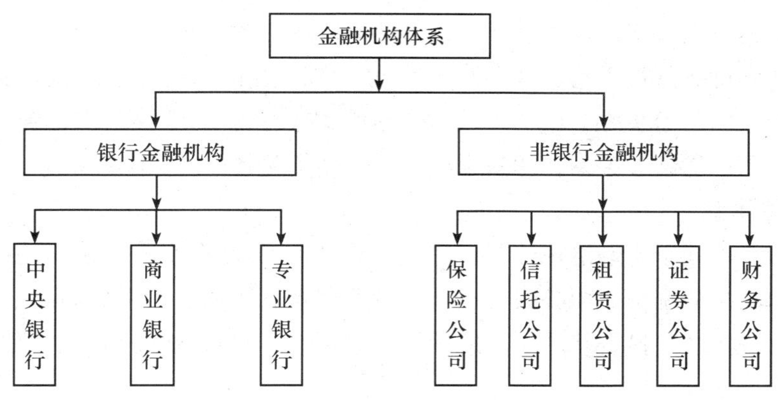

图 8—1　金融机构结构图

我国的中央银行是中国人民银行，是发行的银行，银行的银行，政府的银行，金融调控和金融监管的银行。随着中央银行职能的不断转变，中国人民银行主要负责金融监控职能，现在是由中国银监会履行监督管理职责，由银监会统一监督管理银行、金融资产管理公司、信托投资公司及其他存款类金融机构，维护银行业的合法、稳健运行。但中央银行仍保留了对银行业同业拆借市场、银行间债券市场、银行间外汇市场和黄金市场等进行监督管理的职能。

政策性银行是由政府投资创办的，以贯彻国家产业政策、区域发展政策为目的，不以营利为目的的金融机构。现阶段我国的政策性银行有国家开发银行、中国进出口银行、中国农业发展银行。政策性银行与中央银行、商业银行的区别见表 8—2。

表 8—2　　政策性银行与中央银行、商业银行的区别

政策性银行与中央银行的区别	中央银行是全国金融体系的领导和管理机构，是负责全国金融宏观调控的国家机关；而政策性银行则是按政府意图对某一领域或某一行业实施扶持性融资的经营实体，绝非全国性的宏观调控机构
政策性银行与商业银行的区别	政策性银行是不以营利为目的的；而商业银行是以营利为目的的

非银行金融机构是以某种特殊方式吸收资金，并以某种特殊方式运用其资金，且从中获取利润的金融机构。如保险公司、信托投资公司、证券机构、金融资产管理公司等。

课堂讨论

商业银行与非银行金融机构有什么区别？

二、金融法概述

1. 金融法的概念

所谓金融法，是调整金融调控关系、金融监管关系和金融交易关系的各种法律规范的总称。金融关系主要包括以下几方面：①中央政府通过中央银行对整个金融业的宏观调控关系；②银行业监管机构、证券监管机构、保险监管机构分别对银行业及信托业、证券业、保险业的监督关系；③存款关系；④贷款关系；⑤结算关系，包括票据关系；⑥金融信托关系；⑦证券关系；⑧基金关系；⑨期货关系；⑩保险关系等。

2. 金融法体系

金融法体系不同于金融法律体系，它是一个比较庞大的关于金融的法律规范体系。这些金融法律法规分别组成中央银行法、银行业监督管理法、商业银行法、政策性银行法、信托法、证券法、投资基金法、期货法、票据法、货币法、外币法、保险法等。见表 8—3。

表 8—3　我国相关的金融法律法规

名称	相关事项
《中华人民共和国中国人民银行法》	于 1995 年 3 月 18 日第八届全国人大第三次会议审议通过了《中华人民共和国中国人民银行法》。并于 2003 年 12 月 27 日第十届全国人民代表大会常务委员会第六次会议进行修订。主要是为了确立中国人民银行的地位，明确其职责，保证国家货币政策的正确制定和执行，建立和完善中央银行宏观调控体系，维护金融稳定
《中华人民共和国商业银行法》	于 1995 年 5 月 10 日第八届人大常委会第十三次会议审议通过，自 1995 年 7 月 1 日起施行。并于 2003 年 12 月 27 日第十届全国人民代表大会常务委员会第六次会议进行修订。主要是为了保护商业银行、存款人和其他客户的合法权益，规范商业银行的行为，提高信贷资产质量，加强监督管理，保障商业银行的稳健运行，维护金融秩序，促进社会主义市场经济的发展
《中华人民共和国保险法》	于 1995 年 6 月 30 日第八届全国人民代表大会常务委员会第十四次会议通过，同年 10 月 1 日起正式实施，这是新中国成立以来的第一部保险基本法。并于 2002 年 10 月 28 日第九届全国人民代表大会常务委员会第三十次会议进行第一次修订，2014 年 8 月 31 日第十二届全国人民代表大会常务委员会第十次会议进行第二次修订。主要是为了规范保险活动，保护保险活动当事人的合法权益，加强对保险业的监督管理，促进保险事业的健康发展
《中华人民共和国票据法》	于 1995 年 5 月 10 日第八届全国人民代表大会常务委员会第十三次会议通过，并于 2004 年 8 月 28 日第十届全国人民代表大会常务委员会第十一次会议进行修订。主要是为了规范票据行为，保障票据活动中当事人的合法权益，维护社会经济秩序，促进社会主义市场经济的发展
《中华人民共和国证券法》	于 1998 年 12 月 29 日第九届全国人民代表大会常务委员会第六次会议通过，并于 2004 年 8 月 28 日第十届全国人民代表大会常务委员会第十一次会议进行第一次修订，2005 年 10 月 27 日第十届全国人民代表大会常务委员会第十八次会议进行第二次修订，2014 年 8 月 31 日第十二届全国人民代表大会常务委员会第十次会议进行第三次修订。主要是为了规范证券发行和交易行为，保护投资者的合法权益，维护社会经济秩序和社会公共利益，促进社会主义市场经济的发展

本章主要对我国的商业银行法、票据法、保险法进行阐述。

第二节　商业银行法律制度

一、商业银行法律制度概述

1. 商业银行法概述

为了保护商业银行、存款人和其他客户的合法权益，规范商业银行的行为，提高信贷资产质量，加强监督管理，保障商业银行的稳健运行，维护金融秩序，促进社会主义市场经济的发展，于1995年5月10日第八届全国人民代表大会常务委员会第十三次会议通过了《中华人民共和国商业银行法》（以下简称《商业银行法》），自1995年7月1日起施行。2003年12月27日第十届全国人民代表大会常务委员会第六次会议进行修订。

2. 商业银行概述

商业银行的定义包括以下要点：第一，商业银行是一个信用授受的中介机构；第二，商业银行是以获取利润为目的的企业；第三，商业银行是唯一能提供“银行货币”（活期存款）的金融组织。

根据《商业银行法》和《公司法》规定，我国对商业银行做如下界定：我国的商业银行是指依照《商业银行法》和《公司法》设立的吸收公众存款、发放贷款、办理结算等业务的企业法人。商业银行依法开展业务，不受任何单位和个人的干涉，以其全部法人财产独立承担民事责任。

3. 商业银行特征

商业银行遵循平等、自愿、公平和诚实信用的原则与客户进行业务往来，依法接受国务院银行业监督管理机构的监督管理。但是，商业银行的分支机构必须在总行授权范围内依法开展业务，其民事责任由总行承担。总行要经常地对分支机构进行检查和监督。

商业银行与一般工商企业的比较见表8—4。

表8—4　　商业银行与一般工商企业比较

类型	相同点	不同点
商业银行	都是以营利为目的的企业，都具有从事业务经营所需要的自有资本，依法经营，照章纳税，自负盈亏的特点	商业银行是以金融资产和金融负债为经营对象，经营的是特殊商品——货币和货币资本。经营内容包括货币收付、借贷以及各种与货币运动有关的或者与之相联系的金融服务
一般工商企业		工商企业经营的是具有一定使用价值的商品，从事商品生产和流通

知识链接　　中外商业银行的称谓

美国称商业银行为国民银行，英国称存款银行，法国称信贷机构银行或存款银行，德国称信贷机构或信用机构，日本称普通银行。我国原称专业银行，现称商业银行。

二、商业银行设立的条件

1. 有符合《商业银行法》和《公司法》规定的章程。

2. 符合法律规定的注册资本最低限额。设立全国性商业银行的注册资本最低限额为10亿元人民币，城市商业银行最低限额为1亿元人民币，农村商业银行最低限额为5 000万元人民币。注册资本应当为实缴资本。国务院银行业监督管理机构可以调整注册资本最低限额，但不得少于上述规定的限额。

3. 有具备广泛专业知识和业务工作经验的董事、高级管理人员。有下列情形之一的，不得担任商业银行的高级管理人员：因犯有贪污、贿赂、侵占财产、挪用财产罪或者破坏社会经济秩序罪，被判处刑罚，或者因犯罪被剥夺政治权利的；担任因经营不善破产清算的公司、企业的董事或者厂长、经理，并对该公司、企业的破产负有个人责任的；担任因违法被吊销营业执照的公司、企业的法定代表人，并负有个人责任的；个人所负数额较大的债务到期未清偿的。

4. 有健全的组织机构和管理制度。商业银行可采用有限责任公司或股份有限公司的组织形式，目前存在国有独资商业银行的组织形式、国家资本控股的股份有限公司的组织形式、公有制法人持股为主的有限责任公司的组织形式三种。商业银行的组织机构包括股东（大）会、董事会、监事会等。任何单位和个人购买商业银行股份总额5%以上的，应当事先经国务院银行业监督管理机构批准。

5. 有符合要求的营业场所、安全防范措施和与业务有关的其他设施，还应具备审慎性原则。

商业银行在中国境内设立分支机构的，应按规定拨付与其经营规模相适应的营运资金。拨付各分支机构营运金额的总和，不得超过总行资本金总额的60%。设立商业银行，还应当符合其他审慎性条件。

知识链接　　中国的五大国有银行

中国五大国有银行：中国工商银行、中国农业银行、中国银行、中国建设银行、中国邮政储蓄银行。

三、商业银行的经营原则

目前，各国商业银行已普遍认同了经营管理中所必须遵循的安全性、流动性和盈利性“三性”原则。我国也在《商业银行法》中明确规定了商业银行“安全性、流动性、效益性”的经营原则。

1. 安全性

安全性是指商业银行应努力避免各种不确定因素对它的影响，保证商业银行的稳健经营发展。这是由商业银行经营的对象是货币所决定的。

2. 流动性

流动性是指商业银行能够随时满足客户提存和必要的贷款需求的支付能力。

商业银行是典型的负债经营，资金来源的主体部分是客户的存款和借入款。存款是以能够按时提取和随时对客户开出支票支付为前提的，借入款是要按期归还或随时兑付的资金来源流动性这一属性，决定了资金运用方即资产必须保持相应的流动性。

3. 效益性

商业银行作为一个金融企业法人，从微观层面上讲，在经营业务的过程中，必须以获取最大限度的利润为目标。从宏观层面上讲，其开展业务还应考虑国民经济和社会发展的需要，接受国家产业政策的指导。

商业银行经营的三大原则是相互矛盾、相互统一的。银行在其经营过程中，经常面临两难选择。对此，只能依据具体情况，统一协调，形成三者的理想组合。

除此之外，《商业银行法》还规定了商业银行与客户业务的往来应遵循平等、自愿、公平和诚实信用的原则。

四、商业银行的业务

我国商业银行的业务主要有负债业务、资产业务和中间业务，具体见表8—5。

表8—5　**商业银行的业务**

类　别	细　分
负债业务	自有资本金业务、存款业务、借款业务
资产业务	现金资产业务、贷款业务、投资业务、票据贴现业务
中间业务	结算、信托、租赁、代理、银行卡、理财、网上银行、其他中间业务等

吸收存款是商业银行负债业务中最重要的业务，也是商业银行营运资金的主要来源。存款分为单位存款、储蓄存款和其他存款。

知识链接　**储户的权利**

我国《商业银行法》及《储蓄管理条例》中均规定了存款自愿、取款自由、存款有息、为存款人保密的原则。

贷款业务是商业银行将其所吸收的资金，按一定的利率贷给客户并约定归还的业务，是商业银行最重要的资产业务和收益的主要来源。投资是商业银行购买有价证券的业务活动，它是商业银行一项重要的资产业务。按照我国《商业银行法》的规定，商业银行的证券投资仅限于信用可靠，安全性、流动性强的政府债券（如国库券），禁止从事企业债券、股票、金融债券投资。

案例分析 8—1　　银行行为合法吗？

A 商业银行于 2012 年 11 月期间，用资金 100 万元购买 B 企业发行的债券，此银行的行为是否符合法律的规定？

分析：我国《商业银行法》中规定，商业银行在境内不得向企业投资。所以，此银行的行为不符合法律规定，应受到相应的制裁。

五、违反商业银行法的法律责任

违反《商业银行法》的法律责任见表 8—6。

表 8—6　　违反商业银行法的法律责任

责任类型	具体内容
民事责任	商业银行对存款人或者其他客户造成损失的，应当承担支付迟延履行的利息以及其他民事责任。商业银行工作人员违法发放贷款或者提供担保造成损失的，应当依法承担全部或者部分赔偿责任
行政责任	对商业银行的违法行为，由中国人民银行和国务院银行业监督管理机构按其职权划分责令纠正；有违法所得的，没收违法所得，并处以违法所得一定比例的罚款；没有违法所得的，处以一定数额的罚款；还可以依法责令停业整顿或者吊销其经营许可证。对商业银行违法行为负有直接责任的主管人员和其他直接责任人员，应当给予行政处分
刑事责任	凡构成犯罪的，必须依法追究刑事责任

第三节　票据法律制度

一、票据法律制度概述

1. 票据的概念

我国票据法所规定的票据，就是指出票人依法签发的，约定自己或委托付款人在见票时或指定的日期向收款人或持票人无条件支付一定金额并可转让的有价证券。包括汇票、本票和支票。

票据具有以下特性：

（1）票据是有价证券，出票人必须依照法律规定的要求签发相关票据，否则不受法律的保护。

（2）票据是要式证券，各国的票据法都要求对票据的形式和内容保持标准化和规范化。

（3）票据是无因证券，票据的持票人只要向付款人提示票据，付款人即应无条件向持票人或收款人支付票据金额。持票人行使票据权利，可以不问票据取得的原因是否有效或有瑕疵。

（4）票据是流通证券，除了票据本身的限制外，票据是可以凭背书和交付而转让。我国《票据法》规定的票据均为记名票据，故其必须通过背书的方式进行转让。

2. 票据法的概念

票据法是指规定票据的种类、形式、内容以及各当事人之间权利义务关系的总称。有广义和狭义之分。广义上的票据法是各种法律中有关票据规定的总称；狭义上的票据法则仅是指票据的专门立法，即可称为票据法的法律及其有关实施性规定。

3. 我国票据立法概况

新中国成立以后由于我国长期实施计划经济体制，一切信用集中于银行，缺少票据实践的条件，因此票据立法也几乎处于空白状态。

党的十一届三中全会以来，随着我国经济、金融体制的不断改革，社会主义市场经济体制的逐步建立，票据的使用也得到了较大的发展，见表8—7。

表8—7　　票据法的由来

年份	内　容
1988	1988年6月上海市人民政府发布了《上海市票据暂行规定》
1988	1988年12月中国人民银行颁布了《银行结算办法》
1993	1993年5月中国人民银行发布了《商业汇票办法》等
1995	1995年5月10日正式通过《中华人民共和国票据法》（以下简称《票据法》），于1996年1月1日起施行
1997	《票据法》出台之后，中国人民银行组织制定了《票据管理实施办法》和《支付结算办法》等有关票据方面的实施办法及配套规定
2000	最高人民法院于2000年11月14日公布了《最高人民法院关于审理票据纠纷案件若干问题的规定》
2004	2004年8月28日第十届全国人民代表大会常务委员会第十一次会议对《中华人民共和国票据法》进行了修订

从此，我国已初步建立起一套适应社会主义市场经济发展需要的票据法律体系。

4. 票据法律关系

（1）票据法律关系的概念

票据法律关系是指票据当事人之间在票据的签发和转让等过程中发生的权利义务关系。

（2）票据法律关系要素

票据法律关系与其他民事法律关系一样，由主体（即当事人）、内容和客体三大要素所构成。

票据法律关系的主体即是指票据法律关系的当事人。由于票据的种类不同，当事人的构成不尽相同，票据行为的性质不同，当事人的称谓也有区别，总括而言，该当事人有出票人、持票人、承兑人、付款人、受款人、背书人、被背书人、保证人等。

课堂讨论

小王从鹏程公司取得一张金额为10万元的转账支票，那么，小王在票据法律关系中属于哪一主体？

票据法律关系的内容是指票据法律关系的主体依法所享有的权利和承担的义务。权利和义务是票据法律关系的实质所在。权利是指票据法律关系的当事人依照票据法或票据行为可以为一定行为或要求他人为一定行为。义务是指票据法律关系的当事人依照票据法或票据行为必须进行或不进行一定的行为。

票据法律关系的客体是指票据法律关系的权利和义务所指向的对象。该对象也称标的。这是权利义务的载体，否则权利义务即无所依归。鉴于票据法律关系是因支付或清偿一定的金钱而发生的法律关系，因此，其客体只能是一定数额的金钱，而不是某种物品。

5. 票据行为

（1）票据行为的概念

票据行为是指票据关系的当事人之间以发生、变更或终止票据关系为目的而进行的法律行为。可以从以下几个方面来理解此概念：①票据行为是在票据当事人之间进行的行为。②票据行为是以设立、变更或终止票据关系为目的的行为。③票据行为是一种合法行为。

（2）票据行为成立的有效条件

1）行为人必须具有从事票据行为的能力；

2）行为人的意思表示必须真实或无缺陷；

3）票据行为的内容必须符合法律、法规的规定；

4）票据行为必须符合法定形式。

（3）票据行为的种类

票据行为包括：出票、背书、承兑、保证。

1）出票。出票是按法定形式制作成票据交付给收款人的行为，票据上的一切权利义务均因出票而产生。出票行为包括两个内容：做成票据并在票据上签字；将票据交付给收款人。只有制作并交付了票据，才算完成了出票行为。

票据是要式证券，出票人只有将法定内容记载于票据上，才能产生票据的效力；缺少法定内容的票据，如出票人姓名、收款人姓名、票据金额、付款时间、付款地点、出票时间、出票地点及出票人签名等绝对应记事项之一的，即使已经完成了交付行为，也不能认为票据有效。

2）背书。票据的流通就是以背书方式转移票据，背面批注签章，将票据权利授予给他人的行为。背书也包括两方面内容，即在票据后面背书和将已背书的票据交付给被背书人。背书行为可以分为转让背书和非转让背书，一般在无特别说明时，背书都指转让背书。因转让背书行为，背书人对票据的债务承担连带的责任，被背书人接替背书人成为新的持票人，取得票据债权。

3）承兑。票据承兑行为是指汇票的付款人同意承担支付汇票所载金额的义务，在票面上做出表示承认付款的文字记载及签章的行为。也可以说，是汇票付款人承诺负担票据债务的行为。汇票到期前，持票人应向付款人提示票据，要求承兑；付款人同意到期付款，在票据注明“承兑”并签章，承兑票据行为即告完成。

承兑的作用主要是确定付款人对汇票的付款责任。付款人未承兑以前，对汇票不负任何责任；一旦承兑，付款人就成为汇票的主债务人，对汇票的到期付款负绝对责任。因此，通常情况下持票人都应主动、及时地进行承兑提示，这样一方面可以及早地得知付款人是否加入票据关系，以便在付款人拒绝承兑时，及时行使追索权，保障自己的权利；另一方面在付款人承兑后，可以提高票据的信用，增强其流通性。

4）保证。保证行为是票据保证人发生保证债务的行为，即票据债务人以外的第三人担保票据债务履行的行为。票据的债务人包括出票人、背书人和承兑人，都可成为被保证的对象，保证使保证人与被保证人之间产生票据法律关系。

保证人的责任以被保证人的责任为限，因此被保证人不同，保证人的责任也不同。保证行为在当今市场经济条件下，是经常发生的。

票据在流转过程中，首先要取得票据，再由持票人经过背书转让，交由付款人承兑，有时候还会有保证人的出现，到期由付款人付款，至此票据的债权债务关系消灭。

案例分析 8—2　　　　　　　　谁的行为有效？

2012 年 7 月间，某银行 A 市分行某办事处办公室主任李某与其妻弟密谋后，利用工作上的便利，盗用该银行已于 1 年前公告作废的旧业务印鉴和银行现行票据格式凭证，签署了金额为人民币 100 万元的银行承兑汇票一张，出票人和付款人及承兑人记载为该办事处，汇票到期日为同年 12 月底，收款人为某省建筑公司，该建筑公司系李某妻弟所承包经营的企业。李某将签署的汇票交给了该公司后，该公司请求某外贸公司在票据上签署了保证，之后持票向某城市合作银行申请贴现。该城市合作银行扣除利息和手续费后，把贴现款 96 万元支付给了该建筑公司。汇票到期，该城市合作银行向某银行 A 市分行某办事处提示付款遭拒绝。

请问：本案中有哪些票据行为？其效力如何？为什么？

分析：①李某的出票和承兑行为。由于李某的出票和承兑行为属伪造，行为本身无效。②某外贸公司的票据保证行为，该行为有效。③建筑公司的贴现行为（背书转让），该行为有效。虽然该公司（代表人）恶意取得票据，不得享有票据权利，但其背书签章真实，符合形式要件，且有行为能力，故有效。

二、汇票

1. 汇票的概念

汇票是出票人签发的、委托付款人在见票时或者在指定日期无条件支付确定的金额给收款人或者持票人的票据。汇票有三个基本当事人，即出票人、付款人和收款人。但随着汇票的背书转让，被背书人、保证人等也成为汇票上的当事人。

2. 汇票的种类

我国《票据法》将汇票分为银行汇票和商业汇票。所谓银行汇票是指银行签发的汇票；而商业汇票是指银行以外的企事业单位、机关、团体等签发的汇票，商业汇票适用于有购销合同的商品交易，按其承兑人不同，可分为商业承兑汇票和银行承兑汇票。所谓商业承兑汇票是指收款人或付款人签发商业承兑汇票，付款人（购货方）承兑并到期付款的一种结算方式。而银行承兑汇票是指由收款人或付款人签发银行承兑汇票，并由付款人向开户银行申请，经银行审查同意承兑的一种结算方式。银行汇票适用于异地，而商业汇票同城、异地均可使用。

3. 汇票上必须记载的事项

汇票上必须记载的事项包括以下几个方面：①标明“汇票”的字样；②无条件支付的委托；③确定的金额；④付款人名称；⑤收款人名称；⑥出票日期；⑦出票人签章。

三、本票

1. 本票的概念

本票是出票人签发的，承诺自己在见票时无条件支付确定的金额给收款人或者持票人的票据。其当事人有两个，即出票人和收款人，在出票人之外不存在独立的付款人，这与汇票是不同的。我国《票据法》规定的本票，是指银行本票。

2. 本票的种类

依据不同的标准，本票可以分为记名式本票、指定式本票和不记名本票；远期本票和即期本票；银行本票和商业本票等。银行本票是银行签发的，承诺自己在见票时无条件支付确定的金额给收款人或者持票人的票据。单位和个人在同一地区需要支付各种款项，均可以使用银行本票。银行本票分为定额本票和不定额本票。

知识链接 **本 票**

我国《票据法》规定的本票是银行本票，包括定额银行本票和不定额银行本票。定额银行本票面额为 1 000 元、5 000 元、10 000 元和 50 000 元。

根据《票据法》规定，银行本票是见票付款的票据。《票据法》第 78 条规定：“本票自出票日起，付款期限最长不得超过二个月。”

3. 本票上必须记载的事项

本票上必须记载的事项包括以下几个方面：①标明“本票”字样；②无条件支付的承诺；③确定的金额；④收款人名称；⑤出票日期。

四、支票

1. 支票的概念

支票指的是支票出票人委托银行或者其他金融机构见票时无条件支付一定金额给收款人或者持票人的票据。支票的基本当事人有三个：出票人、付款人和收款人。与汇票相同，与本票不同。

2. 支票的种类

我国《票据法》按照支付票款方式，将支票分为普通支票、现金支票和转账支票。

（1）普通支票

该种支票未印有“现金”或“转账”字样，其既可以用来支取现金，也可用来转账。支票左上角画有两条平行线的普通支票只能用于转账，不得提取现金。

（2）现金支票

现金支票只能支取现金。

（3）转账支票

转账支票只能用于转账，不得支取现金。

3. 支票上必须记载的事项

支票上必须记载的事项包括以下几个方面：①标明“支票”字样；②无条件支付的委托；③确定的金额；④付款人名称；⑤出票日期；⑥出票人签章。

4. 对签发空头支票行为实施的行政处罚

出票人签发的支票金额超过其付款时在付款人处实有的存款金额，在法律上，该支票成为空头支票。依据《中华人民共和国行政处罚法》《票据管理实施办法》的有关规定，由中国人民银行及其分支机构实施对签发空头支票出票人的行政处罚。对于签发空头支票或者签发与其预留的签章不符的支票，不以骗取财物为目的的，由中国人民银行处以票面金额5%但不低于1 000元的罚款。

案例分析 8—3　　乙公司持有的支票是不是空头支票？

甲公司在银行的支票存款共有100万元人民币，该公司签发了一张为200万元的转账支票给乙公司。之后甲公司再没有向开户银行存款。那么，乙公司持有的支票是不是空头支票？甲公司应对空头支票的持票人负什么责任？

分析：乙公司持有的是空头支票，因为甲公司签发的支票超过其付款时在开户银行的存款金额。甲公司应对持票人承担付款责任，此外，乙公司有权要求甲公司赔偿支票金额2%的赔偿金，另中国人民银行对甲公司处以票面金额5%但不低于1 000元的罚款。

五、违反票据法的法律责任

1. 持票人的法律责任

根据《票据法》的规定，有下列票据欺诈行为之一的，依法追究刑事责任：

(1) 伪造、变造票据的;

(2) 故意使用伪造、变造的票据的;

(3) 签发空头支票或者故意签发与其预留的本名签名式样或者印鉴不符的支票,骗取财物的;

(4) 签发无可靠资金来源的汇票、本票,骗取资金的;

(5) 汇票、本票的出票人在出票时做虚假记载,骗取财物的;

(6) 冒用他人的票据,或者故意使用过期或者作废的票据,骗取财物的;

(7) 付款人同出票人、持票人恶意串通,实施前六项所列行为之一的。

有前条所列行为之一,情节轻微,不构成犯罪的,依照国家有关规定给予行政处罚。

2. 金融机构工作人员的法律责任

金融机构工作人员在票据业务中玩忽职守,对违反《票据法》规定的票据予以承兑、付款或者保证的,给予处分;造成重大损失,构成犯罪的,依法追究刑事责任。

由于金融机构工作人员因前款行为给当事人造成损失的,由该金融机构和直接责任人员依法承担赔偿责任。

3. 付款人的法律责任

票据的付款人对见票即付或者到期的票据,故意压票,拖延支付的,由金融行政管理部门处以罚款,对直接责任人员给予处分。

票据的付款人故意压票,拖延支付,给持票人造成损失的,依法承担赔偿责任。

第四节　保险法律制度

一、保险法律制度概述

保险法是调整保险关系的法律规范的总称。1995 年 6 月 30 日第八届全国人大常委会第十四次会议通过了我国第一部完备的保险基本法——《中华人民共和国保险法》(以下简称《保险法》),该法自 1995 年 10 月 1 日起施行。2002 年 10 月 28 日第九届全国人大常委会第三十次会议修订通过了新的《保险法》,2003 年 1 月 1 日起施行。2009 年 2 月 28 日第十一届全国人大常委会第七次会议对新的《保险法》进行第一次修订,2014 年 8 月 31 日第十二届全国人民代表大会常务委员会第十次会议进行第二次修订,修改内容主要是为了适应中国保险市场发展变化的需要。

二、保险的概念及分类

1. 保险的概念

根据我国《保险法》的规定,保险是指投保人根据合同约定,向保险人支付保险费，保险人对于合同约定的可能发生的事故因其发生所造成的财产损失承担赔偿保险金责任，或者当被保险人死亡、伤残、疾病或者达到合同约定的年龄、期限时承担给付保险金责任的商业保险行为。

从法律角度来看，保险是一种民事法律关系。根据合同约定，一方承担支付保险费义务，换取另一方为其提供的经济补偿或给付的权利，这正是体现了民事法律关系的内容——主体之间的权利和义务关系。

从经济角度来看，保险是一种集合大量同质风险单位以分摊损失的一种经济制度。“人人为我，我为人人”正是对这种经济互助关系的阐释。

从风险管理的角度来看，保险是一种风险转移机制。通过这一机制，众多投保人结合在一起，建立保险基金，共同对付保险事故。从这个角度上讲，保险对整个社会起着“稳定器”的作用。

2. 保险的分类

（1）根据保险设立是否以营利为目的划分，保险可分为商业保险和社会保险。社会保险是指国家基于社会保障政策的需要，不以营利为目的而举办的一种福利保险。如我国《社会保险法》规定，国家建立基本养老保险、工伤保险、失业保险、生育保险等社会保险制度，保障公民在年老、疾病、工伤、失业、生育等情况下依法从国家和社会获得物质帮助的权利。商业保险是指社会保险以外的普通保险，是以营利为目的的，其费用主要来源于投保人缴纳的保险费。我国《保险法》明确规定保险是一种商业保险行为。

（2）根据保险标的不同可分为财产保险与人身保险。财产保险是以财产及其有关利益为保险标的的保险，包括家庭财产保险、企业财产保险、机动车辆保险、保证保险、责任保险和信用保险等。人身保险是以人的寿命和身体为保险标的的保险，包括人身意外伤害保险、健康保险和人寿保险等。

知识链接　　**意外伤害保险与健康保险**

意外伤害保险是指被保险人在保险期内，因遭受外来的、突然的意外事故，导致其身体蒙受伤害而造成伤残、死亡、支出医疗费、暂时丧失劳动能力时，保险人按照合同规定给付保险金的保险。

健康保险是以人的身体为保险对象，以被保险人在保险期限内因患病、生育所导致医疗费用支出和工作能力丧失、收入减少，以及因疾病、生育致残和死亡为保险事故的保险。

三、保险法律关系

保险法律关系是指保险当事人基于保险合同所产生的权利义务关系，其由保险主体、保险客体与保险内容构成。

1. 保险主体

保险主体是保险关系确立的参与者。其中参与订约的是保险人与投保人，是保险交易的当事人；而被保险人和受益人则是保险关系保障的权益人。

(1) 保险人

保险人是指经营保险业务收取保险费，在保险事故发生时对被保险人承担赔偿损失或给付保险金义务的人。

(2) 投保人

投保人是指向保险人申请订立保险合同，并负有交付保险费义务的人。

(3) 被保险人

被保险人是指当保险事故发生后有权按照保险合同的规定，向保险人请求赔偿或领取保险金的人。

(4) 受益人

受益人是指在保险合同中由被保险人或投保人指定，在被保险人死亡后有权领取保险金的人。

(5) 保险经纪人

保险经纪人是指专门替保险人招揽业务或代投保人办理保险事项的以赚取佣金为目的的中间人。在发达国家，绝大多数保险业务均通过经纪人办理。随着保险业务的不断扩大，诸如保险代理人和保险公证人也开始出现。

案例分析 8—4　　这份保险的法律关系主体有哪些?

梁先生在A保险公司为其母亲购买了一份人寿保险，每年保险金为1 500元，最高保险金额为60 000元，梁先生征得母亲同意后，指定将来母亲去世时60 000元保险金给其弟弟，其弟生活不能自理。保险公司的业务员李小姐为其介绍和办理了一切手续，服务热情周到，梁先生非常感谢。

请问：上述案例的保险主体是哪些人?

分析：保险交易的当事人是A保险公司和梁先生；权益人是梁先生的母亲和弟弟；保险经纪人是李小姐。所以，案例中的保险主体有A保险公司、梁先生、梁先生的母亲、梁先生的弟弟、李小姐。

2. 保险客体

保险客体是保险合同当事人权利与义务关系所指向的对象，一般称为保险标的。保险标的是保险双方权利与义务关系的基础。如财产保险是以财产及有关利益作为保险标的的；责任保险是以被保险人应对第三者承担的赔偿责任作为保险标的的；人身保险则是以人的生命和身体机能作为保险标的的。

3. 保险内容

保险内容是指保险主体之间由法律认定，并保证其实施的权利和义务。主要包括保险合同中明确规定的保险责任、保险期限、保险金额和保险费等方面。它是双方权利义务的具体化，通常由双方当事人依法约定，并以条文形式来表达，简单来说就是保险合同的条款和形式。

案例分析 8—5　　　　保险理赔吴某获得了什么?

2012 年 1 月 17 日晚 8 时左右，某中专学校的学生吴某由市内返回学校，突然一辆轿车从后面将他撞倒了，当即便被人送往医院抢救。经当地的交通管理部门裁决，此次事故是由于轿车刹车系统出了故障而导致的，车主负有全部责任。吴某住院期间的医疗费共计 4 500 元，车主全部承担了，吴某由于被撞还落下轻度残疾，车主又另行支付了残废补助金 2 万元。吴某所在的学校在事故发生前已为在校的全体学生投保了学生意外伤害保险及附加医疗费，保额分别为 5 000 元和 1 000 元。在车主已经支付了伤残金和全部的医药费后，保险公司是否还要履行支付的义务？吴某能否因此而获得双份利益？

分析：1. 吴某可以向保险公司索要伤残补助金，但不应该因此而取得两份医疗费。吴某投保的是学生意外伤害附加医疗险。意外伤害保险是以被保险人的身体利益为保险标的，以被保险人遭受意外伤害或因伤害而致残、致死为保险事故，当保险事故发生时，由保险人按合同规定给付保险金的人身保险。

2. 构成意外伤害保险的要件是：①被保险人在保险期限内遭受了意外伤害；②被保险人死亡或残废；③被保险人的死亡或残废与其所受意外伤害之间存在因果关系。

3. 本案中，吴某在保险期限内遭受了意外伤害致残，就是说，吴某所受伤害与其残废存在着因果关系。因此保险公司不能因为车主已经付了伤残金而拒付，而是应根据实际情况及伤残程度在保险金额限度内给付保险金。

4. 吴某再向保险公司索要医疗费的主张是不合法的。附加医疗保险承保的对象不是遭受意外伤害的人，而是保障支付发生意外事故让被保险者所花费的医疗费用。它是一种费用损失保险，属有限责任。即对医疗费用可以计算，可以充分赔偿，根据其性质，保险公司只能负责被保险人的实际医疗费用，且不允许被保险人额外受益。吴某的医疗费用既然已从致害方如数获得足够补偿，就不能以“人身无价”为理由再向保险公司索要医疗费。如果吴某因致害方无力承受该笔医疗费，吴某有权向保险公司申请支付。保险公司在支付这笔医疗费时，应要求吴某把向第三者即车主方请求的医疗费追偿权转让给保险公司，由保险公司对第三者追偿。即人身保险的被保险人，因第三者的行为遭受伤害需要治疗的医疗费，是适用追偿原则的。

结论：案中的吴某可以获得保险公司给付的伤残金，而不能向保险公司再去索要医疗费。

四、保险合同

1. 保险合同的概念

保险合同是投保人与保险人约定保险权利义务关系的协议。投保人与保险人订立保险合同，应当遵循自愿订立、协商一致、公平互利原则，不得损害社会公共利益。除法律、法规规定必须保险的以外，保险公司和其他单位不得强制他人订立保险合同。保险合同有人身保险合同、财产保险合同、责任保险合同。

2. 保险合同的形式

保险合同的形式见表8—8。

表8—8　保险合同形式一览表

分类	内　容
投保单	即投保人向保险人申请订立保险合同的书面要约。投保单通常有统一的格式。投保人必须在投保单中如实告知投保风险的重要事项，这些重要事项对于保险人决定是否承担保险非常关键
保险单	即投保人与保险人之间订立保险合同的一种正式书面形式。保险单必须明确、完整地记录保险合同双方的权利和义务，其内容是双方履约的依据
暂保单	又称临时保单，是正式保险单签发之前的临时合同。暂保单不是订立保险合同的必要程序。暂保单的法律效力与正式保单完全相同，但有效期短，当正式保单交付后，暂时保单即自动失效
保险凭证	也称小保单，是保险人向投保人签发的证明保险合同已经成立的书面凭证，是简化了的保险单。保险凭证的法律效力与保险单相同，只是内容比较简单

3. 保险合同的内容

保险合同的内容，指保险合同当事人的权利和义务。由于保险合同一般是依照保险人预先拟定保险条款订立的，因此，保险合同成立后，双方的权利义务主要体现在这些条款之中。保险合同的条款可分为法定条款和约定条款两种类型。法定条款是指法律规定保险必须具备的条款，包括：

（1）保险人名称和住所；

（2）投保人、被保险人名称和住所，以及人身保险的受益人的名称和住所；

（3）保险标的；

（4）保险责任和责任免除；

（5）保险期间和保险责任开始时间；

（6）保险价值；

（7）保险金额；

（8）保险费以及支付办法；

（9）保险金赔偿或者给付办法；

（10）违约责任和争议处理；

（11）订立合同的日期。

约定条款是指投保人和保险人在保险合同的法定条款之外，就保险有关的其他事项做出约定的条款，约定条款是由保险合同的性质和特点决定并由投保人和保险人商定的条款。

课堂讨论

在你外出或回家时，你所购买的车票中附带有保险，它属于哪一种保险？保险费是多少？保险金额又是多少呢？

在保险合同有效期内，投保人和保险人经协商同意，可以变更保险合同的有关内容。变更保险合同的，应当由保险人在原保险单或者其他保险凭证上批注或者附贴批单，或者由投保人和保险人订立变更的书面协议。

五、违反《保险法》的法律责任

保险法律责任包括民事责任、行政责任与刑事责任，其涉及投保人、被保险人或者受益人的法律责任；保险公司及其工作人员的法律责任；保险代理人或者保险经纪人的法律责任。

1. 投保人故意虚构保险标的，骗取保险金的；

2. 未发生保险事故而谎称发生保险事故，骗取保险金的；

3. 故意造成财产损失的保险事故，骗取保险金的；

4. 故意造成被保险人死亡、伤残或者疾病等人身保险事故，骗取保险金的；

5. 伪造、变造与保险事故有关的证明、资料和其他证据，或者指使、唆使、收买他人提供虚假证明、资料或者其他证据，编造虚假的事故原因或者夸大损失程度，骗取保险金的。

我国《保险法》规定有上述行为之一，情节轻微，尚不构成犯罪的，依照国家有关规定给予行政处罚。构成犯罪的，应追究刑事责任。

逻辑简图

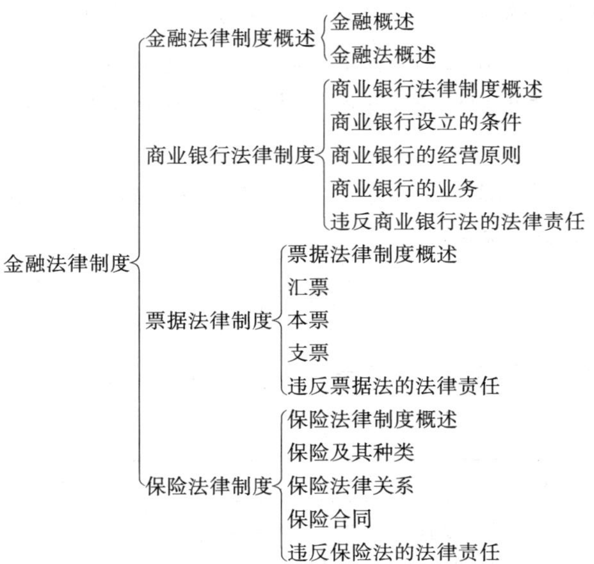

复习思考题

1. 我国金融机构体系是如何构成的？

2. 商业银行设立的条件有哪些？

3. 商业银行的经营原则是什么？

4. 票据的特性有哪些？

5. 票据行为包括哪些？

6. 保险主体有哪些？

实训活动方案

一、实训题目

签发各种商业票据。

二、实训目标

通过这项实训活动，让学生掌握票据的基本理论，并能够按照法律规定，正确填写各种商业票据。

三、实训前的准备

1. 将学生分成三个小组，抽签决定各组采用的票据结算方式（银行承兑汇票、银行本票或转账支票）。

2. 由教师提供银行承兑汇票、银行本票、转账支票的票样分发至各组，并强调各类结算方式办理流程及相关票据填写要点。

四、实训活动组织

1. 各组自由协商订立合同，并按要求的票据结算方式办理结算。

2. 各组根据合同金额，按要求填写相应的银行结算票据。

3. 由教师抽选 3 名学生担任受理银行柜员角色，负责相关票据的审核。

五、评价与小结

1. 教师组织各小组对此次活动进行自评→互评→教师综合评价→课代表汇总计分后，给每位学生评定活动总成绩。

2. 教师对此次活动做小结；学生分组完成的银行结算票据经教师批阅后进行张贴展示。

3. 学生参与活动情况评价表（供参考）。

活动评价表

项目 分值 姓名	参与（40 分）			填写银行结算票据（60 分）		
	未参与（0 分）	参与（11～25 分）	积极认真（26～40 分）	票据填写内容不完整、不合规、不合法（1～20 分）	票据填写内容较完整、合规、合法（21～40 分）	章程拟定内容完整、合规、合法（41～60 分）

第九章 税收法律制度

学习目标

- 了解税法的概念及其构成要素
- 熟悉我国税收征收管理法律的基本规定及违犯税法应承担的法律责任
- 掌握主要税种的纳税人、征税对象、计税办法等基本法律规定

第一节 税收法律制度概述

税收是维持政府良性运转的经济基础，是国家财政收入的重要来源。为了保障税收收入的实现，国家的一切税收活动，必须以法律的形式表现出来，也就是说，税收与法密不可分，有税必有法，无法不成税。

一、税法的概念

税法，是国家制定的，用以调整国家与纳税人之间在征税方面的权利义务关系的法律规范的总称。它是国家及纳税人依法征税、依法纳税的行为准则，其目的是保障国家利益的纳税人的合法权益，维护正常的税收秩序，保障国家的财政收入。

知识链接

“税”的由来

“税”字由“禾”“兑”组成，古代以“禾”代表粮食，“兑”则代表保护土地和人身安全，意思是说农民交纳粮食，国君诸侯保护他们的土地和人身安全。这便是最古老的税收。在我国有记载的税收至少有 2 600 多年的历史。

二、税法的构成要素

税法的构成要素是税法的必要组成部分，一般包括纳税义务人、征税对象、税率、纳税环节、纳税期限、纳税地点、税收优惠以及法律责任。其中，纳税义务人、征税对象及税率是构成税法的三个基本要素，即对谁征税、对什么征税和征多少税。

1. 纳税义务人

纳税义务人，简称纳税人，是指税法规定的直接负有纳税义务的单位和个人。它解决了国家对谁征税的问题。每种税都有各自的纳税人。纳税人究竟是谁，一般取决于征税对象是什么。例如，房产税的纳税人是产权所有人或者使用人。纳税人可以是自然人也可以是法人，如销售货物需要缴纳增值税，那么企业销售产品，纳税人是企业；个人销售产品，纳税人就是个人。

纳税人有别于负税人。负税人是最终负担税款的单位和个人。有的税种税收由纳税人自己负担，纳税人就是负税人，如所得税。但有的税种纳税人和负税人是不一致的，比如增值税。

纳税人也不同于扣缴义务人，后者是指依法负有代扣代缴、代收代缴义务的单位和个人，比如，企业将职工就其工资所得应缴纳的个人所得税从工资中扣除并上缴，那么职工属于纳税人，而企业则是扣缴义务人。

案例分析 9—1　　　　“纳税人”还是“负税人”?

某电视机厂为配合税法宣传，同时也为提高产品销量，策划出这样一个营销方案：在产品广告的醒目位置上标有“亲爱的顾客，当您购买我厂的产品后，您将很荣幸地成为我国的纳税人”。

请问：这一宣传语的措辞是否恰当呢?

分析：顾客购买电视机后，电视机厂将就这笔销售额缴纳增值税，而税款已加在销售额中通过商品交易转嫁给顾客承担。此时电视机厂才是纳税人，顾客则是负税人。所以，其措辞欠妥当。

2. 征税对象

征税对象，是指税法规定的对什么征税，也可以简单地理解为征税范围。它是一种税区别于另一种税的重要标志，主要包括物和行为两种形式。如增值税的征税对象是销售或进口的货物、加工修理修配劳务以及相关应税服务。

与征税对象相关的概念有税目和计税依据。在征税对象的范围内具体规定的应当纳税的项目，叫税目。比如，个人所得税的征税对象是个人取得的各项应税所得，具体则包括工资薪金所得、劳务报酬所得、稿酬所得等 11 个税目。但并不是所有的征税对象都要设置税目。只有当某一税种的征税对象征税范围较广、征税标准不同时，才需要将征税对象细化为税目。计税依据，是计算应纳税额的依据或标准，即按照什么来计算纳税人应缴纳的税额。它是从量上来限定征税对象。比如，本月你的工资所得是 4 000 元，那么，按照税法规定减去扣除部分后的余额就是个人所得税的计税依据。目前，计税依据一般有两种：一是从价计征，即以计税金额为计税依据；二是从量计征，即以征税对象的重量、体积、数量为计税依据。

提示：税目是征税对象的具体化，计税依据是征税对象的数量化。

3. **税率**

税率是指应纳税额与征税对象之间的比例，是计算税额的尺度，决定着纳税人税负的轻重。我国现行税率主要有以下三种形式：

（1）比例税率

比例税率，是指对同一征税对象，不管数额大小，都按同一税率征税。一般适用于从价计征的税种。比例税率的特点是同一征税对象的不同纳税人税负相等。它具有鼓励生产、计算简便、便于征管的优点。

（2）累进税率

累进税率，是指按照征税对象的数额大小，规定不同等级的税率。一般适用于所得额的征税。累进税率的特点是征税对象的数额越大，其税率越高，税额也就越高。它具有便于调节纳税人收入，彰显社会公平的特点。

（3）定额税率

定额税率，是指按单位征税对象直接规定固定的税额，而不采用百分比的形式。如现行资源税中，盐按每吨征收多少税来规定其税率。定额税率一般适用于从量计征的税种。其特点是征税对象的数量越多，其税额越高，具有鼓励生产、计算简便、便于征管的优点。

4. **纳税环节**

商品从生产到消费要经历生产、批发、零售等多个环节，税法确定具体在哪个环节缴税，即指纳税环节，它解决了“征几道税”的问题。如增值税在商品流转的各个环节纳税，消费税则只在生产、进口、零售等单一环节纳税。

5. **纳税期限**

纳税期限，是指税法规定的纳税人应向国家缴纳税款的期限。它解决了“多长时间纳一次税”的问题。如现行营业税的纳税期限为 5 天、10 天、15 天或 1 个月。纳税人的具体纳税期限，由主管税务机关根据纳税人应纳税额的大小分别核定，不能按照固定期限纳税的，可以按次纳税。

6. **纳税地点**

纳税地点是指纳税人应向何地征税机关申报纳税并缴纳税款。为了便于税收征管和税款缴纳，纳税地点一般为纳税人所在地，也有规定在财产所在地或行为发生地纳税。

7. **税收优惠**

税收优惠是国家在税收方面采取的鼓励和照顾措施，其中，税收减免运用最为广泛。减税是对应纳税额少征一部分，免税则是对应纳税额全部免除。

8. **法律责任**

法律责任，是税法规定的对违反税法的行为采取的处罚措施。

三、我国现行税法体系

我国现行税法体系由实体法体系和程序法体系两大部分构成。

1. **税收实体法体系**

我国现有税种除企业所得税、个人所得税是以国家法律的形式发布实施外，其他税种都是经全国人大授权立法，由国务院以暂行条例的形式发布实施。这些税收法律、法规组成了我国的税收实体法体系，具体见表9—1。

表9—1　　我国现行税收实体法体系

类别	税　种
流转税制	增值税、消费税、营业税、关税
所得税制	企业所得税、个人所得税
财产行为税制	房产税、车船税、印花税、契税
资源税制	资源税、土地增值税、城镇土地使用税
特定目的税制	城市维护建设税、烟叶税、车辆购置税、耕地占用税

注：原固定资产投资方向调节税于2013年1月1日起取消，此处不再列示。

上述税种中，除关税由海关负责征收管理外，其他税种均由税务机关负责征收管理。

2. **税收程序法体系**

除税收实体法外，我国对税收征收管理适用的法律制度，是按照税收管理机关的不同而分别规定的。

（1）由税务机关负责征收的税种，按照全国人大常委会发布实施的《税收征收管理法》执行征管。

（2）由海关机关负责征收的税种的征收管理，按照《海关法》及《进出口关税条例》等有关规定执行征管。

第二节　我国现行的主要税制

自1994年全面税制改革开始，我国逐渐建立起以流转税和所得税为主体，以其他税种为辅助的复合税制体系，有效地保障了国家财政收入的稳定。

一、流转税制

所谓流转税，是以销售商品或提供劳务而取得的销售收入或营业收入为征税对象的一类税收。它具有税源稳定、征收便利、税负隐蔽的特点，在我国税收收入中占据首要地位。目前我国流转税法主要包括增值税、消费税、营业税、关税等税种的法律法规。

1. 增值税法的基本内容

增值税是对在我国境内销售或进口货物、提供应税劳务或者提供应税服务的单位和个人就其实现的增值额征收的一个税种。其中，应税劳务包括纳税人提供的加工、修理修配劳务；应税服务包括提供的交通运输业、邮电通信业和部分现代服务业服务。这里所说的“增值额”是指纳税人在生产经营或提供劳务过程中所创造的新增价值。比如商场购进商品，进价100元，售价150元，其增值额50元就应征收增值税。

（1）增值税的纳税人

根据《增值税暂行条例》的规定，增值税的纳税人为在我国境内从事销售及进口货物、提供应税劳务或者提供应税服务的单位和个人。

增值税的纳税人，分为一般纳税人和小规模纳税人，具体认定标准见表9—2。

表9—2　一般纳税人和小规模纳税人的认定标准

认定标准	小规模纳税人	一般纳税人
1. 年应税销售额：		
（1）从事货物生产或者提供应税劳务，以及以从事货物生产或者提供应税劳务为主，并兼营货物批发或者零售的	≤50万元	>50万元
（2）提供应税服务的纳税人	≤500万元	>500万元
（3）以上规定以外的纳税人	≤80万元	>80万元
2. 会计核算水平	不健全	健全

需要注意的是，小规模纳税人一经认定为一般纳税人，不能再转变为小规模纳税人。个人、非企业性单位以及不经常发生增值税应税行为的企业或者个体工商户不得认定为一般纳税人。

案例分析9—2　谁是增值税的纳税人？

长城集团是一家位于我国境内的大型企业集团，旗下有四个分公司，甲公司从事长城汽车的制造和销售；乙和丁公司从事各种汽车的修理修配服务；丙公司负责奔驰汽车的进口和销售；丁公司因业绩欠佳，董事会决定将其全部承包给中国公民李某，一切经营都由李某自行决定。

请问：长城集团有哪些分公司是增值税纳税人？

分析：按照《增值税暂行条例》的规定，增值税的纳税人为在我国境内从事销售及进口货物，或者提供加工、修理修配劳务的单位和个人。因此，甲、乙、丙、丁四个分公司均为增值税纳税人。

（2）增值税的征税对象

增值税的征税对象为销售及进口货物，提供加工、修理修配劳务或者提供应税服务。这里的货物，是指有形动产，包括电力、热力、气体在内，但不包括无形资产和不动产。应税服务所包含的内容见表 9—3。

表 9—3　　　　应税服务的具体范围

类别	具体范围	业务举例
交通运输业	陆路运输服务	如公路、缆车、索道运输等服务，暂不包括铁路运输
	水路运输服务	如内河货运、远洋运输等服务
	航空运输服务	如航空客运、航空货运等服务
	管道运输服务	如管道设施输送气体、液体、固体物质的运输业务活动
部分现代服务业	研发和技术服务	如研发服务、技术转让、技术咨询服务等
	信息技术服务	如软件服务、电路设计及测试服务、信息系统服务及金融支付、呼叫中心、电子商务平台等服务
	文化创意服务	如设计服务、商标著作权转让服务、知识产权服务、广告服务和会议展览服务等
	物流辅助服务	如航空地面服务、港口码头服务、仓储及装卸搬运服务等
	有形动产租赁服务	如设备、车辆的融资租赁或经营性租赁服务
	鉴证咨询服务	如质量认证服务、会计鉴证服务、法律咨询服务等
	广播影视服务	如广播影视节目和作品的策划、采编、拍摄等制作服务

注：①按照财税〔2013〕37 号文件《关于全国开展交通运输业和部分现代服务业营业税改征增值税试点税收政策的通知》的规定整理。

②按照财税〔2013〕106 号文件及《关于将电信业纳入营业税改征增值税试点的通知》，从 2014 年 1 月 1 日起，将铁路运输业、邮政业纳入营改增试点范围，从 2014 年 6 月 1 日起，将电信业纳入营改增试点范围。

案例分析 9—3　　友谊商场的哪些业务应缴纳增值税？

友谊商场为增值税一般纳税人，其下有一个独立核算的维修中心。2011 年 5 月，友谊商场发生以下业务：①进口一批法国香水，到岸价格 10 万元；②销售液晶电视，收入 100 万元；③下属维修中心取得 10 万元维修费收入；④将一废弃的仓库以 50 万元的价格转让。友谊商场的哪些业务应缴纳增值税？

分析：本案例中，业务①为进口货物，业务②为销售货物，业务③为提供修理修配劳务，均属于增值税的征税对象，应缴纳增值税。业务④为转让不动产，不属于增值税的征税对象，无须缴纳增值税。

（3）增值税的税率和征收率

一般纳税人增值税的税率分为以下几类：

1）基本税率 17%。适用一般纳税人销售或进口一般货物，提供加工、修理修配劳务，提供有形动产租赁服务。

2）低税率。13%税率适用于一般纳税人销售或进口以下几类商品：①粮食、食用植物油、鲜奶；②自来水、暖气、冷气、热气、煤气、石油液化气、天然气、沼气；③居民用煤炭制品，图书、报纸、杂志；④饲料、化肥、农药、农机（整机）、农膜；⑤农产品（指各种动、植物初级产品）、音像制品、电子出版物、二甲醚等。

3）11%税率适用于提供交通运输业服务、邮政业及提供基础电信服务业。

4）6%税率适用于提供部分服务的服务现代业及提供增值电信服务业。

5）零税率：适用于出口货物，国际运输服务、境外研发和设计服务，国务院另有规定的除外。

对小规模纳税人按3%的征收率征税。此外，纳税人兼营不同税率的货物或应税劳务，应当分别核算不同税率货物或者应税劳务销售额，未分别核算的，从高适用税率。

课堂讨论

友谊商场为增值税一般纳税人，店庆期间特推出以下活动：凡在商场购物满168元，均可凭小票以48元换购食用油一桶。倘若你是商场的会计，在进行核算时怎样做能帮助企业节税呢？

（4）增值税应纳税额的计算

1）一般纳税人增值税的计算实行购进扣税法。应纳税额计算公式为：

应纳税额=当期销项税额-当期允许抵扣的进项税额

其中：当期销项税额=不含税销售额×适用税率

2）小规模纳税人增值税的计算实行简易征收办法。应纳税额计算公式为：

应纳税额=不含税销售额×征收率（3%）

提示：增值税属于价外税，因此销售额中不包含增值税，即销售额为不含税的销售额。不含税销售额＝含税销售额÷（1＋适用税率）

案例分析9—4　　张华应缴纳多少增值税？

张华在市区开了一家小超市，税务机关认定其为增值税小规模纳税人，本月超市实现销售额36 050元，那么，张华应缴纳多少增值税呢？

分析：本案例中，该超市为增值税小规模纳税人，其取得的销售额为含税销售额，需换算为不含税销售额：36 050÷（1＋3%）＝35 000（元），则应缴纳增值税额＝35 000×3%＝1 050（元）。

2. 消费税法的基本内容

消费税，是指在我国境内从事生产、委托加工和进口应税消费品的单位和个人，就其销售额或销售数量征收的一种税。

（1）消费税的纳税人

在我国境内从事生产、委托加工和进口应税消费品的单位和个人均为消费税的纳税人。

（2）消费税的征税对象与纳税环节

为正确引导消费，现行消费税是在商品普遍征收增值税的基础上，选择了15种商品进行征税。其征税对象通常具有危害健康、污染环境、资源稀缺、奢侈浪费等特点，如烟、酒、小轿车、汽油等。

提示：消费税与增值税的征税对象为交叉关系。同一征税对象，凡需缴纳消费税的，同时也要缴纳增值税。

消费税实行单一环节征收。一般而言，除金银首饰在零售环节征收消费税，卷烟在批发环节加征一道消费税外，其他应税消费品均在生产、委托加工、进口的某一环节一次性缴纳，而在以后的批发、零售等环节不必重复缴纳。

提示：消费税在单一环节征收，增值税在多个环节征收。

课堂讨论

酒厂将酒卖给代理商，代理商把酒批发给商店，商店又把酒零售给消费者，上述各环节分别要缴哪些税呢？

（3）消费税的税率

消费税的税率按不同消费品分别采用比例税率和定额税率两种形式。其中，对黄酒、啤酒、成品油实行定额税率，对卷烟和白酒实行复合税率，对其他应税消费品实行比例税率。具体的税目及税率见表9—4。

表9—4　　消费税税目税率（额）表

税目		比例税率		定额税额	
		税率（%）	标准	税率	标准
1.烟	卷烟： ①甲类卷烟 ②乙类卷烟	 56 36	 每标准条调拨价在70元以上 每标准条调拨价在70元以下	 0.6元 0.6元	 每标准条（200支） 每标准条（200支）
	③批发环节	5			
	雪茄烟	36			
	烟丝	30			
2.酒	白酒	20		0.5元	每500克
	黄酒			240元	每吨
	啤酒： ①甲类啤酒 ②乙类啤酒		 每吨出厂价在3 000元以上 每吨出厂价在3 000元以下	 250元 220元	 每吨 每吨
	其他酒	10			
3.成品油	汽油			1.52元	每升
	柴油			1.2元	每升
	石脑油			1.52元	每升

续表

税目		比例税率		定额税额	
		税率（%）	标准	税率	标准
3. 成品油	溶剂油			1.52 元	每升
	润滑油			1.52 元	每升
	燃料油			1.2 元	每升
	航空煤油			1.2 元	每升
4. 小汽车	乘用车	1	汽缸容量在 1 升以下		
		3	汽缸容量在 1～1.5 升		
		5	汽缸容量在 1.5～2 升		
		9	汽缸容量在 2～2.5 升		
		12	汽缸容量在 2.5～3 升		
		25	汽缸容量在 3～4 升		
		40	汽缸容量在 4 升以上		
	中轻型商用客车	5			
5. 摩托车		3	汽缸容量在 250 毫升以下		
		10	汽缸容量在 250 毫升以上		
6. 贵重首饰及珠宝玉石		5	金银、铂金首饰、钻石及其饰品		
		10	其他		
7. 游艇		10			
8. 电池		4			
9. 鞭炮、焰火		15			
10. 化妆品		30			
11. 高档手表		20			
12. 高尔夫球及球具		10			
13. 实木地板		5			
14. 木质一次性筷子		5			
15. 涂料		4			

（4）消费税应纳税额的计算

消费税应纳税额的计算分为从价定率、从量定额、复合计税三种方法。具体计算公式见表 9—5。

表 9—5　　消费税计算公式

计税方法	适用范围	应纳税额
从价定率	除下列项目外的其他应税消费品	＝销售额（不含税，下同）×比例税率
从量定额	啤酒、黄酒、成品油	＝销售数量×单位税额
复合计税	卷烟、白酒	＝销售额×比例税率＋销售数量×单位税额

提示：从价定率计算的消费税其计税依据与增值税一致。

案例分析 9—5　　大华酒厂该缴多少消费税？

大华酒厂本月销售白酒 30 吨，取得销售收入（含增值税）2 340 000 元。销售啤酒 100 吨，出厂价 2 600 元/每吨，那么，本月应该缴纳多少消费税呢？

分析：

不含税销售额＝2 340 000÷（1＋17％）＝2 000 000（元）

白酒应纳税额＝2 000 000×20％＋30×2 000×0.5＝430 000（元）

啤酒应纳税额＝100×220＝22 000（元）

因此，本月大华酒厂应缴纳 452 000 元消费税。

3. 营业税法的基本内容

营业税，是指对在我国境内提供应税劳务，转让土地使用权或销售不动产的单位和个人，就其取得的营业收入征收的一种税。

（1）营业税的纳税人

在我国境内提供应税劳务，转让无形资产或销售不动产的单位和个人是营业税的纳税人。

（2）营业税的征税对象与税率

营业税的征税对象为提供应税劳务、转让无形资产或销售不动产。其中，“应税劳务”包括：建筑业、金融保险业（不包括有形动产的融资租赁，下同）、文化体育业（不包括营改增中的文化创意服务，下同）、娱乐业和部分服务业。在税率方面，营业税按照行业设置了不同的税率。具体税目及适用税率见表 9—6。

表 9—6　　营业税税目及适用税率

税率（％）	对应税目
3	建筑业、文化体育业
5	金融保险业、部分服务业、销售不动产、转让无形资产
5～20	娱乐业

注：娱乐业的适用税率，由省、自治区、直辖市人民政府在 5％～20％的幅度内确定。

提示：营业税与增值税的征税对象为平行关系。同一征税对象，凡需缴纳营业税的，无须缴纳增值税。

（3）营业税应纳税额的计算

纳税人提供应税劳务、转让无形资产或者销售不动产，按照营业额和适用的税率计算应纳税额。计算公式为：

应纳税额 = 营业额 × 税率

其中，营业额为纳税人提供应税劳务、转让无形资产或者销售不动产向对方收取的全部价款和价外费用。

知识链接 **“营改增”——中国税制改革的新纪元**

正在进行试点的“营改增”，是我国目前规模最大的结构性减税措施。按照国家规划，“营改增”分为三步走：第一步，在部分行业部分地区进行试点。上海作为首个试点城市2012年1月1日在交通运输业和6个现代服务业正式启动“营改增”。第二步，选择部分行业在全国范围内进行试点。这一阶段在2013年8月1日开始。第三步，在全国范围内实现“营改增”，即消灭营业税。按照规划，这一阶段最快有望在“十二五”期间完成。

二、所得税制

所得税制，是指以所得额为征税对象的税制体系。现行所得税法主要有企业所得税法和个人所得税法，所得税制是我国税制体系的重点发展方向，对稳定财政收入，倡导社会公平有着积极作用。

1. 企业所得税法的基本内容

企业所得税，是指对在我国境内的企业和其他取得收入的组织，就其生产、经营所得和其他所得征收的一种税。

（1）企业所得税的纳税人

在我国境内的企业和其他取得收入的组织为企业所得税的纳税人。个人独资企业、合伙企业具有非法人性质，因而不适用企业所得税法，应征收个人所得税。

我国企业所得税的纳税人分为居民企业和非居民企业。

居民企业包括：①依法在中国境内成立的企业；②依照外国（地区）法律成立但实际管理机构在中国境内的企业，如外商投资企业。

非居民企业包括：①依照外国（地区）法律成立且实际管理机构不在中国境内，但在中国境内设立机构、场所的企业；②在中国境内未设立机构、场所，但有来源于中国境内所得的企业，例如，外国公司在中国的分公司。

提示：居民企业的判定标准：一看登记注册地，二看实际管理机构所在地。

（2）企业所得税的征税对象与税率

根据纳税人的不同，企业所得税的征收范围也不同。一般而言，居民企业就其来源于中国境内、境外的所得纳税，承担无限纳税义务；非居民纳税人就其来源于中国境内的所得纳税，承担有限纳税义务。企业所得税的征税对象与适用税率见表9—7。

表 9—7　　企业所得税的征税对象与适用税率

<table>
<tr><th colspan="2">纳税人类型</th><th>征税对象</th><th>税率（%）</th></tr>
<tr><td colspan="2">居民企业</td><td>来源于中国境内、境外的所得</td><td>25</td></tr>
<tr><td rowspan="3">非居民企业</td><td rowspan="2">在境内设立机构场所的</td><td>与所设机构场所有联系的境内、境外所得</td><td>25</td></tr>
<tr><td>与所设机构场所无联系的境内所得</td><td>20</td></tr>
<tr><td>在境内未设机构场所的</td><td>来源于境内的所得</td><td>20</td></tr>
</table>

需要注意的是：①我国企业所得税的基本税率为 25%；②符合条件的小型微利企业，减按 20%的税率征收。③国家需要重点扶持的高新技术企业，减按 15%的税率征收。④非居民企业中按 20%的税率征税的项目，实际征税时适用 10%的优惠税率。

（3）企业所得税应纳税额的计算

企业所得税以企业应纳税所得额为计税依据。其计算公式为：

应纳税额＝应纳税所得额×适用税率－减免和抵免税额

其中：应纳税所得额＝收入总额－不征税收入－免税收入－各项扣除－允许弥补的以前年度亏损

案例分析 9—6　　企业所得税计算举例

某内资企业本纳税年度总收入为 1 200 万元，其中不征税收入为 100 万元，免税收入为 50 万元，各项扣除为 570 万元；允许弥补的以前年度亏损为 80 万元，则该企业当年应纳企业所得税为多少？

分析：应纳税所得额＝1 200－100－50－570－80＝400（万元）

应纳税额＝400×25%＝100（万元）

2. 个人所得税法的基本内容

个人所得税是以个人取得的各项所得为征税对象所征收的一种税。

（1）个人所得税的纳税人

个人所得税的纳税人分为居民纳税人和非居民纳税人。在中国境内有住所或虽无住所但在境内居住满 1 年的个人为居民纳税人，其就来源于中国境内、境外的所得缴纳个人所得税；在中国境内无住所又不居住，或在境内居住不满 1 年的个人为非居民纳税人，其就来源于中国境内的所得缴纳个人所得税。个人独资企业和合伙企业的投资者也为个人所得税的纳税人。

提示：居民纳税人的判定标准：一看住所，二看居住时间。

案例分析 9—7　　他们的应税所得一样吗？

现有自然人甲、乙、丙都住在我国境内，甲是中国人；乙是韩国人，在境内居住 10 个月；丙是美国人，在境内居住 2 年。假如他们都有来源于我国境内所得 10 万元和来源于韩国所得 20 万元，那么他们分别应就哪些所得缴纳个人所得税？三个人的应税所得一样吗？

分析：本案例中，甲、丙为居民纳税人，应按源于中国境内、境外的所得 10＋20＝30 万元缴纳所得税。乙为非居民纳税人，仅就其源于中国境内的所得 10 万元缴纳所得税。因此，甲、丙的应税所得一致，而乙则不同。

（2）个人所得税的征税对象

个人所得税的征税对象是个人取得的应纳税所得。《个人所得税法》列举征税的个人所得共有 11 项。根据所得的收入性质和纳税能力不同大体可分为五类：①工资或薪金类所得；②个体生产经营和承租、承包类所得；③劳务报酬、特许权使用费、财产租赁或转让所得；④利息、股息、红利类所得；⑤偶然所得。

（3）个人所得税的税率

个人所得税法按所得项目不同，规定了超额累进税率和比例税率两种形式。具体税率见表 9—8。

表 9—8　　个人所得税税率

应税项目	税率	注意事项
工资、薪金所得	7 级超额累进税率	按应纳税所得额确定适用税率
个体生产经营和承租承包所得	5 级超额累进税率	按应纳税所得额确定适用税率
稿酬所得	比例税率：20%	按应纳税额减征 30%，其实际税率为 14%
劳务报酬所得	比例税率：20%	有加成征税规定，实际为 3 级超额累进税率
特许权使用费、财产租赁或转让所得 利息、股息、红利类所得 偶然所得	比例税率：20%	①自 2008 年 10 月 9 日（含）起，暂免征收储蓄存款利息所得的个人所得税； ②从 2008 年 3 月 1 日起，对个人出租住房取得的收入暂时按 10%的税率征收个人所得税

（4）个人所得税应纳税额的计算

个人所得税的应税项目不同，其应纳税额的计算方法也各异。在此仅以“工资、薪金所得”为例做一简单介绍。

工资、薪金所得应纳税额的计算公式为：

应纳税额＝应纳税所得额×适用税率－速算扣除数

应纳税所得额＝每月收入额－3 500 元或 4 800 元

注：外籍人员和在境外工作的中国公民，每月收入按 4 800 元扣除，其余人员按 3 500 元的标准扣除。

案例分析 9—8　　张华本月应缴多少个人所得税？

张华是华联股份有限公司的一名财务主管。2013 年 6 月其工资收入为 5 300 元，那么这月公司需要为他代扣代缴多少个人所得税？（适用税率见表 9—9。）

表 9—9　　工资、薪金所得个人所得税税率

全月含税应纳税所得额	税率（%）	速算扣除数
不超过 1 500 元的	3	0
超过 1 500～4 500 元的部分	10	105
超过 4 500～9 000 元的部分	20	555
超过 9 000～35 000 元的部分	25	1 005
超过 35 000～55 000 元的部分	30	2 755
超过 55 000～80 000 元的部分	35	5 505
超过 80 000 元的部分	45	13 505

分析：应纳税所得额＝5 300－3 500＝1 800（元）

应纳税额＝1 800×10%－105＝75（元）

因此，这月公司需要为张华代扣代缴 75 元的个人所得税。

三、其他税制

1. 城市维护建设税的基本内容

城市维护建设税（以下简称城建税）是对缴纳增值税、消费税、营业税的单位和个人征收的一种特定目的税。

（1）城建税的纳税人

凡负有缴纳增值税、消费税、营业税义务的单位和个人，均为城建税的纳税人。自 2010 年 12 月 1 日起，我国对外商投资企业、外国企业及外籍个人开始征收城建税。

（2）城建税的税率

城建税按纳税人所在地的不同，将税率分别规定为 7%、5%、1%三个档次。具体见表 9—10。

表 9—10　　城市维护建设税税率

纳税人所在地	市区	县、镇	不在市区、县、镇的
适用税率（%）	7	5	1

（3）城建税应纳税额的计算

城建税应纳税额的计算公式为：

应纳税额＝（实际缴纳的增值税＋消费税＋营业税税额）×适用税率

2. 资源税法的基本内容

资源税，是对在我国境内开采应税矿产品及生产盐的单位和个人，就其应税产品销售或自用数量为计税依据而征收的一种税。资源税采用从价定率或从量定额的办法计征，并根据资源条件好坏，实施差别税额（率）进行调节，从而有利于我国自然资源的合理开发和利用。

3. **土地增值税法和城镇土地使用税法的基本内容**

土地增值税是对有偿转让国有土地使用权及地上建筑物和其他附着物产权并取得增值性收入的单位和个人所征收的一种税。土地增值税实行四级超额累进税率。其中，最低税率为30%，最高税率为60%。

土地使用税是以国有土地为征税对象，以实际占用的土地面积为计税依据，按规定税额对拥有土地使用权的单位和个人征收的一种税。土地使用税只在县级以上的城市开征，包括城市、县城、建制镇和工矿区，因此也称为城镇土地使用税。它采用定额税率，设置有幅度的差别税额，应纳税额是依据纳税人实际占用的土地面积和适用单位税额计算的。

4. **房产税法和车船税法的基本内容**

房产税是以房屋为征税对象，以房屋的计税余值（按房屋原值一次性扣除10%～30%）或租金收入为计税依据，向房屋产权所有人征收的一种财产税。房产税在城市、县城、建制镇和工矿区征收，采用比例税率。根据房产税的计税依据，其税率分为两种：①依据房产余值计税的，税率为1.2%；②依据房产租金收入计税的，税率为12%。

提示：房产税与土地使用税的征收范围是一致的，两者都只在县级以上的城市开征。

车船税是对规定的车辆和船舶征收的一种税，应当缴纳车船税的车辆和船舶，包括依法应当到相关车辆管理部门办理登记手续的车辆和船舶。其纳税人是应税车船的所有人或管理人，包括外商投资企业和外国企业。2011年11月23日国务院颁布了《中华人民共和国车船税法实施条例》，自2012年1月1日起实施。新车船税按排量分7个梯度征收成为政策亮点。

5. **印花税法和契税法的基本内容**

印花税是对经济活动和经济交往中书立、领受、使用应税凭证的单位和个人征收的一种税。因采用在应税凭证上粘贴印花税票作为完税标志而得名。其应税凭证主要包括经济合同、产权转移书据、营业账簿、权利、许可证照等经济凭证。现行印花税采用比例税率和定额税率两种形式，例如权利许可证照和营业账簿，按每件5元贴花；购销合同，按购销金额的0.3‰贴花。

知识链接　　**印花税的由来**

公元1624年，荷兰政府发生经济危机，财政困难。统治者以重赏来寻求新税设计方案，谋求敛财妙策。印花税就是从千万应征方案中精选出来的“杰作”。其设计独具匠心：契约、借贷凭证在生活中使用频繁，税源广泛；而且人们觉得在凭证上由政府盖个章更有保障，对缴税也乐于接受。正如英国的哥尔柏所说：“税收这种技术，就是拔最多的鹅毛，听最少的鹅叫。”

契税是在土地、房屋权属转移时，按照当事人双方签订的合同，以及所确定价格的一定比例，向权属承受人征收的一种税。它具有调控房地产市场，促进社会经济健康发展的作用。

第三节 税收征收管理法律制度

税收在稳定财政收入，促进经济发展方面发挥着重要的作用，而这一切如果离开税收征管将寸步难行。税收征管，是税务机关根据税法的有关规定，对税收工作实施的管理、征收、检查等一系列活动。我国的税收管理法律制度主要包括《税收征收管理法》及其实施细则和各种实体税法中的征收管理条款，从而构成我国税收征管的法律屏障。

一、税收征收管理机关

目前，我国的税收征收管理机关有四类：国家税务局、地方税务局、地方财政局和海关。税收征收的具体分工见表 9—11。

表 9—11　　我国税收征收管理范围划分

征管机关	主要负责征收的税种
国家税务局	①增值税；②消费税；③中央企业所得税；④铁路、保险总公司、各银行及其金融企业的营业税、所得税；⑤外商投资企业和外国企业的各项税收及外籍人员缴纳的个人所得税；⑥证券交易的印花税
地方税务局	①营业税；②个人所得税；③城市维护建设税；④资源税；⑤地方企业所得税；⑥城镇土地使用税；⑦土地增值税；⑧车船税；⑨印花税
地方财政局	①契税；②耕地占用税
海关	①关税；②行李和邮递物品进口税；③代征进出口环节的增值税和消费税

课堂讨论

某大型超市经税务机关认定需要缴纳增值税、城建税、教育费附加、印花税、企业所得税，并为员工代扣代缴个人所得税。那么，这些税分别应到什么地方缴纳呢？

二、税务管理

税务管理是税收征收管理工作的基础环节，是税款征收的前期准备工作。主要包括税务登记、账簿和凭证管理、纳税申报三个部分。

1. 税务登记

税务登记，又称纳税登记，是税务机关对纳税人的设立、变更、歇业以及生产经营活动情况进行登记并据此对纳税人实施税务管理的一种法律制度。

（1）设立登记

从事生产经营的纳税人自领取营业执照之日起 30 日内，持有关证件，向税务机关申报办理税务登记。税务机关应当自收到申报之日起 30 日内审核并发给税务登记证件。

（2）变更登记

当纳税人税务登记内容发生变化，其应自工商行政管理机关办理变更登记之日起 30 日内向税务机关办理变更登记。

（3）注销登记

当纳税人发生解散、破产、撤销等情形，依法终止纳税义务的，应在向工商行政管理机关或其他机关办理注销登记前，向税务机关申报办理注销税务登记。但纳税人被工商行政管理部门吊销营业执照的，应自营业执照吊销之日起 15 日内，向税务机关申报办理注销登记。

课堂讨论

年初，小张在家乡开了一家快餐店，并到主管地税机关办理了税务登记，月月按时申报纳税。但由于生意惨淡，小张决定 8 月份将店铺转让给自己的朋友，并把税务登记证一并转接给这位朋友。小张的做法对吗？

知识链接 **税务登记证的用途**

税务登记证如同税务部门颁发给纳税人的身份证，明确了双方的征纳关系。纳税人办理下列事项时，必须持税务登记证件：①开立银行基本账户；②申请减税、免税、退税；③申请办理延期申报、延期缴纳税款；④领购发票；⑤申请开具外出经营活动税收管理证明；⑥办理停业、歇业；⑦其他有关税务事项。

2. 账簿、凭证管理

（1）设立账簿

从事生产经营的纳税人应当自领取营业执照或发生纳税义务之日起 15 日内，按照国家有关规定设置账簿。同时，应当自领取税务登记证之日起 15 日内，将其财务会计制度或财务会计处理办法，报送税务机关备案。

（2）账簿凭证的保管

除法律、行政法规另有规定的外，账簿、记账凭证、报表、完税凭证、出口凭证以及其他有关涉税资料应当保存 10 年。

3. 纳税申报

纳税人应按照法定期限，向税务机关报送纳税申报表、财务报表以及税务机关要求提供的其他纳税资料，来办理纳税申报。纳税申报可采用直接申报（即上门申报）、邮寄申报和数据电文申报（如网上申报）等方式。需要注意的是，纳税人在纳税期内没有应纳税款的，也要办理纳税申报。

案例分析 9—9　　　　　大华超市的行为合法吗?

某基层税务所接到群众举报，辖区内大华超市（系个体工商户）开业两个月一直没有纳税。2013 年 7 月 16 日，税务所对大华超市依法进行了税务检查。经查，该超市 2013 年 5 月 8 日就办理了营业执照，但是考虑到目前仍为试营业阶段，因此暂时未办理税务登记，截至目前共取得销售额 90 690 元，尚未申报纳税。大华超市的上述行为合法吗?

分析：本案例中，大华超市以试营业为由未在领取营业执照之日起的 30 日内办理税务登记，违反了《税收征管法》关于纳税人应按法律规定期限向税务机关申报办理税务登记的规定。大华超市在营业期间未进行纳税申报的行为，违反了《税收征管法》关于纳税人应按法律规定期限办理纳税申报和报送相关纳税资料的规定。

三、税款征收

税款征收是税收征收管理工作的中心环节，是全部税收征管工作的目的和归宿。

1. 税款征收的主要方式

（1）查账征收

对于账簿、凭证、会计等核算制度比较健全，能够据以如实核算生产经营情况，正确计算应纳税款的纳税人，税务机关可按照纳税人提供的账表所反映的经营情况，依照适用税率计算应纳税款。

（2）核定征收

对于不能完整、准确提供纳税资料的纳税人，税务机关应采用特定方法确定其应纳税收入或应纳税额。

（3）代扣代缴、代收代缴征收

当税源零星分散、纳税人不易管控时，税务机关可以采用代扣代缴或代收代缴的方式征收税款。其中，代扣代缴义务人从持有的纳税人的收入中直接扣除纳税人的应纳税款。代收代缴义务人在与纳税人的经济往来中向纳税人收取应纳税款并代为缴纳。

2. 税款征收的主要措施

（1）核定应纳税额

纳税人有下列情形之一的，税务机关有权核定其应纳税额：

1）依照税收征收管理法可以不设置账簿的；

2）依照税收征收管理法应当设置但未设置账簿的；

3）擅自销毁账簿或拒不提供纳税资料的；

4）虽设置账簿，但账目混乱、难以查账的；

5）发生纳税义务，未按照规定的期限办理纳税申报，经税务机关责令限期申报，逾期仍不申报的；

6）纳税人申报的计税依据明显偏低，又无正当理由的；

7）未按照规定办理税务登记的从事生产、经营的纳税人以及临时经营的纳税人。

提示：通常当企业无账可查或计税依据不可信时，税务机关会采取核定应纳税额的措施。

（2）加收滞纳金

纳税人、扣缴义务人未按照规定期限缴纳税款的，税务机关可责令限期缴纳，并从滞纳税款之日起，按日加收滞纳税款0.5‰的滞纳金。

案例分析9—10　　大华超市需补缴多少税款和滞纳金？

承案例分析9—9，根据检查情况，税务所对其做出责令5日内办理税务登记，并处以500元罚款；按规定补缴税款和加收30天的滞纳金，并处以10 000元罚款的处罚决定。那么，这次大华超市需要补缴多少税款和滞纳金呢？

分析：本案例中，大华超市为个体工商户，应认定为增值税小规模纳税人，其应补缴的增值税为26 414.56元［90 690÷（1＋3％）×3％］，应补缴的城建税为1 849.02元（26 414.56×7％），应补缴的教育费附加税为792.44元（26 414.56×3％），共计补缴税款29 056.02元。因此，应缴滞纳金为435.84元（29 056.02×0.5‰×30）。

（3）税收保全措施

税收保全措施是在纳税人因行为或其他客观原因，致使税款难以征收的情况下，税务机关对纳税人的商品、货物或其他财产采取限制其处理或转移的强制措施。税收保全的实施程序是责令限期纳税在先，责成提供纳税担保居中，冻结存款或者扣押、查封财产在后。实施税收保全措施需经县以上税务局（分局）局长批准。

（4）税收强制执行措施

从事生产、经营的纳税人、扣缴义务人未按照规定的期限缴纳或者解缴税款，纳税担保人未按照规定的期限缴纳所担保的税款，由税务机关责令限期缴纳，逾期仍未缴纳的，经县以上税务局（分局）局长批准，税务机关可以采取通知银行扣缴税款或扣押、查封、依法拍卖或者变卖纳税人财产抵缴税款等强制执行措施。

提示：税收保全是一项预防措施，仅对纳税人适用；税收强制执行是一项补救措施，对纳税人、扣缴义务人和纳税担保人均适用。

四、违反税收法律制度的法律责任

1. 违反税务管理行为的法律责任

（1）对违反税务登记管理的处罚

1）未按规定的期限申报办理税务登记、变更或者注销税务登记的，由税务机关责令限期改正，可以处2 000元以下的罚款；情节严重的，处2 000元以上1万元以下的罚款。

2）纳税人不办理税务登记的，由税务机关责令限期改正，可以处 2 000 元以下的罚款；情节严重的，处 2 000 元以上 1 万元以下的罚款。逾期不改正的，经税务机关提请，由工商行政管理机关吊销其营业执照。

3）扣缴义务人未按规定办理扣税登记的，税务机关应当自发现之日起 3 日内责令其限期改正，并可处以 2 000 元以下的罚款。

4）纳税人未按照规定使用税务登记证件，或者转借、涂改、损毁、买卖、伪造税务登记证件的，处 2 000 元以上 1 万元以下的罚款；情节严重的，处 1 万元以上 5 万元以下的罚款。

5）纳税人通过提供虚假的证明材料等手段，骗取税务登记证的，处 2 000 元以下的罚款；情节严重的，处 2 000 元以上 1 万元以下的罚款。纳税人涉嫌其他违法行为的，按有关法律、行政法规的规定处理。

6）纳税人、扣缴义务人违反税务登记管理办法的规定，拒不接受税务机关处理的，税务机关可以收缴其发票或者停止向其发售发票。

（2）对违反账簿、凭证管理规定的处罚

1）纳税人有下列行为之一的，由税务机关责令限期改正，可以处 2 000 元以下的罚款；情节严重的，处 2 000 元以上 1 万元以下的罚款：①未按照规定设置、保管账簿或者保管记账凭证和有关资料的；②未按照规定将财务、会计制度或者财务、会计处理办法和会计核算软件报送税务机关备查的；③未按照规定安装、使用税控装置，或者损毁或者擅自改动税控装置的；④外商投资企业、外国企业的会计记录不使用中文的。

2）扣缴义务人未按照规定设置、保管代扣代缴、代收代缴税款账簿或者保管代扣代缴、代收代缴税款记账凭证及有关资料的，由税务机关责令限期改正，可以处 2 000 元以下的罚款；情节严重的，处 2 000 元以上 5 000 元以下的罚款。

3）非法印制、转借、倒卖、变造或者伪造完税凭证的，由税务机关责令改正，处 2 000 元以上 1 万元以下的罚款；情节严重的，处 1 万元以上 5 万元以下的罚款；构成犯罪的，依法追究刑事责任。

4）非法印制发票的，由税务机关销毁非法印制的发票，没收违法所得的作案工具，并处 1 万元以上 5 万元以下的罚款，构成犯罪的，依法追究刑事责任。

（3）违反纳税申报规定的处罚

1）纳税人未按照规定的期限办理纳税申报和报送纳税资料的，或者扣缴义务人未按照规定的期限向税务机关报送代扣代缴、代收代缴税款报告表和有关资料的，由税务机关责令限期改正，可以处 2 000 元以下的罚款；情节严重的，可以处 2 000 元以上 1 万元以下的罚款。

2）纳税人、扣缴义务人编造虚假计税依据的，由税务机关责令限期改正，并处 5 万元以下的罚款。纳税人不进行纳税申报，不缴或者少缴应纳税款的，由税务机关追缴其不缴或者少缴的税款、滞纳金，并处不缴或者少缴的税款50%以上5倍以下的罚款。

案例分析9—11　　　　税务所的处罚合法吗?

承案例分析9—10，根据检查情况，税务所对大华超市做出责令5日内办理税务登记，并处以500元罚款；按规定补缴税款和加收30天的滞纳金，并处以10 000元罚款的处罚决定。税务所的上述处罚合法吗?

分析：大华超市未按规定办理税务登记，税务机关可要求其限期办理税务登记，并处以2 000元以下的罚款，因此税务所的该项处罚是合法的。大华超市未按规定进行纳税申报，税务机关可要求其补缴税款和加收滞纳金，并处以2 000元以下的罚款，而税务所对其进行10 000元的罚款是不合法的。

2. 违反税款征收行为的法律责任

(1) 偷税

纳税人伪造、变造、隐匿、擅自销毁账簿、记账凭证，或者在账簿上多列支出或者不列、少列收入，或者经税务机关通知申报而拒不申报或者进行虚假的纳税申报，不缴或者少缴应纳税款的，是偷税。

对纳税人偷税的，由税务机关追缴其不缴或者少缴的税款、滞纳金，并处不缴或者少缴的税款50%以上5倍以下的罚款；构成犯罪的，依法追究刑事责任。

扣缴义务人采取上述手段，不缴或者少缴已扣、已收税款，由税务机关追缴其不缴或者少缴的税款、滞纳金，并处不缴或者少缴的税款50%以上5倍以下的罚款；构成犯罪的，依法追究刑事责任。

(2) 逃税

纳税人欠缴应纳税款，采取转移或者隐匿财产的手段，妨碍税务机关追缴欠缴的税款的，由税务机关追缴欠缴的税款、滞纳金，并处欠缴税款50%以上5倍以下的罚款；构成犯罪的，依法追究刑事责任。

(3) 骗税

以假报出口或者其他欺骗手段，骗取国家出口退税款的，由税务机关追缴其骗取的退税款，并处骗取税款1倍以上5倍以下的罚款；构成犯罪的，依法追究刑事责任。对骗取国家出口退税款的，税务机关可以在规定期间内停止为其办理出口退税。

(4) 抗税

以暴力、威胁方法拒不缴纳税款的，是抗税，除由税务机关追缴其拒缴的税款、滞纳金外，依法追究刑事责任。情节轻微，未构成犯罪的，由税务机关追缴其拒缴的税款、滞纳金，并处拒缴税款1倍以上5倍以下的罚款。

逻辑简图

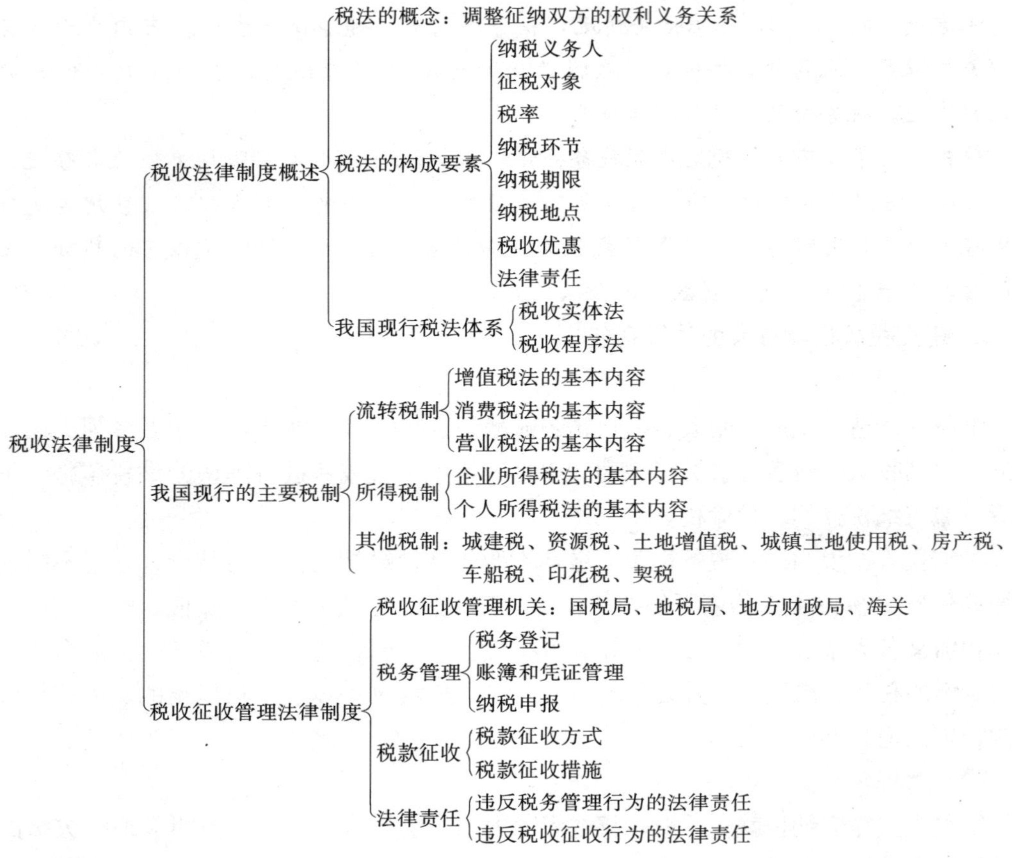

复习思考题

1. 什么是税法？税法的构成要素有哪些？
2. 简述增值税一般纳税人及小规模纳税人的认定标准。
3. 简述消费税的税目及相应的计税方法。
4. 简述企业所得税的征税对象及其适用税率。
5. 个人所得税的征税对象包括哪些？
6. 税款征收的主要方式有哪些？
7. 简述违反税款征收的行为及其应承担的法律责任。

实训活动方案

一、实训题目

税务场景模拟：为我的小店办理税务登记。

二、实训目标

通过模拟办税场景的角色互动，使学生对个体经营户税务登记的操作流程产生直观的认识，并引导学生运用网络、书籍、媒体等多方资源，展开对税务登记管理的探究性学习，提高其运用所学知识解决实际问题的能力。

三、实训前的准备

1. 将学生分组，指定相应的小组负责人，并为学生提供网络资源。

2. 组织学生登录国家税务总局网站的场景服务板块，以个体经营纳税人的身份，体验办理税务登记的业务流程。

3. 各组学生根据该交互式动画模拟系统，绘制个体工商户办理税务登记的流程图，并总结业务办理要点。

四、组织税务场景模拟

1. 教师准备税务登记表，并分发给各组；各小组准备办理税务登记的相关资料：营业执照、负责人身份证及照片、经营场所证明、开业登记表等。

2. 各小组安排角色扮演分工：税务人员 2 人，分别担任审核和制证人员；纳税人代表 2 人，分别担任小店老板和会计。

3. 分角色模拟办理税务登记的流程，并完成相关表格的填写。

五、评价与小结

1. 教师组织各小组对此次活动进行自评→互评→教师综合评价→课代表汇总计分后，给每位学生评定活动总成绩。

2. 教师对此次活动做小结；学生分组完成的相关模拟办税资料经教师批阅后进行张贴展示。

3. 学生参与活动情况评价表（供参考）。

活动评价表

项目 分值 姓名	参与（30分）			纪律（30分）			场景模拟表现（40分）		
	未参与（0分）	参与（11～20分）	积极认真（21～30分）	较差（0～10分）	一般（11～20分）	良好（21～30分）	分工较明确，过程不完整，结果不正确（0～20分）	分工明确，过程较完整，结果正确（21～30分）	分工明确，过程完整，结果正确（31～40分）

第十章 经济仲裁与诉讼

学习目标

- 了解解决纠纷的途径；经济仲裁、经济诉讼的概念及原则
- 熟悉经济仲裁、经济诉讼的程序
- 理解并掌握仲裁协议、诉讼管辖、诉讼时效的有关规定

第一节 经济仲裁

经济活动中会产生纠纷，解决纠纷的途径通常有四种：自行协商、调解、仲裁、诉讼。这四种途径各有特点，见表10—1。

表10—1 解决纠纷四种途径的特点、优点一览表

途径	特点	优点
自行协商	(1) 仅有双方当事人参加，没有第三人参与 (2) 在各方完全自愿基础上达成和解协议 (3) 没有法定程序	(1) 节省费用，解决纠纷灵活及时 (2) 有利于稳定当事人之间的相互信任和友好合作关系
调解	(1) 在当事人双方都能信任的第三人的直接主持下进行调解 (2) 在各方完全自愿互谅基础上达成调解协议 (3) 民间人士的调解没有法定的机构和程序，其调解书也不具备法定的强制力效果 (4) 在仲裁、诉讼过程中由仲裁、司法机构主持下制作的调解书具有法定的强制力效果	(1) 解决纠纷及时灵活 (2) 有民间人士主持的调解书对各方有一定的道德约束力 (3) 有利于维护当事人的互信合作关系 (4) 由仲裁、司法机构制作的调解书对当事人具有强制力保护作用
仲裁	(1) 有法定的民间机构参与当事人纠纷的解决 (2) 当事人双方自愿选择仲裁 (3) 仲裁无级别和地域管辖	(1) 当事人自由选择的空间大，比较灵活方便 (2) 程序简单、省时省力 (3) 裁决书或调解书具有强制力保护功能

续表

途径	特　点	优　点
诉讼	（1）有法定的司法机构人民法院参与纠纷的解决 （2）实行级别、地域管辖 （3）有严格的法定程序 （4）当事人一方不同意不影响诉讼活动的进行	（1）准确、及时地审判当事人通过其他途径不能解决的纠纷 （2）调解书或判决书有强制力保护当事人合法权益的功能

从表10—1中可知，自行协商和民间人士调解无法定的机构和程序，选择这两种途径解决纠纷要靠双方的诚信和智慧。选择仲裁或者诉讼解决纠纷则要依法进行。

经济仲裁解决纠纷有法定的机构、程序、原则和适用范围。

一、仲裁及其机构

仲裁是指争议双方在争议发生前或争议发生后达成协议自愿将争议提交仲裁机构，由仲裁机构审理裁决解决争议的一种方法。

在我国，仲裁机构指各地依法设立的仲裁委员会。它属民间性质的组织。各仲裁委员会之间，各仲裁委员会与行政机关之间没有隶属关系。各个仲裁委员会是中国仲裁协会的会员，中国仲裁协会是仲裁委员会的自律性组织。

仲裁机构解决纠纷有一定的范围。

二、仲裁的适用范围

在我国并非任何纠纷都能申请仲裁，《中华人民共和国仲裁法》（以下简称《仲裁法》）明确规定：平等主体的公民、法人和其他组织之间发生的合同纠纷和其他财产纠纷可以仲裁。

不能仲裁的纠纷有：婚姻、收养、监护、抚养、继承纠纷；依法应由行政机关处理的行政争议不能仲裁。

提示：劳动争议到劳动部门所属的劳动争议仲裁机构解决；农村承包合同纠纷应到当地的农村承包合同仲裁机构解决。

三、仲裁的主要原则

1. 当事人自愿原则

仲裁不实行级别和地域管辖，当事人在选择仲裁机构、仲裁员、仲裁地点、仲裁所使用的语言、仲裁规则等方面都有充分的自主权。

2. 一裁终局原则

仲裁裁决做出后，当事人就同一纠纷不得再申请仲裁或向人民法院起诉；仲裁没有上诉或再审程序，当事人一方不履行裁决的，另一方可向法院申请强制执行。

3. 不公开原则

仲裁不公开进行。当事人协议公开的，可以公开进行，但涉及国家秘密的除外。这有利于最大限度地保护当事人的信誉、技术秘密和商业秘密。

4. 或裁或审原则

当事人只要有仲裁协议，就只能申请仲裁，除非仲裁协议无效；没有仲裁协议的，要么达成协议仲裁，要么诉讼，只能选择一种，不能既裁决又审判。

5. 独立裁决原则

仲裁机构依法独立进行裁决，不受任何行政机关、社会团体和个人的干涉。以保证仲裁机构裁决的客观、公正性。

要想通过仲裁解决纠纷，首先必须有仲裁协议，而且仲裁协议有效。

四、仲裁协议及其内容

1. 有效的仲裁协议

仲裁协议是指当事人同意将其特定法律关系中已经发生或者可能发生的一切或者某些争议提交仲裁的书面协议。

仲裁协议包括合同中订立的仲裁条款和以其他方式订立的仲裁协议。仲裁协议应当采取书面形式。书面形式包括但不限于合同书、信件和数据电文等可以有形地表现所载内容的形式。

有无仲裁协议，仲裁协议是否有效，是仲裁机构受理案件的关键所在。

有效的仲裁协议包括三项内容：①请求仲裁的意思表示；②仲裁事项；③选定的仲裁委员会。其文本格式可参考下面范例。

仲裁条款（实例）

经协商，甲乙双方同意：凡因本合同或与本合同有关的一切争议，提请义州市仲裁委员会仲裁。

甲　　方　时尚服装店

地　　址　义州市创新街服装城 A 区 16 号

法定代表　赵清

乙　　方　潮流服装厂

地　　址　德县工业园梧桐街 10 号

法定代表　王星

签订日期　2013 年 6 月 12 日

这是甲乙两方在 2013 年 6 月 12 日签订的服装买卖合同中补充仲裁条款的协议方式。甲乙双方也可以在合同之外单独订立一份仲裁协议，或者在纠纷产生后补充一份独立的仲裁协议。

仲裁协议书（实例）

甲方　时尚服装店

乙方　潮流服装厂

甲乙双方愿就 2013 年 6 月 12 日签订的服装买卖合同或与本合同有关的一切争议，提请义州市仲裁委员会，按照《中华人民共和国仲裁法》的规定仲裁。

甲　　方　时尚服装店

地　　址　义州市创新街服装城 A 区 16 号

法定代表　赵清

乙　　方　潮流服装厂

地　　址　德县工业园梧桐街 10 号

法定代表　王星

签订日期　2013 年 6 月 12 日

2. 无效的仲裁协议

有下列情形之一的仲裁协议无效：

（1）约定的仲裁事项超出法律规定的仲裁范围；

（2）无民事行为能力或者限制民事行为能力人订立的仲裁协议；

（3）一方采取胁迫手段，使对方订立仲裁协议的；

（4）仲裁协议中对仲裁事项或者仲裁委员会没有约定或者约定不明确的，当事人可以补充协议，达不成补充协议的仲裁协议无效。

案例分析 10—1　　　　他们能够去仲裁吗?

赵清在义州商贸城里开了一家服装批发店，2013 年 6 月 12 日赵清与聚州某服装厂签订了一份 20 万元的服装买卖合同，合同中约定“若以后发生纠纷双方协商不成，任何一方均可申请调解、仲裁，也可以直接向人民法院起诉”。后来，赵清与厂家在商品质量方面产生了矛盾，他们能通过仲裁解决纠纷吗?

分析：这样的仲裁条款没有约定具体由哪一个仲裁委员会管辖，要想仲裁，得由双方当事人补充协议，如果补充协议达成一致，选定了具体的仲裁委员会，并且仲裁协议的其他条款符合仲裁法的要求，则可以进行仲裁。达不成补充仲裁协议的，则该仲裁协议无效，他们不能通过仲裁解决纠纷。

五、申请仲裁需要提供的资料

申请仲裁需提交下列资料：①仲裁协议或合同；②仲裁申请书；③当事人主体资格的有关证明；④与案件有关的合同书、协议书、收付款票据、收货凭证等资料；⑤证据材料，并注明证据的来源、证人姓名及住所、证明对象；⑥当事人委托代理人的，应提交授权委托书及委托事项和权限；⑦仲裁委员会要求提交的其他材料。

六、仲裁程序

仲裁委员会进行仲裁的程序包括：当事人申请→仲裁机构受理→仲裁前的各项准备→组成仲裁庭→在仲裁机构主持下当事人和解或调解→调解无结果的仲裁委员会裁决→仲裁委员会仲裁程序终结。

对于仲裁机构的裁决，当事人应当自觉履行，若一方当事人不履行裁决书或调解书的，另一方当事人可向人民法院申请强制执行。

图 10—1 简要说明了仲裁的基本程序。

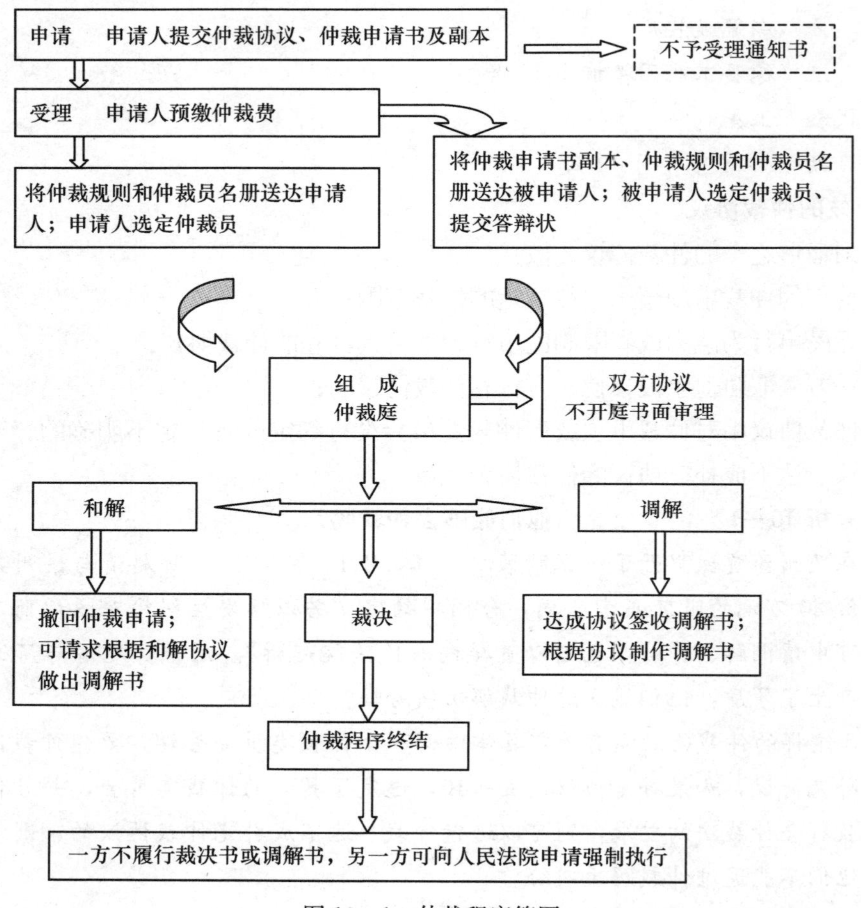

图 10—1　仲裁程序简图

七、当事人的权利和义务

当事人在仲裁过程中有下列权利和义务：①仲裁申请受理后在规定的期限内选定仲裁员；②按规定预缴仲裁费及其他相关费用；③服从仲裁庭对仲裁程序的安排和决定；④自觉履行发生法律效力的调解书和裁决书；⑤提出证据证明裁决有《仲裁法》第 58

条规定情形之一的，可向仲裁委员会所在地的中级人民法院申请撤销裁决；⑥发现仲裁员、工作人员有违法违纪行为的，向仲裁委员会举报并提供证据。

知识链接　　**申请撤销裁决**

《仲裁法》第58条规定，有下列情形之一的当事人可向仲裁委员会所在地的中级人民法院申请撤销裁决：①没有仲裁协议的；②裁决的事项不属于仲裁协议的范围或者仲裁委员会无权裁决的；③仲裁庭的组成或者仲裁的程序违反法定程序的；④裁决所根据的证据是伪造的；⑤对方当事人隐瞒了足以影响公正裁决的证据的；⑥仲裁员在仲裁该案时有索贿受贿，徇私舞弊，枉法裁决行为的。

提示：为了防止当事人在仲裁过程中转移财产可以申请财产保全。

根据《仲裁法》第28条规定，在仲裁庭受理案件后、做出裁决之前，为保证生效的裁决或者调解书顺利执行付诸实现，当事人可以向仲裁委员会申请财产保全，仲裁机构应将申请人的申请提交被申请人所在地或财产所在地的人民法院做出裁定。

申请有错误的，申请人应当赔偿被申请人因财产保全所遭受的损失。

根据《仲裁法》第62条、《最高人民法院关于适用〈中华人民共和国仲裁法〉若干问题的解释》第29条的规定，当事人应当履行裁决，一方当事人不履行的，另一方当事人可以向被执行人住所地或者被执行财产所在地的中级人民法院申请执行。

当事人申请执行仲裁裁决必须在法定的期限内提出。根据2013年1月1日起实施的《中华人民共和国民事诉讼法》第239条的规定：申请执行的期限为二年；从仲裁裁决书规定履行期间的最后一日起计算，仲裁裁决规定分批履行的，从规定的每次履行期间的最后一日起计算。如果无正当理由超过了申请执行期限，申请人就失去了要求人民法院强制执行的权利。

申请执行时效的中止、中断，适用有关诉讼时效中止、中断的法律规定。

第二节　经济诉讼

在前面的内容中，了解到出现经济纠纷除了自行协商、调解、仲裁以外，还可通过诉讼来解决。

一、经济诉讼的概念

经济诉讼也被称为民事诉讼，因为在经济诉讼中对实质性问题的判决适用经济法律、法规，但诉讼过程适用民事诉讼程序。因此，有人说，经济诉讼是民事诉讼大框架中的一种，也称作民事诉讼。目前，在我国基层人民法院的实际工作中，也有把经济诉讼称为商事诉讼的，专门开设受理案件的窗口及审判机构来解决经济纠纷案件。总之，经济诉讼指人民法院根据当事人的请求，审理和解决经济纠纷的活动。

知识链接 **诉讼种类**

目前我国诉讼的种类：行政诉讼——“民告官”案件；刑事诉讼——刑事犯罪案件；民事诉讼——民事纠纷、经济纠纷案件。

我国民事诉讼的基本制度有：合议制度、回避制度、公开审判制度、两审终审制度。

任何一件民事或经济纠纷，当事人想通过诉讼来解决，首先应知道到哪个法院去申诉。这里涉及诉讼管辖的法律规定。

二、民事诉讼的管辖

管辖是指法院之间受理第一审民事案件的分工和权限。《民事诉讼法》中有地域管辖、级别管辖、移送管辖、指定管辖的相关规定。

1. 地域管辖

地域管辖分为一般地域管辖、特殊地域管辖和专属管辖。

（1）一般地域管辖

一般地域管辖是指一般的民事诉讼案件，由被告住所地人民法院管辖。公民的住所地指公民户籍所在地，被告住所地与经常居住地不一致的，由经常居住地的人民法院受理。法人的住所地是指法人主要办事机构所在地。

提示：一般的地域管辖和特殊地域管辖的确定原则不同。一般的地域管辖通常实行“原告就被告”的原则确定诉讼地；特殊地域管辖是按照“与诉讼标的有联系”的原则来确定诉讼地。

（2）特殊地域管辖

特殊地域管辖是指按照与诉讼标的有联系的原则来确定受理法院的管辖。下列案件适用特殊地域管辖：

1）因合同纠纷、保险合同纠纷、票据纠纷、运输合同纠纷、侵权纠纷提起的诉讼，分别由合同履行地、保险标的所在地、票据支付地、运输始发地或目的地、侵权行为地，或者被告住所地的人民法院管辖。

2）交通事故、海事损害赔偿纠纷，海难救助费纠纷，共同海损纠纷等提起的诉讼，由事故发生地、法律事实所在地，或者被告住所地的人民法院管辖。

（3）专属管辖

专属管辖是指一些案件的审理由《民事诉讼法》规定的人民法院专属管辖。专属管辖的案件有三类：

1）因不动产纠纷提起的诉讼，由不动产所在地人民法院管辖；

2）因港口作业中发生纠纷提起的诉讼，由港口所在地人民法院管辖；

3）因继承遗产纠纷提起的诉讼，由被继承人死亡所在地或者主要遗产所在地人民法院管辖。

知识链接　　当事人协议管辖

《民事诉讼法》第34条规定：合同或者其他财产权益纠纷的当事人可以书面协议选择被告住所地、合同履行地、合同签订地、原告住所地、标的物所在地等与争议有实际联系的地点的人民法院管辖，但不得违反《民事诉讼法》对级别管辖和专属管辖的规定。

在确定了某一案件到哪一个地区的人民法院去申诉以后，还必须确定应到这一地区的哪一级法院去申诉。

2. 级别管辖

级别管辖是《民事诉讼法》所规定的各个级别人民法院受案的范围。我国法院系统有四个级别：最高人民法院（国家级）、高级人民法院（省级）、中级人民法院（地市级）、基层人民法院（县区级）。

基层人民法院管辖第一审民事案件，法律另有规定的除外。一般的民事纠纷、经济纠纷案件第一审应到基层人民法院去申诉。

中级人民法院管辖的第一审民事案件有：①重大涉外案件；②在本辖区有重大影响的案件；③最高人民法院确定由中级人民法院管辖的案件，例如部分知识产权案件。

高级人民法院管辖本辖区有重大影响的第一审民事案件。

最高人民法院管辖在全国有重大影响的案件和认为应当由本院审理的一审民事案件。

案例分析 10—2　　到哪个地方的哪一级法院去申诉?

商某自2010年4月起陆陆续续在张某处购买水泥和沙子，双方约定2010年年底一次性结清货款。2010年年底，商某没有按时结清货款，在张某的催促下，2011年1月20日，商某给张某写下一张金额为15 300元的欠条。欠条上未写明还款日期。张某于2011年6月1日又一次来要款，商某以眼下资金紧张为由拒付欠款。张某心里很不愉快，想通过诉讼讨回货款，应该到哪个地方的哪一级法院去申诉?

分析：根据上面地域管辖和级别管辖的规定，张某应该到商某的住所地，或者经常居住地，或者生产经营地的基层人民法院去申诉。

知识链接　　基层人民法院管辖的第一审经济纠纷案件

①合同纠纷；②证券纠纷；③票据纠纷；④保险纠纷；⑤信用卡纠纷；⑥公司法及企业法调整的民商事法律关系产生的纠纷；⑦法律法规规定的其他合同纠纷。

3. 移送管辖、指定管辖

没有管辖权的人民法院在受理案件以后，移送给有管辖权的人民法院审理，受移送的人民法院不得拒绝或再行移送，叫移送管辖。

有管辖权的人民法院由于特殊原因，不能行使管辖权的，由上级人民法院指定管辖权，叫指定管辖。

三、诉讼时效

在符合地域和级别管辖规定的情况下，人民法院在接到当事人申诉以后，还要审查是否超过诉讼时效，若超过诉讼时效，人们法院则不予受理，当事人则丧失请求人民法院保护的权利。

诉讼时效是当事人向人民法院申诉，请求保护其合法权益的期间。分为普通诉讼时效、特殊诉讼时效、最长诉讼时效。

1. 普通诉讼时效

普通诉讼时效是一般的民事诉讼时效，具有普遍适用性。《中华人民共和国民法通则》(以下简称《民法通则》) 第 135 条规定普通的诉讼时效期间为 2 年，法律另有规定的除外。诉讼时效期间从知道或者应当知道权利被侵害时起计算。

案例分析 10—3　　　　厂家的诉求为什么被驳回?

1999 年 6 月 5 日，某乡政府汽车司机罗全安驾车到本乡镇一家汽车修理厂修理汽车，花费 9 143 元。2003 年 3 月 15 日，修理厂请求乡政府给付修理费，乡政府的工作人员以所修车辆发生翻车事故，导致多人受伤为由拒付修理费。2012 年 8 月，修理厂邮寄催款通知给某乡政府，要求给付修理费仍然没有结果，修理厂遂向法院起诉，要求被告乡政府和司机罗全安支付 1999 年 6 月 5 日车辆维修的费用。法院经审查驳回了原告的诉求。这是为什么呢?

分析：原告某汽车修理厂 1999 年 6 月 5 日为被告修理汽车，2003 年 3 月 15 日请求被告给付修理费被拒绝，诉讼时效期间应从 2003 年 3 月 16 日起至 2005 年 3 月 15 日。原告 2012 年 8 月邮寄催款通知，已经超过 2 年的普通诉讼时效；被告罗全安属乡政府的职工，其去修车的行为是经授权的代理行为，罗全安个人不承担给付修理费的责任。根据《民法通则》第 63 条、第 135 条、第 137 条的规定，法院驳回了原告某汽车修理厂的诉讼请求。

2. 特殊诉讼时效

《民法通则》第 136 条规定，下列的诉讼时效期间为 1 年：身体受到伤害要求赔偿的；出售质量不合格的商品未声明的；延付或者拒付租金的；寄存财物被丢失或者损毁的。《中华人民共和国环境保护法》规定：因环境污染损害赔偿提起诉讼的时效期间为三年。从知道或者应当知道权利被侵害时起计算。

3. 最长诉讼时效

《民法通则》第 137 条规定，诉讼时效期间从知道或者应当知道权利被侵害之日起计算。但是，从权利被侵害之日起超过 20 年的，人民法院不予保护。有特殊情况的，人民法院可以延长诉讼时效期间。

这是审理民事纠纷案件最长的诉讼时效，与前面普通诉讼时效和特殊诉讼时效不同的是，只要权利被侵害的事实发生 20 年，不管当事人知道或者不知道，都会丧失人民法院保护的权利。

如果有特殊情况的，人民法院可以延长诉讼时效期间。而所谓特殊情况指权利人由于客观障碍在法定诉讼时效期间不能行使请求权的情况。能够引起诉讼时效延长的事由，是由人民法院认定的。延长的期间，也由人民法院依客观情况予以掌握。

《民法通则》第 138 条规定，超过诉讼时效期间，当事人自愿履行的，不受诉讼时效限制。

《最高人民法院关于贯彻执行〈中华人民共和国民法通则〉若干问题的意见》第 170 条规定：未授权给公民、法人经营、管理的国家财产受到侵害的，不受诉讼时效期间的限制。

案例分析 10—4　　　　老屋的纠结

宋某于 1985 年从北方的家乡到广州去打工，当时家里有承包的 4 亩农田和三间砖瓦房。他把四亩农田委托给村里一个种田专业户耕种，三间砖瓦房落锁空置。1990 年邻居王某私自将三间房子的锁砸开后在里面生产经营豆制品。外出打工的宋某 2000 年从一老乡处听说了此事，因工作忙且又成了家有了孩子，无暇顾及此事。直到 2012 年，宋某带着妻子、儿子重返家乡，见田地仍由原委托的农户耕种，三间房则由于只见使用不见维修已成危房。

宋某想让私自占用、使用自己房屋的王某赔偿损失。

课堂讨论

根据案例分析 10—4 中的案情讨论问题：①宋某能通过诉讼请求赔偿吗？②除了诉讼还有其他办法解决这个问题吗？

4. 诉讼时效的中断

《民法通则》第 140 条规定：诉讼时效因提起诉讼、当事人一方提出要求或者同意履行义务而中断。从中断时起，诉讼时效期间重新计算。

案例分析 10—5　　　　甲单位超过诉讼时效了吗？

乙单位欠甲单位 30 万元货款，约定 2010 年 6 月底以前还款。届时乙单位未还款，2010 年 7 月至 2012 年 6 月甲单位多次催要，乙单位都以多种理由而未履行义务。2012 年 7 月 10 日甲单位将乙单位告至法院。甲单位超过诉讼时效了吗？

分析： 根据上述有关诉讼时效的法律规定，甲的诉讼时效期间应从最后一次向乙催款时间的次日算起2年以内。若最后一次是2012年6月30日，则甲的诉讼时效期间是从2012年7月1日至2014年6月30日。因此，甲单位未超过诉讼时效。

案例分析10—6　没有还款日期如何计算诉讼时效期间

案例1—2中，商某自2010年4月起在张某处购买水泥和大沙，双方约定2010年年底一次性结清货款。2010年年底，商某没有按时结清货款，在张某的催促下，2011年1月20日，商某给张某写下一张金额为15 300元但没有还款日期的欠条。张某于2011年6月1日又一次来要款，商某以眼下资金紧张为由拒付欠款。

请问：张某的诉讼时效该如何计算？

分析：根据《民法通则》第140条的规定，双方约定的付款期限是2010年年底，付款期限届满之日就是诉讼时效起算之时；商某2011年1月20日向张某出具了欠条，虽未约定还款日期，但是商某同意履行义务的开始，从而导致诉讼时效的中断，这时的诉讼时效从2011年1月21日起计算。2011年6月1日张某再次来催要欠款，又一次引起诉讼时效的中断，此时的诉讼时效应从2011年6月2日到2013年6月1日。超出这个时间申诉法院将不再受理。

5. 诉讼时效的中止

《民法通则》第139条规定：在诉讼时效期间的最后六个月内，因不可抗力或者其他障碍不能行使请求权的，诉讼时效中止。从中止时效的原因消除之日起，诉讼时效期间继续计算。

知识链接　其他障碍的范围

《最高人民法院关于贯彻执行〈民法通则〉若干问题的意见》第172条规定：诉讼时效期间的最后6个月，权利被侵害的无民事行为能力人、限制民事行为能力人没有法定代理人，或者法定代理人死亡、丧失代理权，或者法定代理人本人丧失行为能力的，可以认定为因其他障碍不能行使请求权，适用诉讼时效中止。

案例分析10—7　张三的诉讼时效有中止时间吗？

张三于2012年10月1日在某大型商场购买录像机一部，价款21 500元。2012年12月发现有质量问题，2013年1月10日找到商家要求退货退钱遭到拒绝。2013年6月12日张三去法院告商家的途中遇到暴雨灾害，道路被毁交通受阻，直到6月底恢复正常。

请问：张三的诉讼时效有中止时间吗？

分析：张三的诉讼时效期间为1年，从2012年1月11日至2013年1月10日。虽然诉讼途中遭遇自然灾害是不可抗力，但不是在诉讼时效期间的最后6个月，即2012年7月11日至2013年1月10日。所以，不能算诉讼时效期间的中止。

知识链接 **诉讼时效延长、中止、中断的区别**

1. 中止、中断不适用于20年的最长诉讼时效，只适用于普通和特殊诉讼时效；延长适用于普通、特殊、最长诉讼时效。

2. 诉讼时效延长具有不同于中止和中断的特点。①延长是发生在诉讼时效届满之后，中止中断是在诉讼时效过程中。②引起诉讼时效延长的事由、期间，是由人民法院依客观情况认定的。而中止中断的事由已有法律法规明文规定。中止的法定事由包括起诉、请求和认诺，中断的法定事由是因不可抗力或者其他障碍。

3. 中止与中断的区别在于，中止是暂停的意思，以后的时效与以前的时效连续计算，中止的情形只能出现在时效只剩下六个月的时间段内；中断为切断的意思，以后的时效只能重新计算，中断的情形从诉讼时效一开始就可以有。

四、审判程序

1. 二审终审制度

当事人到人民法院去申诉，按照地域和级别管辖的规定，第一审人民法院受理案件后进行审理判决，当事人如果不服，有权在判决书送达之日起15日内向上级人民法院提起上诉。此时一审的判决书并未生效。

当事人要上诉，可以向原审人民法院递交上诉状，也可以直接向上级人民法院递交上诉状。但是最终由原审人民法院将上诉状、答辩状连同全部案卷和证据，报送第二审人民法院。

经二审人民法院审理后的案件，其判决或裁定是终审判决或裁定，当事人必须履行。

提示：二审的判决、裁定当事人仍然不服，可以向上一级人民法院申请再审。申请再审应当在判决、裁定发生法律效力后六个月内提出。

对已经发生法律效力的判决、裁定，当事人认为有错误的，可以向上一级人民法院申请再审。但不停止判决、裁定的执行。

2. 案件的审判程序

在第一审中，根据案情分别适用普通程序、简易程序、特别程序。

普通程序是人民法院审理第一审民事案件通常使用的程序。

知识链接 **一审终审的案件**

《民事诉讼法》第162条规定：简单的民事案件中，标的额为各省、自治区、直辖市上年度就业人员年平均工资30%以下的，实行一审终审。

简易程序是普通程序的简化，用于审理事实清楚、权利义务关系明确、争议不大的简单的民事案件。

特别程序用于审理特殊类型的案件。特殊类型案件指人民法院审理选民资格案、宣告失踪或者宣告死亡案、认定公民无民事行为能力或者限制行为能力案件、认定财产无主案件、确认调解协议案件和实现担保物权案件等，这些案件适用特别程序，实行一审终审。

在二审中，除个别环节，法律另有规定外，也适用一审普通程序。

审判监督程序也叫再审程序，它是指各级人民法院院长对本院、最高人民法院对地方各级人民法院已经发生法律效力的判决、裁定、调解书发现确有错误的，对案件重新审理，并做出裁判的程序。当事人对已经发生法律效力的判决、裁定、认为有错误的，可以向上一级人民法院申请再审。审判监督程序所审案件也称再审案件。

再审案件如果原来是按照一审或者二审程序审理的，则再审仍然分别按照第一审或第二审程序进行再审理。

上述可见，一审普通程序是诉讼程序中的基础程序。图 10—2 能简要说明普通程序。

五、基层人民法院受理经济案件的条件

基层人民法院受理经济案件有五个条件：①原告是与本案有直接利害关系的公民、法人和其他组织；②有明确的被告；③有具体的诉讼请求和事实、理由；④属于人民法院受理民事诉讼的范围和受诉人民法院管辖；⑤争议标的额的上限，根据相关规定，由各地区根据本地经济、社会发展情况而定。

六、诉讼过程中当事人的权利和义务

1. 当事人的权利

当事人的权利主要有：①委托代理人的权利；②申请回避的权利；③当事人有权进行辩论；④收集提供证据；⑤申请执行的权利；⑥查阅案件卷宗的权利；⑦在法律规定的范围内处分自己民事权和诉讼权；⑧自行和解、提起上诉的权利；⑨原告可以放弃或变更诉讼请求，被告可以承认或反驳原告的诉讼请求，还可以提起反诉；⑩适时申请财产保全的权利。

知识链接　　诉讼保全、诉前保全、提供担保

①根据《民事诉讼法》第 100 条、第 101 条、第 105 条的规定，当事人可以在诉讼过程中判决裁定前，依法向人民法院申请财产保全。②因情况紧急，不立即申请保全将会使其合法权益受到难以弥补的损害的，可以在提起诉讼或者仲裁前向被保全财产所在地、被申请人住所地或者对案件有管辖权的人民法院申请财产保全。③申请人应提供担保，不提供担保的，裁定驳回申请；申请有错误的，申请人应当赔偿被申请人因保全所遭受的损失。

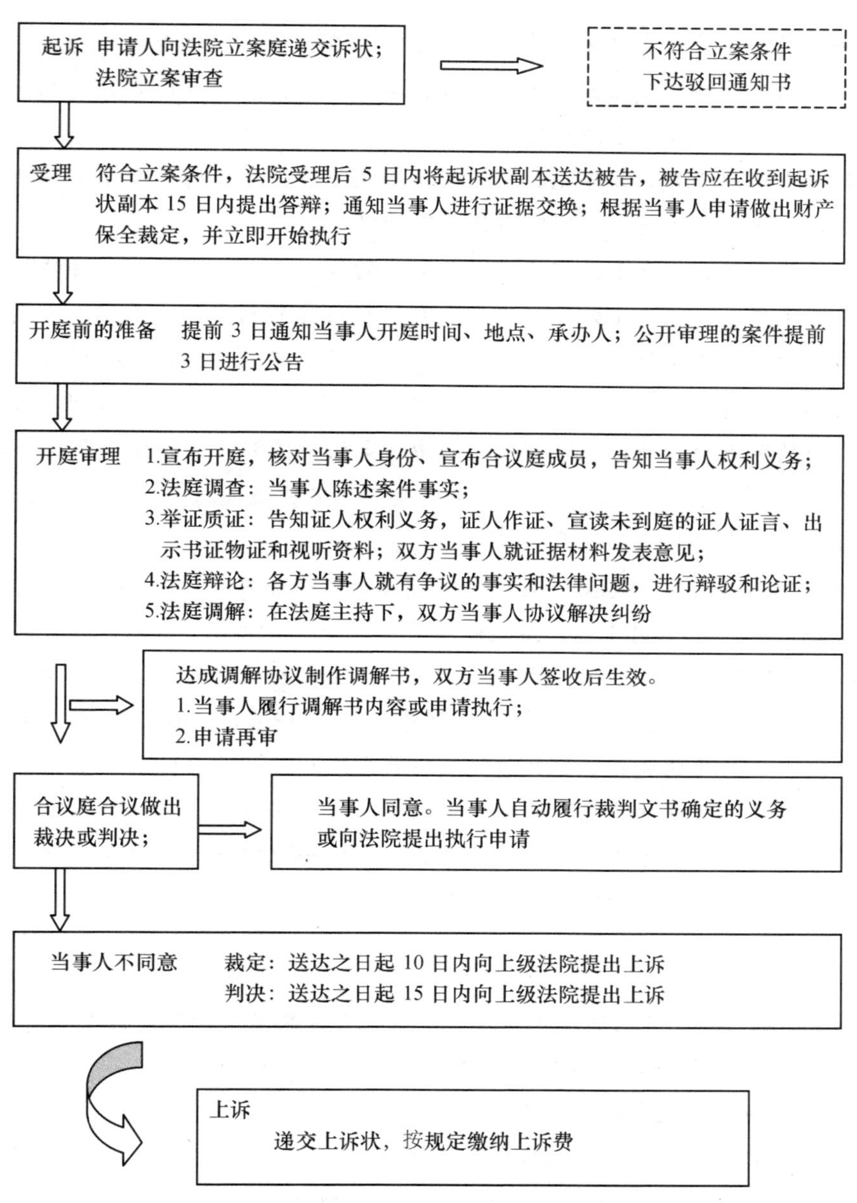

图 10—2 普通审判程序

2. 当事人的义务

当事人的义务主要有：①依法行使诉讼权；②遵守诉讼秩序和法庭纪律；③履行发生法律效力的判决、裁定和调解书；④申请财产保全的应当提供担保。

案例分析 10—8 从朋友变为被告

张女士和刘某是从小一起长大的朋友，两人有 20 多年的交情。2008 年 3 月 16 日，刘某向张女士借 5 万元做生意，并承诺“你啥时候要我啥时候还”。张女士二话没说，连借条都没让打就把钱给了刘某。

借到钱后的刘某并没有这么爽快。张女士多次催要借款，他都说没有钱还。后来刘某答应卖自己的车还钱，让张女士与其一起去卖车，车没有卖掉，车钥匙就一直在张女士手上。没多久张女士接到了法院的传票，一看，是刘某告她长时间不还车，耽误他做生意，要张女士赔他损失 5.5 万元。不还钱还反咬一口，生气的张女士将刘某也告上了法庭，要求他归还 5 万元借款，同时申请了财产保全。

接此案的法官根据张女士的申请查封了刘某的货车一部，随后兰考县法院判决刘某还张女士 5 万元借款。判决生效后刘某并没有执行法院的判决，于是张女士向兰考县法院执行局申请执行。在执行过程中，办案的法官发现刘某已将诉讼保全的货车擅自转移并已经变卖了，法官责令他立即追回车子，但刘某仍拒不履行义务。因刘某擅自转移变卖被法院查封的财产的行为，属于《刑法》中规定的“情节严重的情形”，2011 年 10 月 13 日，法院依法将刘某拘留 10 天，拘留期间刘某仍不提还钱的事。2011 年 10 月 19 日，法院将该案移送兰考县公安局立案侦查。

兰考县公安局立案后，发现刘某在拘留期满后下落不明，2012 年 1 月 18 日将刘某列入网上追逃。2012 年 6 月 1 日刘某被新疆警方查获，兰考警方随后将他带回，于 2012 年 6 月 14 日将其刑事拘留。2012 年 10 月 10 日，兰考县检察院向法院提起公诉，检察院认为，刘某拒不执行法院判决和裁定，将查封车辆转移，致使生效判决裁定无法执行，情节严重，其行为构成拒不执行法院判决裁定罪。2012 年 11 月 30 日在兰考法院进行了庭审，面对公诉机关的指控，刘某当庭认罪。庭审期间，张女士称双方在庭审前自愿达成和解协议，等庭审结束后，先还她 3 万元，剩余 2 万元在 2 年内还清。法院当庭宣判，刘某犯拒不执行法院判决裁定罪获刑 7 个月。

课堂讨论

根据案例分析 10—8“从朋友变为被告”这个案件的案情讨论分析以下问题：

1. 刘某借钱时张女士如何做有利于维护双方的利益和关系？
2. 张女士的诉讼时效在什么期间？
3. 遇到哪些情况其诉讼时效可能中断或者中止？
4. 张女士申请财产保全对于这个纠纷的解决起到了什么作用？
5. 刘某在庭审前已经和张女士达成和解协议了，为什么还会获刑 7 个月？

七、民事起诉状的内容及文本样式

民事起诉状应当记明下列事项：①原告的姓名、性别、年龄、民族、职业、工作单位、住所、联系方式，法人或者其他组织的名称、住所和法定代表人或者主要负责人的姓名、职务、联系方式；②被告的姓名、性别、工作单位、住所等信息，法人或者其他组织的名称、住所等信息；③诉讼请求和所根据的事实与理由；④证据和证据来源，证人姓名和住所。

根据《民事诉讼法》的有关规定，现提供一份民事起诉状的文本样式，以供参考。

起 诉 状

原　　　告：张三，男，汉族，梧州市第三服装厂工人

住　　　址：梧州市行政区中山路12号院5号楼××号

身份证号码：×××101198601010022

被　　　告：梧州市综合商贸有限公司

住　所　地：梧州市新技术开发区柳树街90号

法定代表人：赵青山。职务：董事长

诉 讼 请 求：判令被告退回货款21 500元，赔偿其他损失1 500元。

事实与理由：2012年10月1日，在综合商贸有限公司营业大厦购买录像机一部，付款21 500元。2012年12月发现有质量问题，多次与被告协商退货退款至今没有结果。请求法院判决。

起　诉　人：张三

2013年9月10日

逻辑简图

- 经济仲裁与诉讼
  - 经济仲裁
    - 仲裁及其主要原则：当事人自愿、一裁终局、不公开、或裁或审、独立裁决等原则
    - 仲裁协议
      - 请求仲裁的意思表示
      - 仲裁事项
      - 选定的仲裁委员会
    - 仲裁程序：申请→受理→组成仲裁庭→开庭→和解或调解→裁决终结
  - 经济诉讼
    - 诉讼概述：诉讼及其基本制度
    - 诉讼管辖：地域管辖、级别管辖、移送管辖、指定管辖
    - 诉讼时效：普通诉讼时效、特殊诉讼时效、最长诉讼时效；时效的中断和中止
    - 诉讼程序：普通程序、简易程序、特别程序、审判监督程序
    - 基层人民法院受案主要条件：原告与案件有利害关系、有被告、有诉求、有管辖权、争议额在一定范围

复习思考题

1. 解决纠纷有哪些途径？
2. 什么纠纷可以通过仲裁解决？什么纠纷可以通过诉讼解决？
3. 仲裁的主要原则有哪些？
4. 有效的仲裁协议的主要内容有哪些？
5. 民事诉讼中的管辖指什么？主要包括哪些内容？
6. 诉讼时效指什么？主要有哪些规定？

7. 了解诉讼管辖和诉讼时效对当事人有什么意义？

实训活动方案

一、实训题目

旁听经济案件庭审，写一篇“庭审随想”。

二、实训目标

通过旁听庭审活动，学生对本课程所学知识的实际运用有一个立体的较为完整的熟悉和理解，对诉讼过程有一个直观的了解，以此增强学生对法律的严肃性和依法办事重要性的认识。

三、实训前的准备

1. 了解学生对打官司的看法。

2. 联系较为方便的审判机构，选定合适的审判案件，安排时间、路线以及旁听事项。

3. 为保证活动的安全有效，可事先把学生分成几个小组，每个小组选定或指定一个负责人；学生自备记录用具。

四、组织旁听庭审

1. 教师讲明实训的任务、目标、过程、评价标准、应注意的安全及其他事项。

2. 任课教师和辅导员组织学生按计划有序进入审判庭。

3. 组织学生认真旁听庭审并做记录。

4. 组织学生安全返校，并布置撰写旁听随想。

5. 组织学生在班级交流各自的体会或想法。

五、评价与小结

1. 教师组织各小组对此次活动进行自评→互评→教师综合评价→课代表汇总计分后，给每位学生评定活动总成绩。

2. 教师对此次活动做小结；学生的随想经教师批阅后自己保存。

3. 教师根据活动中学生对本课程相关知识的掌握理解情况，做全面的查漏补缺计划。

4. 学生参与活动情况评价表（供参考）。

活动评价表

项目 / 分值 / 姓名	参与（30分）			纪律（30分）			“庭审随想”（40分）		
	未参与（0分）	参与（11～20分）	积极认真（21～30分）	较差（0～10分）	一般（11～20分）	良好（21～30分）	不完整（0～20分）	完整（21～30分）	有独立见解（31～40分）